令和３年度

子供の学習費調査報告書

公　私　立　幼　稚　園
公　私　立　小　学　校
公　私　立　中　学　校
公私立高等学校（全日制）

文部科学省総合教育政策局調査企画課

ま え が き

この報告書は，令和３年度に実施した「子供の学習費調査」の結果をとりまとめたものです。

この調査は，子供を公立又は私立の学校に通学させている保護者が，子供の学校教育及び学校外活動のために支出した経費の実態をとらえ，教育に関する国の諸施策を検討・立案するための基礎資料を得ることを目的として，平成６年度から隔年で実施している調査です。

この報告書が行政施策の基礎資料として利用されるとともに，関係各方面においても幅広く活用いただければ幸いです。

調査の実施に当たって多大な御協力をいただいた幼児・児童・生徒の保護者の皆様，学校関係の方々，また各都道府県の関係各位に対し，深く感謝の意を表します。

令和４年１２月

文部科学省総合教育政策局長

藤　江　　陽　子

目　　　　次

１　調　査　の　概　要

２　調査結果の概要

３　統　　計　　表

4　年 次 統 計

5　附 属 資 料

＜利用上の注意＞

・　統計表の中の記号は次のように使う。

「０」，「０.０」　‥‥　計数が単位未満の場合。
「－」　‥‥‥‥‥　計数がない場合。
「…」　‥‥‥‥‥　計数があり得ない場合又は調査対象外の場合。
「X」　‥‥‥‥‥　回答比率（学校種別の有効回答数に対する当該区分の回答数の割合）及び回答数が小さいため，統計数値を表記しないもの。

・　令和３年度調査における定義や表章の変更項目は１７１頁の附属資料を参照のこと。
特に，学校教育費の項目「その他の学校納付金」は，令和３年度調査より「入学金・入園料」「入学時に納付した施設整備費等」「入学検定料」「施設整備費等」「後援会等会費」「その他の学校納付金」に分割されたため，平成３０年度調査までの同名の項目とは異なるものである。

1　調 査 の 概 要

1　調査の目的

この調査は，子供を公立又は私立の学校に通学させている保護者が子供の学校教育及び学校外活動のために支出した経費並びに世帯の年間収入，保護者・兄弟姉妹の状況等の実態をとらえ，教育に関する国の諸施策を検討・立案するための基礎資料を得ることを目的とする。

2　調査対象と抽出方法

（1）調査対象

公立並びに私立の幼稚園，小学校，中学校及び高等学校（全日制）の幼児・児童・生徒を対象とし，その保護者に回答を求める。

調査実施学校数及び調査対象の幼児・児童・生徒数は次のとおりである。この結果，調査実施学校と調査対象の幼児・児童・生徒の総数は1，600校，52，903人となっている。

学校種類		調査実施学校数	対象者数（人）	集計対象者数（有効回答数）（人）	有効回答率（%）
公立	幼稚園	251	4，421	3，283	74．3
	小学校	405	19，336	8，667	44．8
	中学校	150	2，691	1，595	59．3
	高等学校（全日制）	221	7，940	3，427	43．2
私立	幼稚園	197	4，687	3，166	67．5
	小学校	71	3，339	1，837	55．0
	中学校	73	2，190	1，240	56．6
	高等学校（全日制）	232	8，299	4，042	48．7

(注) 1 「対象者数」は，抽出された学校から無作為抽出された幼児・児童・生徒数の合計である。学校種に応じた学年ごとの所定の人数は次ページを参照のこと。

2 公立幼稚園の「調査実施学校数」は，3～5歳児が在園する幼稚園が201校，4～5歳児が在園する幼稚園が50校である。

（2）抽出方法

◎　都道府県ごとの調査実施学校数の決定

文部科学省は，それぞれの都道府県について，公立の幼稚園，小学校，中学校及び私立の幼稚園については市町村の人口規模別の幼児・児童・生徒数に応じ，私立中学校については在籍生徒数に応じ，高等学校（全日制）については設置する学科に応じて調査実施学校数を決定する。また，私立小学校については原則として母集団の3分の1を調査する。なお，市町村の人口規模の区分は，①10万人未満，②10万人以上30万人未満，③30万人以上100万人未満，④100万人以上・特別区の4区分である。

◎　学校の抽出

都道府県知事及び都道府県教育委員会は，文部科学省が定める調査実施学校数に基づいて調査実施校を抽出する。

◎　幼児・児童・生徒の抽出

調査実施校は，学年毎に次の人数の対象幼児・児童・生徒を無作為に抽出する。

なお，1学年（年齢）当たりの抽出人数に満たない在籍者数の学年は，当該在籍者数を抽出数とする。性別毎の在籍者数が調査対象数に満たない在籍者数の場合も，同様に当該性別の在籍者数を抽出数とする。

学校種類		1学年（年齢）当たりの調査対象幼児・児童・生徒数	うち男	うち女	（学校当たりの調査対象幼児・児童・生徒数）
公立	幼稚園	3歳児：8人 4/5歳児：6人	3歳児：4人 4/5歳児：3人	3歳児：4人 4/5歳児：3人	（3～5歳児が在園する園：20人） （4～5歳児が在園する園：12人）
	小学校	8人	4人	4人	（48人）
	中学校	6人	3人	3人	（18人）
	高等学校（全日制）	12人	学科・学年の性別の構成比によって男女別生徒数を決定する		（36人）
私立	幼稚園	8人	4人	4人	（24人）
	小学校	8人	学年の性別の構成比によって男女別児童数を決定する		（48人）
	中学校	10人	学年の性別の構成比によって男女別生徒数を決定する		（30人）
	高等学校（全日制）	12人	学科・学年の性別の構成比によって男女別生徒数を決定する		（36人）

3　調査する費用の範囲

この調査の調査項目は，次のとおりである。

なお各項目に含まれる費用の詳細は，「9　子供の学習費調査 項目別定義」（7ページ）参照。

① 学校教育費 ： 保護者が，子供の教育のために学校及び学校教育関係団体に納付あるいは寄附した経費及び，子供に学校教育を受けさせるために支出した経費（通学費を含む）。

例）授業料，保育料，入学金，修学旅行費，学用品費，体育用品費，

楽器等購入費，実験実習材料費，クラブ活動費，通学費など

② 学 校 給 食 費 ： 幼稚園・小学校・中学校において，保護者が給食費として納付した経費。

③ 学校外活動費 ： 保護者が，子供の学校外活動のために支出した経費。

④ 世帯の年間収入 ： 世帯全体の1年間収入（税込み）。

⑤ 主たる生計維持者の最終卒業学校，生計を一にする保護者等，保護者が希望する子供の進路（どの学校段階まで進ませたいか），兄弟姉妹（調査対象者及びその保護者と生計を一にする者に限る。以下同じ）の数・性別，調査対象者の出生順位，兄弟姉妹の学校段階

4　調査の対象期間

調査する費用の対象期間は，令和3年4月1日～令和4年3月31日の1年間の費用である。下記の三期に分けて各期合計額を調査する。

第一期　令和3年 4月～令和3年 6月の3か月分

第二期　令和3年 7月～令和3年11月の5か月分

第三期　令和3年12月～令和4年 3月の4か月分

5　調査方法

（1）調査の回答方法

調査の回答は，紙面又は「政府統計共同利用システム」を利用したオンラインにより行う。

（2）調査系統

◎調査票の配布，学校を経由する調査票（紙面）の回収

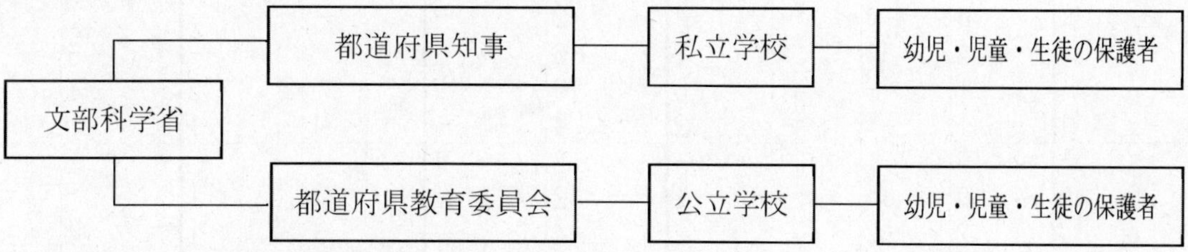

◎オンラインによる調査票の回収

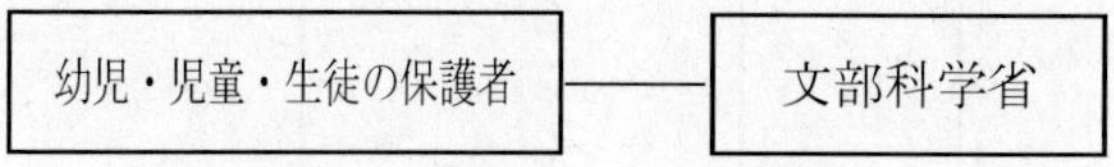

6　都道府県別調査実施学校数

区分	幼稚園				小学校		中学校		高等学校(全日制)	
	公立	3～5歳児	4～5歳児	私立	公立	私立	公立	私立	公立	私立
合計	251	201	50	197	405	71	150	73	221	232
北海道	3	3	—	9	15	1	5	1	11	6
青森	—	—	—	1	4	—	2	—	1	1
岩手	2	2	—	—	4	—	2	—	2	1
宮城	6	6	—	5	7	2	2	—	4	3
秋田	—	—	—	—	3	—	1	—	1	—
山形	1	—	1	2	3	—	2	—	1	3
福島	11	9	2	4	5	1	3	—	6	2
茨城	7	4	3	4	9	2	4	1	6	5
栃木	—	—	—	3	6	—	3	1	3	3
群馬	5	5	—	1	6	1	3	—	5	3
埼玉	4	3	1	19	23	1	10	3	14	12
千葉	9	5	4	15	21	3	8	3	12	11
東京	18	13	5	29	39	18	12	23	15	40
神奈川	3	2	1	22	30	9	10	8	16	16
新潟	2	2	—	—	7	—	3	—	5	3
富山	1	1	—	—	2	—	2	—	1	1
石川	—	—	—	1	4	—	2	—	1	2
福井	1	1	—	—	3	—	1	—	1	1
山梨	—	—	—	—	3	1	1	—	1	1
長野	—	—	—	3	7	1	3	—	4	2
岐阜	6	6	—	3	7	—	3	—	6	2
静岡	21	21	—	5	13	1	5	2	7	8
愛知	10	10	—	15	28	1	11	3	15	14
三重	9	6	3	2	6	1	2	1	4	2
滋賀	18	18	—	—	5	—	2	1	3	2
京都	4	4	—	4	8	3	2	3	4	8
大阪	21	14	7	14	28	6	10	6	14	21
兵庫	21	12	9	7	18	4	7	3	12	8
奈良	12	10	2	—	4	2	1	1	2	2
和歌山	2	2	—	—	3	—	1	1	1	1
鳥取	—	—	—	—	2	—	—	—	1	1
島根	6	6	—	—	2	—	—	—	1	1
岡山	14	12	2	1	6	1	3	—	5	3
広島	1	—	1	5	9	2	3	2	4	5
山口	1	1	—	2	4	—	1	1	1	2
徳島	5	1	4	—	2	1	—	—	1	—
香川	10	10	—	1	2	—	1	1	1	1
愛媛	2	2	—	2	4	—	1	1	2	1
高知	1	1	—	—	2	—	—	1	1	1
福岡	3	3	—	12	18	3	7	2	9	13
佐賀	—	—	—	—	3	—	1	—	1	1
長崎	—	—	—	2	4	2	2	1	1	3
熊本	2	2	—	2	6	—	2	—	4	5
大分	—	—	—	1	4	1	2	—	1	2
宮崎	—	—	—	—	3	—	—	1	1	3
鹿児島	2	2	—	1	6	1	2	1	4	5
沖縄	7	2	5	—	7	2	2	1	5	1

(注)公立幼稚園の「3～5歳児」,「4～5歳児」とは，対象幼児が在園する幼稚園を示している。

7　回収状況等

区分			幼稚園		小学校		中学校		高等学校（全日制）	
			公立	私立	公立	私立	公立	私立	公立	私立
合計		対象数(人)	4,421	4,687	19,336	3,339	2,691	2,190	7,940	8,299
		有効回答数(人)	3,283	3,166	8,667	1,837	1,595	1,240	3,427	4,042
		回収率(%)	(74.3)	(67.5)	(44.8)	(55.0)	(59.3)	(56.6)	(43.2)	(48.7)
各回回収状況	保護者調査票(第1回提出分)		4,050	4,028	13,936	2,565	2,208	1,770	5,641	6,220
		回収率(%)	(91.6)	(85.9)	(72.1)	(76.8)	(82.1)	(80.8)	(71.0)	(74.9)
	保護者調査票(第2回提出分)		3,693	3,603	11,352	2,211	1,921	1,452	4,510	4,987
		回収率(%)	(83.5)	(76.9)	(58.7)	(66.2)	(71.4)	(66.3)	(56.8)	(60.1)
	保護者調査票(第3回提出分)		3,349	3,218	9,018	1,899	1,645	1,279	3,565	4,218
		回収率(%)	(75.8)	(68.7)	(46.6)	(56.9)	(61.1)	(58.4)	(44.9)	(50.8)
学年(年齢)別回答状況	第1学年（3歳児）	対象数(人)	1,490	1,549	3,214	545	896	730	2,647	2,765
		回収数(人)	1,084	1,066	1,412	323	537	414	1,184	1,396
		回収率(%)	(72.8)	(68.8)	(43.9)	(59.3)	(59.9)	(56.7)	(44.7)	(50.5)
	第2学年（4歳児）	対象数(人)	1,454	1,567	3,222	558	897	730	2,641	2,768
		回収数(人)	1,087	1,039	1,474	319	547	410	1,195	1,425
		回収率(%)	(74.8)	(66.3)	(45.7)	(57.2)	(61.0)	(56.2)	(45.2)	(51.5)
	第3学年（5歳児）	対象数(人)	1,477	1,571	3,225	559	898	730	2,652	2,766
		回収数(人)	1,112	1,061	1,471	313	511	416	1,048	1,221
		回収率(%)	(75.3)	(67.5)	(45.6)	(56.0)	(56.9)	(57.0)	(39.5)	(44.1)
	第4学年	対象数(人)			3,224	559				
		回収数(人)			1,491	305				
		回収率(%)			(46.2)	(54.6)				
	第5学年	対象数(人)			3,227	560				
		回収数(人)			1,481	294				
		回収率(%)			(45.9)	(52.5)				
	第6学年	対象数(人)			3,224	558				
		回収数(人)			1,338	283				
		回収率(%)			(41.5)	(50.7)				
人口規模別回答状況	10万人未満	対象数(人)	2,085	814	5,713	…	845	…		
		回収数(人)	1,667	498	2,800	…	514	…		
		回収率(%)	(80.0)	(61.2)	(49.0)	(…)	(60.8)	(…)		
	10万人以上30万人未満	対象数(人)	989	1,174	4,895	…	699	…		
		回収数(人)	697	751	2,258	…	436	…		
		回収率(%)	(70.5)	(64.0)	(46.1)	(…)	(62.4)	(…)		
	30万人以上100万人未満	対象数(人)	752	1,269	4,504	…	625	…		
		回収数(人)	572	1,008	1,950	…	383	…		
		回収率(%)	(76.1)	(79.4)	(43.3)	(…)	(61.3)	(…)		
	100万人以上・特別区	対象数(人)	595	1,430	4,224	…	522	…		
		回収数(人)	347	909	1,659	…	262	…		
		回収率(%)	(58.3)	(63.6)	(39.3)	(…)	(41.9)	(…)		

＜参考＞「世帯の年間収入」回答状況

区分	幼稚園		小学校		中学校		高等学校(全日制)	
	公立	私立	公立	私立	公立	私立	公立	私立
有効回答数(人)	3,154	3,100	8,478	1,805	1,558	1,227	3,330	3,957
回収率（%）	(71.3)	(66.1)	(43.8)	(54.1)	(57.9)	(56.0)	(41.9)	(47.7)

8　標準誤差及び標準誤差率

この調査は標本調査であり，標本から得られた回答を基に全国の一人当たり年間平均額を推計している。この推計結果である平均値のもつ誤差の一つとして，標本抽出に起因する標本誤差があり，標本誤差の大きさを示す数値として標準誤差を用いる。

以下の表は，支出項目ごとに平均値の標準誤差及び標準誤差率（平均値に対する標準誤差の比率）を示したものである。

区分	幼稚園					
	公立			私立		
	a 平均値 (円)	b 標準誤差 (円)	b/a (%)	a 平均値 (円)	b 標準誤差 (円)	b/a (%)
学習費総額	165,126	5,614	3.40	308,909	9,330	3.02
学校教育費	61,156	1,951	3.19	134,835	4,161	3.09
学校給食費	13,415	824	6.14	29,917	1,170	3.91
学校外活動費	90,555	4,523	4.99	144,157	6,320	4.38

区分	小学校					
	公立			私立		
	a 平均値 (円)	b 標準誤差 (円)	b/a (%)	a 平均値 (円)	b 標準誤差 (円)	b/a (%)
学習費総額	352,566	5,503	1.56	1,666,949	43,247	2.59
学校教育費	65,974	714	1.08	961,013	34,194	3.56
学校給食費	39,010	636	1.63	45,139	5,315	11.77
学校外活動費	247,582	5,361	2.17	660,797	23,982	3.63

区分	中学校					
	公立			私立		
	a 平均値 (円)	b 標準誤差 (円)	b/a (%)	a 平均値 (円)	b 標準誤差 (円)	b/a (%)
学習費総額	538,799	11,037	2.05	1,436,353	29,825	2.08
学校教育費	132,349	2,650	2.00	1,061,350	22,283	2.10
学校給食費	37,670	1,528	4.06	7,227	2,406	33.29
学校外活動費	368,780	10,543	2.86	367,776	18,366	4.99

区分	高等学校（全日制）					
	公立			私立		
	a 平均値 (円)	b 標準誤差 (円)	b/a (%)	a 平均値 (円)	b 標準誤差 (円)	b/a (%)
学習費総額	512,971	12,382	2.41	1,054,444	25,325	2.40
学校教育費	309,261	4,236	1.37	750,362	13,549	1.81
学校給食費	…	…	…	…	…	…
学校外活動費	203,710	10,643	5.22	304,082	18,812	6.19

9　子供の学習費調査　項目別定義

項　目　名	定　　義（含まれる費用の範囲）
学　習　費　総　額	学校教育費，学校給食費及び学校外活動費の合計
学　校　教　育　費	学校教育のために各家庭が支出した全経費で，学校が一律に徴収する経費及び必要に応じて各家庭が支出する経費の合計
入学金・入園料	入学するに当たり要した入学金・入園料（複数の学校を受験した結果，実際には入学しなかった学校へ支払ったものも含む）
入学時に納付した施設整備費等	入学するに当たり，入学時に学校へ一括で支払った納付金のうち，入学金・入園料及び授業料・保育料以外のものの額（複数の学校を受験した結果，実際には入学しなかった学校へ支払ったものも含む）
入学検定料	入学するに当たり要した入学検定料（受験した全ての学校の検定料）
授業料	幼稚園保育料，私立小中学校・公私立高等学校の授業料として支払った経費
施設整備費等	私立学校において，本年度分として学校へ一括で支払った納付金のうち，授業料・保育料以外の経費（入学時に納付した施設整備費等を除く）
修学旅行費	修学旅行を行うために支払った経費（修学旅行用のかばんなど個人的に要した経費を除く）
校外活動費	遠足，見学，野外活動，集団宿泊活動，移動教室などのために支払った経費（校外活動用のかばんなど個人的に要した経費を除く）
学級・児童会・生徒会費	学級・学年の活動や全校の児童・生徒会活動のために支払った経費
その他の学校納付金	保健衛生費，日本スポーツ振興センター共済金等の安全会掛金，冷暖房費，学芸会費等，学校に対し支払った費用で，授業料・保育料，施設整備費等，修学旅行費，校外活動費，学級・児童会・生徒会費に該当しない経費。
ＰＴＡ会費	PTAの会費として支払った会費
後援会等会費	後援会や同窓会など，学校を支援する外部団体に支払った会費等
寄附金	学校に対し，任意で寄付した寄附金（全く個人的な寄附金や，保護者以外の者が寄附したものを除く）
教科書費・教科書以外の図書費	授業で使う教科書（高等学校のみ）及び各教科などの授業（幼稚園の場合，保育上使用）のために，先生の指示などにより購入した必須図書等の購入費
学用品・実験実習材料費	学校の各教科などの授業で必要な文房具類，体育用品，楽器，製図・技術用具，裁縫用具等の購入費及び調理用の材料購入費等
教科外活動費	クラブ活動（課外の部活動を含む），学芸会・運動会・芸術鑑賞会，各教科以外の学級活動（ホームルーム活動），児童会・生徒会，臨海・林間学校などのために，家庭が直接支出した経費（飲食，お土産等の個人的に要した経費を除く）
通学費	通学のための交通費，スクールバス代，自転車通学が認められている学校での通学用自転車購入費等
制服	学校が通学のために指定した制服一式（標準服を含む）で，いわゆる学生服以外にブレザー，ネクタイ，シャツ・ブラウス等を含むが，制服以外の衣類は除く
通学用品費	通学のために必要な物品の購入費で，ランドセル，かばん，雨傘などの購入費
その他	上記のいずれにも属さない経費で，学校の徽章・バッジ，上ばき，卒業記念写真・アルバムの代金等
学　校　給　食　費	幼稚園・小学校・中学校において，完全給食，補食給食，ミルク給食等給食の実施形態に関わらず，給食費として支払った経費
学　校　外　活　動　費	補助学習費及びその他の学校外活動費の合計
補助学習費	予習・復習・補習などの学校教育に関係する学習をするために支出した経費 ただし，学校で使用するものと共用のものは「学校教育費」とする
家庭内学習費	家庭の中での学習に使用する物品・図書の購入費
通信教育・家庭教師費	家庭教師への月謝（謝礼），教材費，通信添削などの通信教育を受けるために支出した経費
学習塾費	学習塾へ通うために支出した全ての経費で，入会金，授業料（月謝），講習会費，教材費，通っている学習塾での模擬テスト代，学習塾への交通費
その他	予習・復習・補習のための図書館などへの交通費，公開模擬テスト代等
その他の学校外活動費	知識や技能を身に付け，豊かな感性を培い，心とからだの健全な発達を目的としたけいこごとや学習活動，スポーツ，文化活動などに要した経費（複数で共有するような物品等は一人当たりの経費）
体験活動・地域活動	ハイキングやキャンプなどの野外活動，ボランティア活動，ボーイスカウト・ガールスカウトなどの活動に要した経費
芸術文化活動	音楽，舞踊，絵画などを習うために支出した経費，音楽鑑賞・美術鑑賞・映画鑑賞などの芸術鑑賞，楽器演奏，演劇活動などに要した経費
スポーツ・レクリエーション活動	水泳・野球・サッカー・テニス・武道・体操などのスポーツ技術を習うために支出した経費及びスポーツイベント等への参加費，スポーツ観戦に要した経費
国際交流体験活動	留学・ホームステイなど海外での学習・交流活動のために要した費用，自宅外で参加する国際交流イベントの参加に要した経費
教養・その他	習字，そろばん，外国語会話などを習うために支出した経費及び小説などの一般図書・雑誌購入費，博物館・動物園・水族館・図書館などへの入場料・交通費，パソコン・タブレット型コンピュータ（学校と学校外の両方で使うものや家族共用のものを除く），自主的な検定試験受験料など

（注）令和３年度調査における変更項目は１７１頁の附属資料を参照のこと。

2　調査結果の概要

1　学習費総額

（1）　学校種別の学習費総額及び構成比（表１，図１－１～３参照）

幼稚園は公立約16万5千円，私立約30万9千円，小学校は公立約35万3千円，私立約166万7千円，中学校は公立約53万9千円，私立約143万6千円，高等学校（全日制）は公立約51万3千円，私立約105万4千円となっている。

学習費総額における「学校教育費」，「学校給食費」及び「学校外活動費」の構成比は，公立小学校及び公立中学校では「学校外活動費」の構成比が高く，いずれも60％以上である。一方，私立中学校及び公立・私立高等学校（全日制）では「学校教育費」の構成比が60％を超えている。

（2）　学校種別の公私比較（表１参照）

公立学校と私立学校の学習費総額の差は，幼稚園では私立が公立の1．9倍，小学校では4．7倍，中学校では2．7倍，高等学校（全日制）では2．1倍となっている。

表1　学校種別学習費総額の推移

（円）

区　分	幼　稚　園		小　学　校		中　学　校		高等学校(全日制)	
	公　立	私　立	公　立	私　立	公　立	私　立	公　立	私　立
学 習 費 総 額	165,126	308,909	352,566	1,666,949	538,799	1,436,353	512,971	1,054,444
公私比率	1	1.9	1	4.7	1	2.7	1	2.1
うち学校教育費	61,156	134,835	65,974	961,013	132,349	1,061,350	309,261	750,362
構成比(%)	37.0	43.6	18.7	57.7	24.6	73.9	60.3	71.2
公私比率	1	2.2	1	14.6	1	8.0	1	2.4
うち学校給食費	13,415	29,917	39,010	45,139	37,670	7,227	…	…
構成比(%)	8.1	9.7	11.1	2.7	7.0	0.5	…	…
公私比率	1	2.2	1	1.2	1	0.2	…	…
うち学校外活動費	90,555	144,157	247,582	660,797	368,780	367,776	203,710	304,082
構成比(%)	54.8	46.7	70.2	39.6	68.4	25.6	39.7	28.8
公私比率	1	1.6	1	2.7	1	1.0	1	1.5

（注）1　令和3年度の年額である。（以下の表において同じ。）
　　2　「公私比率」は，各学校種の公立学校を1とした場合の比率である。

（参考）　公立・私立学校総数に占める私立学校の割合，及び公立・私立学校に通う全幼児・児童・生徒数全体に占める私立学校に通う者の割合は，幼稚園では学校数：66．9％／園児数：87．2％，小学校では学校数：1．3％／児童数：1．3％，中学校では学校数：7．8％／生徒数：7．7％，高等学校（全日制）では学校数：28．2％／生徒数：34．4％である。

※高等学校（全日制）の生徒は，本科生に占める私立の割合である。

※学校数，幼児・児童・生徒数は，令和3年度学校基本統計（学校基本調査報告書）による。

図1－1　学校種別学習費総額の推移

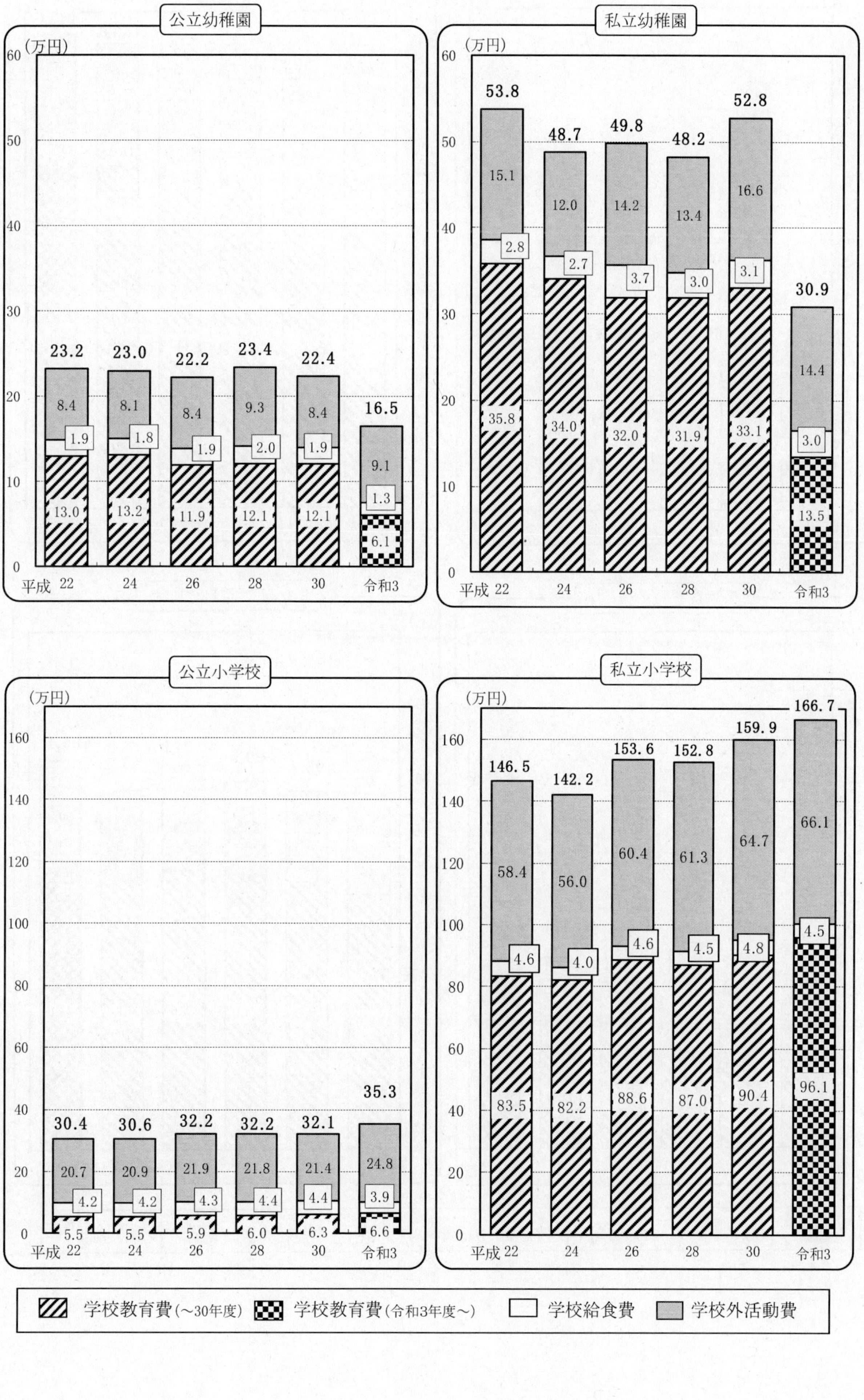

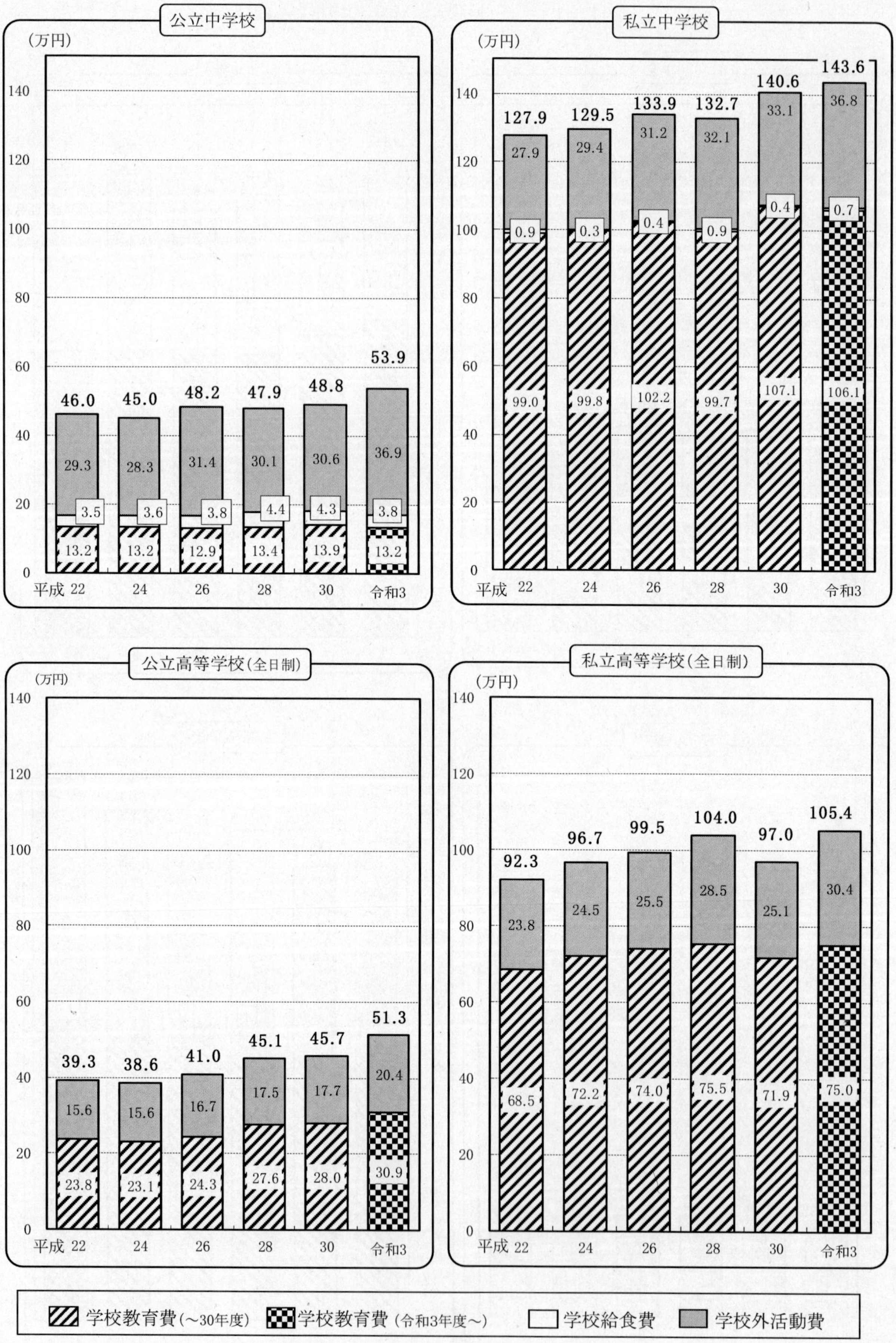
公立中学校
(万円)
140
120
100
80
60
40
20
0
46.0
45.0
48.2
47.9
48.8
53.9
29.3
28.3
31.4
30.1
30.6
36.9
3.5
3.6
3.8
4.4
4.3
3.8
13.2
13.2
12.9
13.4
13.9
13.2
平成 22
24
26
28
30
令和3
私立中学校
(万円)
127.9
129.5
133.9
132.7
140.6
143.6
27.9
29.4
31.2
32.1
33.1
36.8
0.9
0.3
0.4
0.9
0.4
0.7
99.0
99.8
102.2
99.7
107.1
106.1
公立高等学校(全日制)
(万円)
39.3
38.6
41.0
45.1
45.7
51.3
15.6
15.6
16.7
17.5
17.7
20.4
23.8
23.1
24.3
27.6
28.0
30.9
私立高等学校(全日制)
(万円)
92.3
96.7
99.5
104.0
97.0
105.4
23.8
24.5
25.5
28.5
25.1
30.4
68.5
72.2
74.0
75.5
71.9
75.0
学校教育費(~30年度)
学校教育費(令和3年度~)
学校給食費
学校外活動費

図1－2　学校種別にみた学習費総額

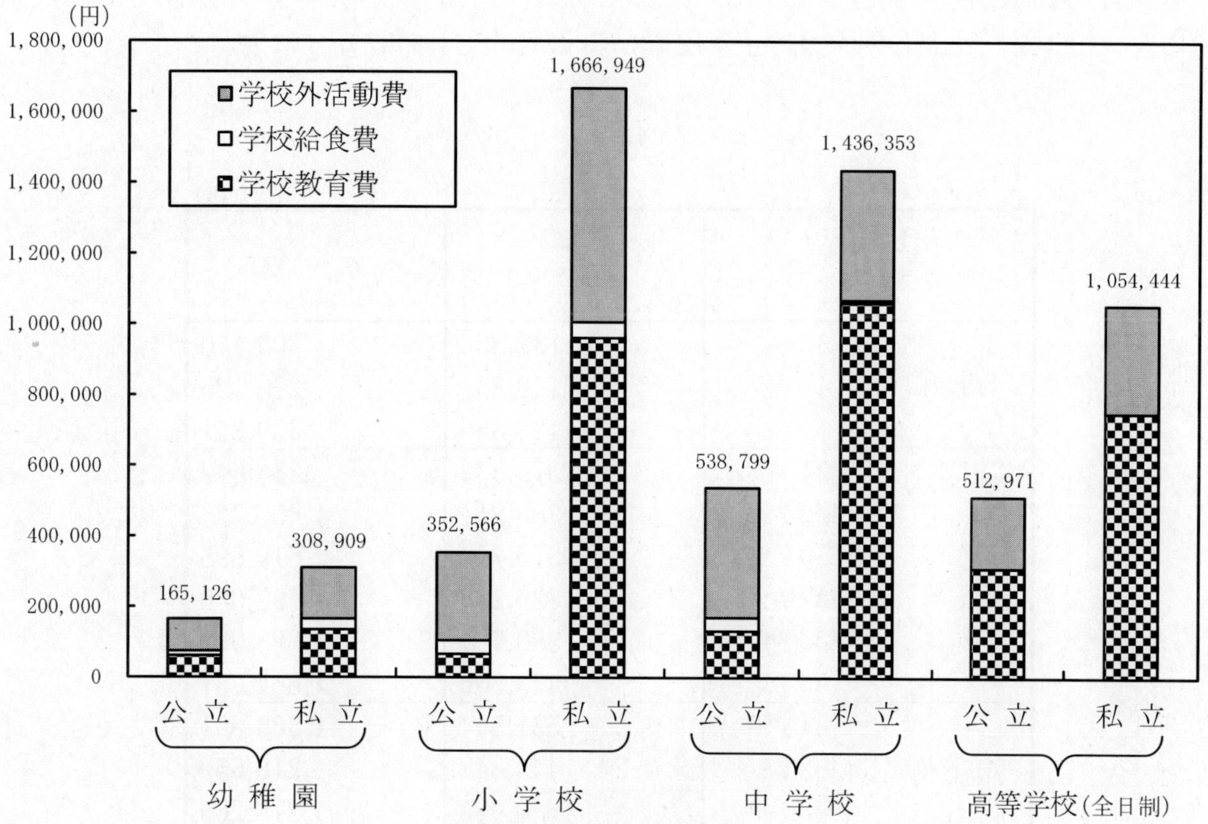

図1－3　学校種別にみた学習費総額の構成比

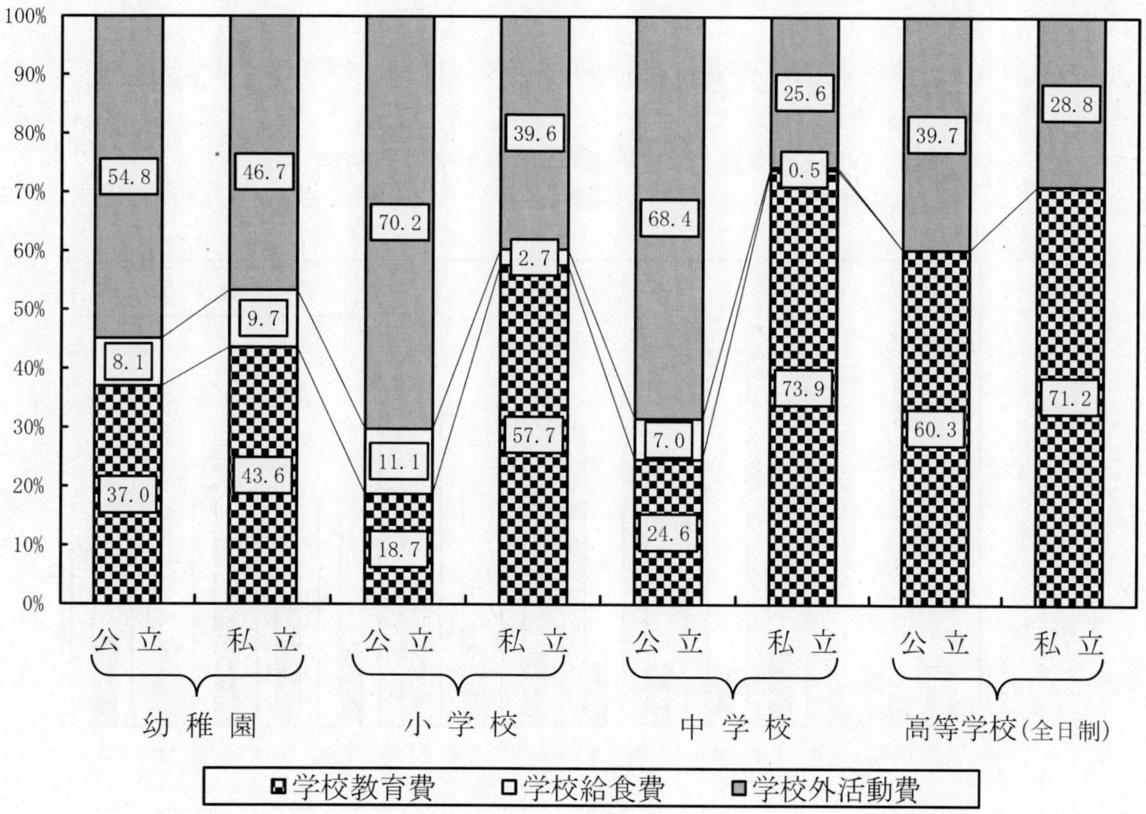

（3） 学 年 別 (表2，図2参照)

学習費総額を学年(年齢)別にみると，最も多いのは，私立小学校第1学年の約213万6千円である。なお，公立のうち最も多いのは，中学校第3学年の約64万1千円となっている。

表2 学年(年齢)別の学習費総額

(円)

区分		公立	私立
幼稚園	3 歳	133,353	309,170
	4 歳	140,838	276,125
	5 歳	198,555	339,341
小学校	第1学年	379,539	2,136,449
	第2学年	283,211	1,402,725
	第3学年	315,794	1,519,595
	第4学年	329,198	1,592,088
	第5学年	380,774	1,683,972
	第6学年	423,506	1,664,831
中学校	第1学年	531,544	1,806,991
	第2学年	443,848	1,218,559
	第3学年	640,925	1,278,255
高等学校(全日制)	第1学年	629,459	1,276,978
	第2学年	457,895	941,873
	第3学年	455,762	937,550

(注)表中の網掛けは公立，私立の各学校種における学年(年齢)別の最大値を示している。

図2 学年(年齢)別にみた学習費総額

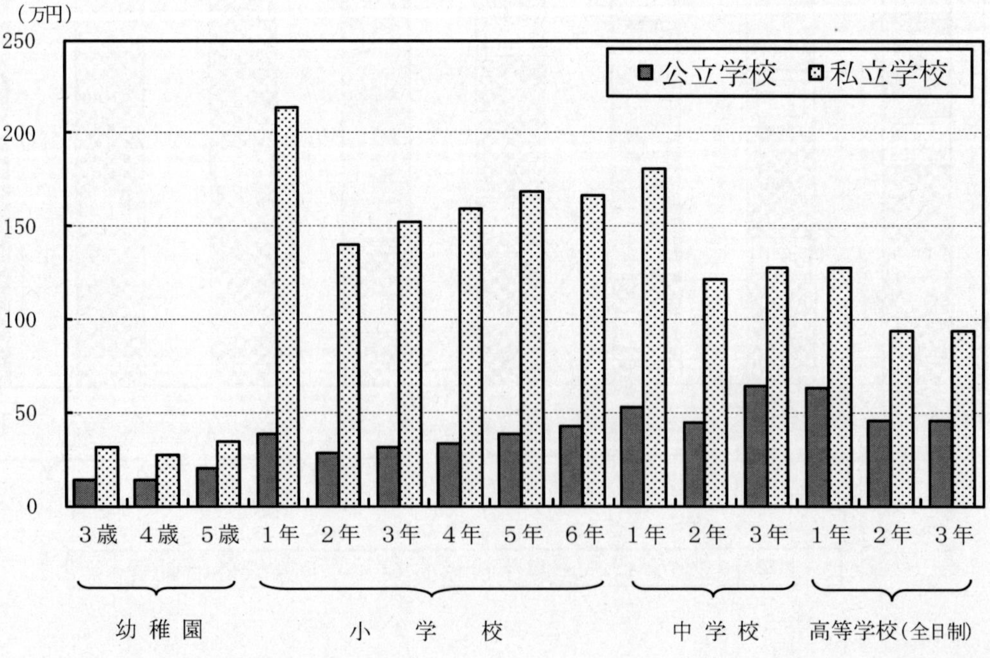

（４） 人口規模別（学習費の地域的な特性）（表３，図３－１～３参照）

① 学校教育費

公立・私立幼稚園では人口規模が大きくなるほど，公立小学校及び公立中学校では人口規模が小さくなるほど学校教育費が多くなっている。

② 学校給食費

いずれの学校種においても，中規模の人口規模において比較的学校給食費が多くなっている。

③ 学校外活動費

いずれの学校種においても，人口規模が大きくなるほど学校外活動費が多い傾向にある。

表3 人口規模別にみた学習費総額

（円）

区分		平均	10万人未満	10万人以上30万人未満	30万人以上100万人未満	100万人以上・特別区
公立幼稚園	学習費総額	165,126	146,229	164,444	158,862	239,499
	学校教育費	61,156	56,593	59,201	65,189	75,188
	学校給食費	13,415	15,521	16,375	11,500	3,453
	学校外活動費	90,555	74,115	88,868	82,173	160,858
私立幼稚園	学習費総額	308,909	242,760	285,157	332,430	345,892
	学校教育費	134,835	105,497	123,383	141,140	155,648
	学校給食費	29,917	32,977	27,509	34,121	26,488
	学校外活動費	144,157	104,286	134,265	157,169	163,756
公立小学校	学習費総額	352,566	283,861	329,277	350,218	472,831
	学校教育費	65,974	70,300	65,169	64,788	62,374
	学校給食費	39,010	36,360	40,763	40,916	38,542
	学校外活動費	247,582	177,201	223,345	244,514	371,915
公立中学校	学習費総額	538,799	452,978	555,645	585,591	598,733
	学校教育費	132,349	137,909	132,916	132,496	122,418
	学校給食費	37,670	38,211	40,568	39,081	31,265
	学校外活動費	368,780	276,858	382,161	414,014	445,050

（注） 表中の網掛けは各支出項目における人口規模別の最大値を示している。

図３－１　人口規模別にみた学習費総額

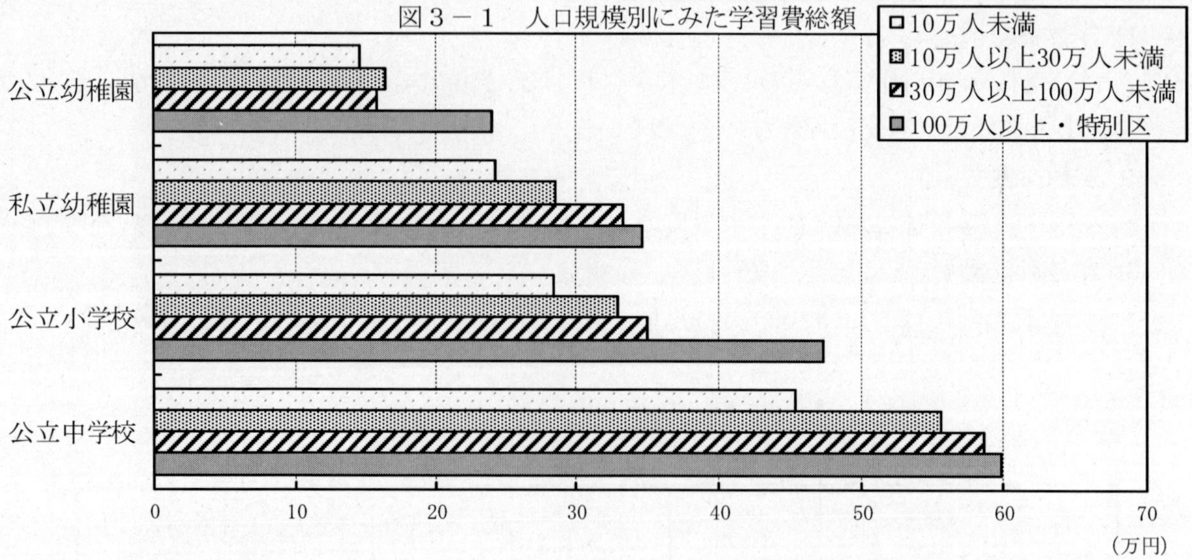

図３－２　人口規模別にみた学校教育費

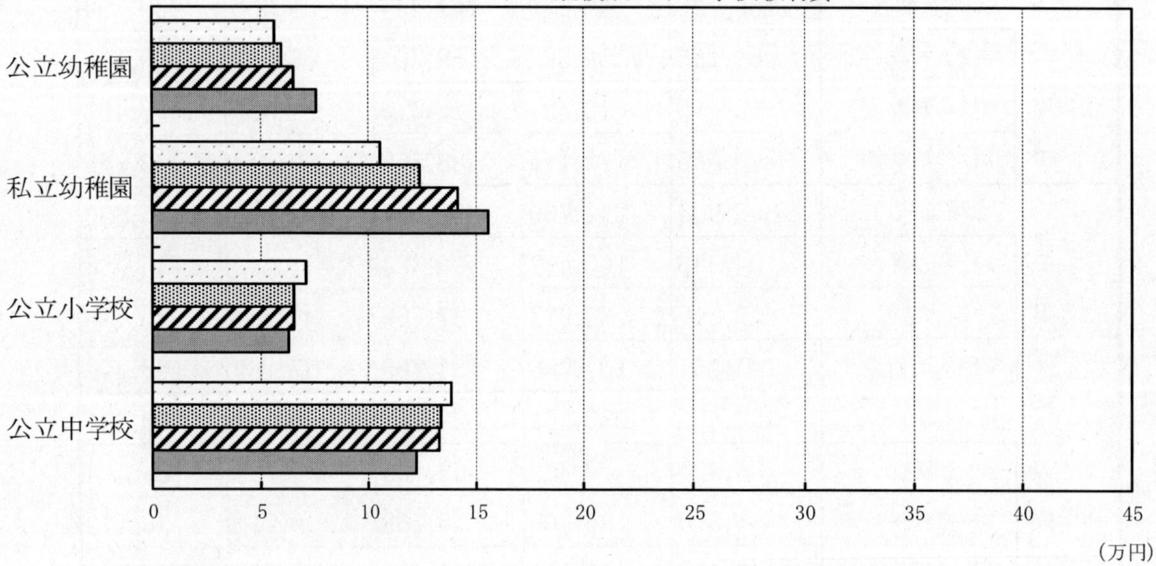

図３－３　人口規模別にみた学校外活動費

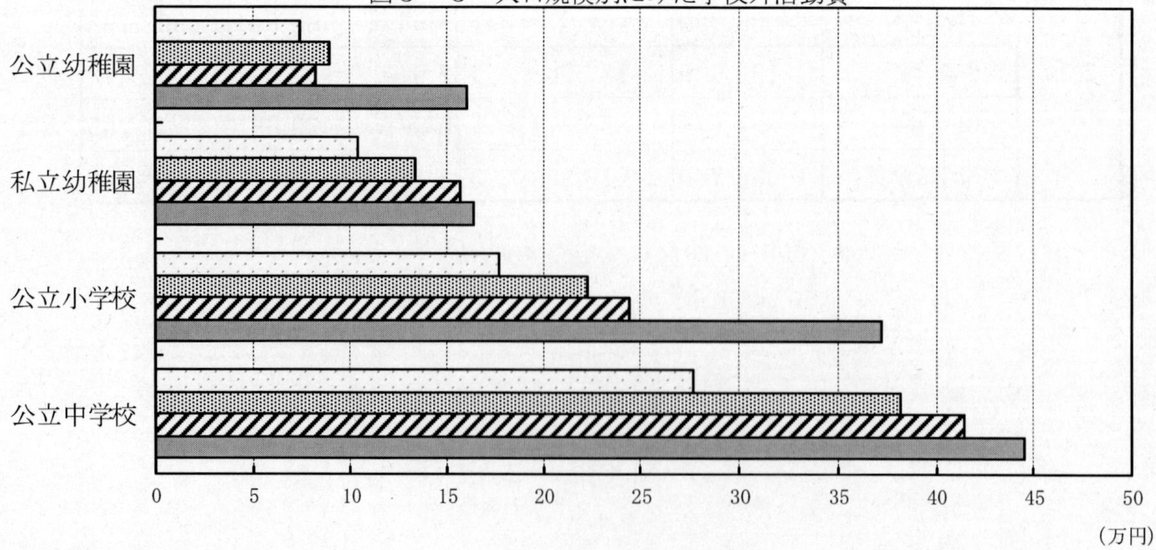

2　学校教育費

（1） 幼 稚 園 (表4－1，図4－1参照)

① 公立幼稚園の学校教育費は，約6万1千円となっている。この内訳の構成比で最も高いのは，「通学関係費」の36．5％（約2万2千円）であり，次いで「その他」の19．9％（約1万2千円）となっている。

② 私立幼稚園の学校教育費は，約13万5千円となっている。この内訳の構成比で最も高いのは，「通学関係費」の29．0％（約3万9千円）であり，次いで「授業料」の20．7％（2万8千円）となっている。

表4－1　幼稚園の学校教育費の支出構成

区分	公立 金額（円）	公立 構成比（％）	私立 金額（円）	私立 構成比（％）
学校教育費	61, 156		134, 835	
入学金等	382	(0. 6)	15, 828	(11. 7)
授業料	5, 533	(9. 0)	27, 972	(20. 7)
修学旅行費等	785	(1. 3)	1, 584	(1. 2)
学校納付金等	8, 433	(13. 8)	17, 362	(12. 9)
図書・学用品・実習材料費等	11, 040	(18. 1)	16, 084	(11. 9)
教科外活動費	482	(0. 8)	4, 131	(3. 1)
通学関係費	22, 346	(36. 5)	39, 106	(29. 0)
その他	12, 155	(19. 9)	12, 768	(9. 5)

(注) 1 「入学金等」とは，入学にあたって要した諸費用であり，併願等で実際には入学しなかった学校へ納付した金額を含む。統計表の「入学金・入園料」「入学時に納付した施設整備費等」「入学検定料」の計である。
2 「修学旅行費等」とは，修学旅行，遠足，見学，移動教室などのために支払った経費であり，個人的に要した経費は含まない。統計表の「修学旅行費」「校外活動費」の計である。
3 「学校納付金等」とは，学級費，PTA 会費等であり，統計表の「施設整備費等」「学級・児童会・生徒会費」「その他の学校納付金」「PTA 会費」「後援会等会費」「寄附金」の計である。
4 「図書・学用品・実習材料費等」とは，授業のために購入した図書，文房具類，体育用品及び実験・実習のための材料等の購入費であり，統計表の「教科書費・教科書以外の図書費」「学用品・実験実習材料費」の計である。
5 「教科外活動費」とは，クラブ活動，学芸会・運動会・芸術鑑賞会，臨海・林間学校等のために家計が支出した経費である。
6 「通学関係費」とは，通学のための交通費，制服及びランドセル等の通学用品の購入費であり，統計表の「通学費」「制服」「通学用品費」の計である。
7 表中の網掛け（濃）は各支出項目中の最大値，網掛け（淡）は次値を示している。（以下の表4－2～4において同じ。）

図4－1　幼稚園の学校教育費の内訳

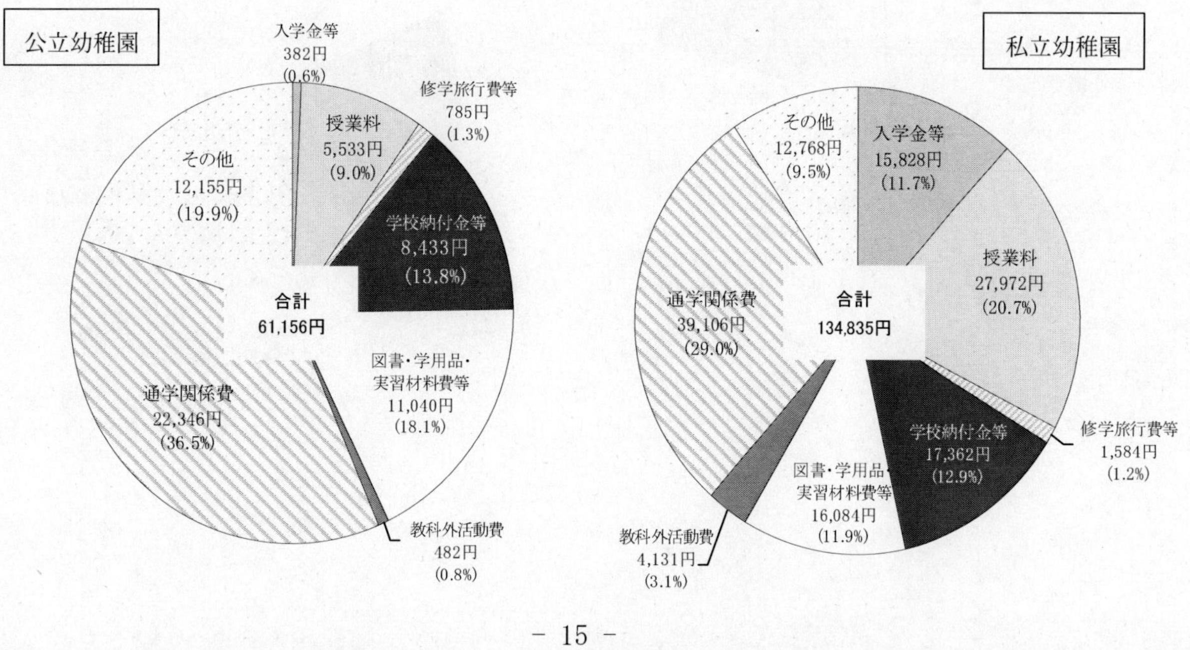

（2） 小 学 校 （表４－２，図４－２参照）

① 公立小学校の学校教育費は，約6万6千円となっている。この内訳の構成比で最も高いのは，「図書・学用品・実習材料費等」の36．8％（約2万4千円）であり，次いで「通学関係費」の31．0％（約2万円）となっている。

② 私立小学校の学校教育費は，約96万1千円となっている。この内訳の構成比で最も高いのは，「授業料」の55．8％（約53万6千円）であり，次いで「学校納付金等」の16．9％（約16万3千円）となっている。

表4－2 小学校の学校教育費の支出構成

区 分	公 立		私 立	
	金 額（円）	構成比（％）	金 額（円）	構成比（％）
学校教育費	65, 974		961, 013	
入学金等	158	（0. 2）	66, 046	（6. 9）
授業料	…	（…）	536, 232	（55. 8）
修学旅行費等	5, 283	（8. 0）	18, 864	（2. 0）
学校納付金等	8, 113	（12. 3）	162, 624	（16. 9）
図書・学用品・実習材料費等	24, 286	（36. 8）	49, 932	（5. 2）
教科外活動費	2, 294	（3. 5）	8, 709	（0. 9）
通学関係費	20, 460	（31. 0）	104, 467	（10. 9）
その他	5, 380	（8. 2）	14, 139	（1. 5）

図4－2 小学校の学校教育費の内訳

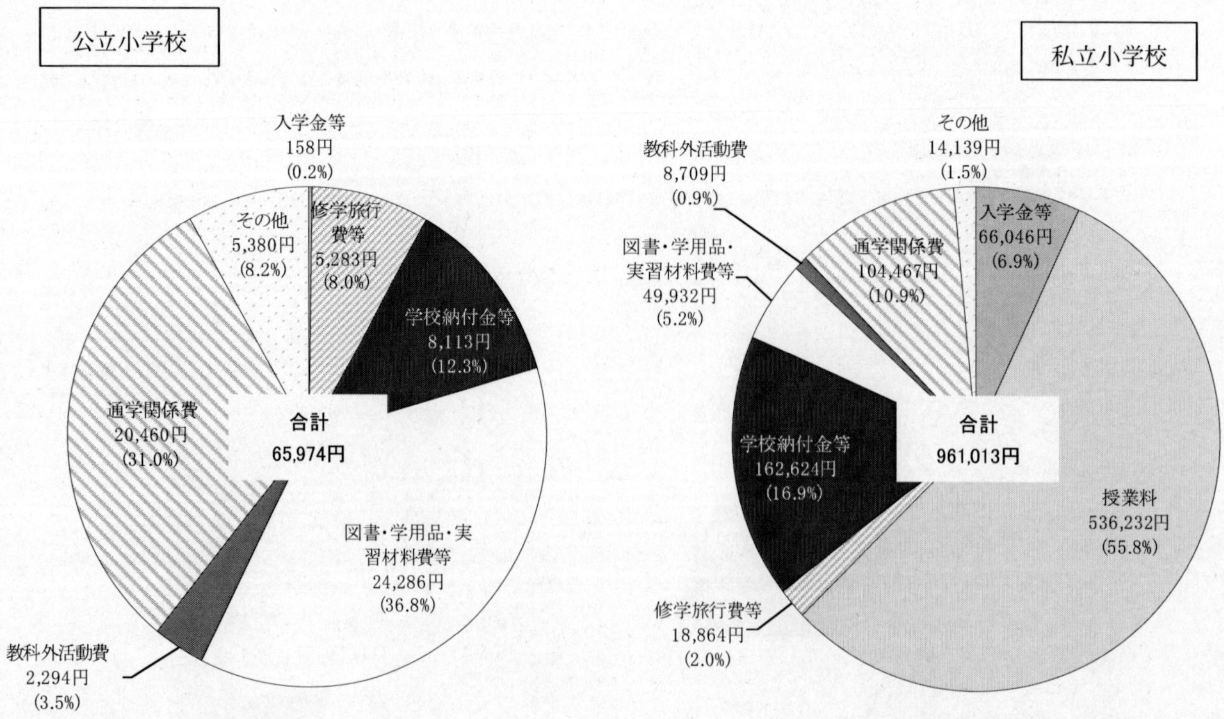

(3)　中 学 校 (表4－3，図4－3参照)

①　公立中学校の学校教育費は，約13万2千円となっている。この内訳の構成比で最も高いのは，「通学関係費」の29．9％（約4万円）であり，次いで「図書・学用品・実習材料費等」の24．5％（約3万2千円）となっている。

②　私立中学校の学校教育費は，約106万1千円となっている。この内訳の構成比で最も高いのは，「授業料」の44.9％（約47万6千円）であり，次いで「学校納付金等」の15．4％（約16万3千円）となっている。

表4－3　中学校の学校教育費の支出構成

区　　分	公　　立		私　　立	
	金　額（円）	構成比（％）	金　額（円）	構成比（％）
学校教育費	132，349		1，061，350	
入学金等	507	（0．4）	122，368	（11．5）
授業料	…	（…）	476，159	（44．9）
修学旅行費等	15，824	（12．0）	30，988	（2．9）
学校納付金等	14，538	（11．0）	163，233	（15．4）
図書・学用品・実習材料費等	32，368	（24．5）	68，578	（6．5）
教科外活動費	24，172	（18．3）	37，172	（3．5）
通学関係費	39，516	（29．9）	152，487	（14．4）
その他	5，424	（4．1）	10，365	（1．0）

図4－3　中学校の学校教育費の内訳

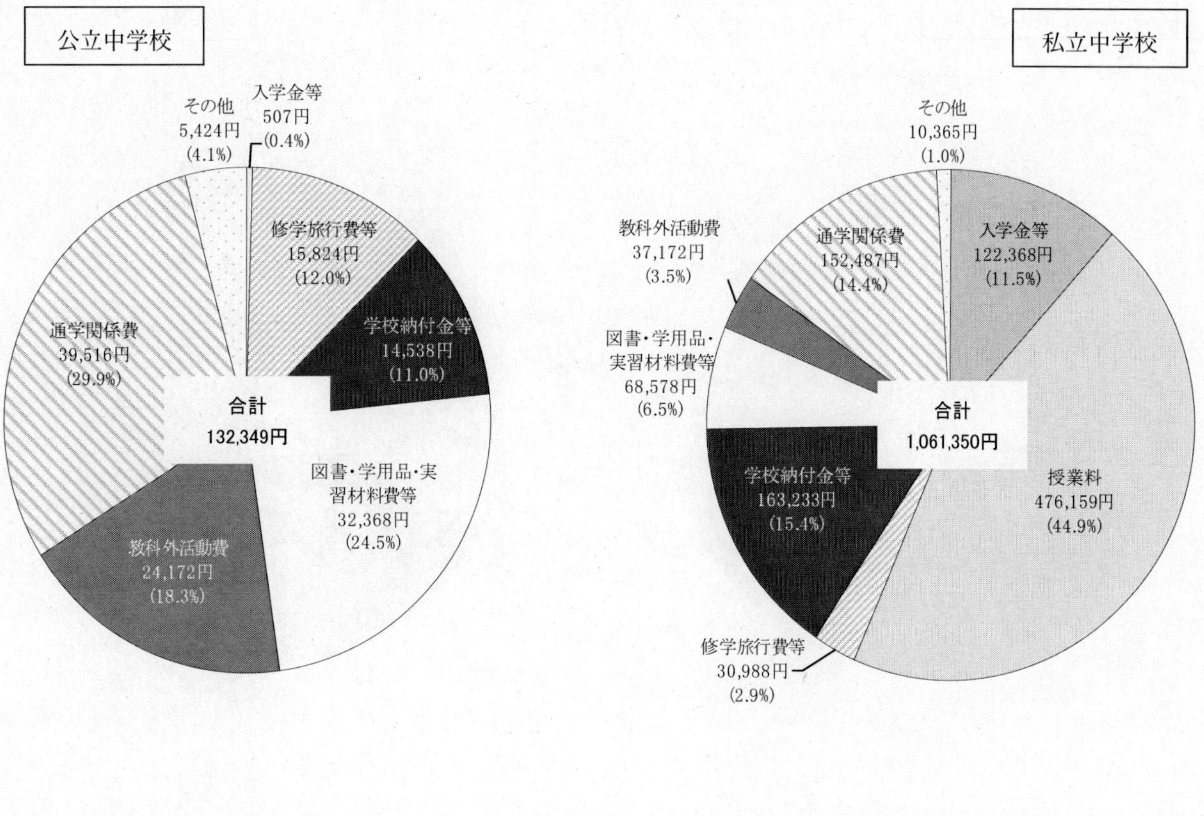

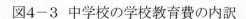

（4） 高等学校（全日制） （表4－4，図4－4参照）

① 公立高等学校（全日制）の学校教育費は，約30万9千円となっている。この内訳の構成比で最も高いのは，「通学関係費」の29．5％（約9万1千円）であり，次いで「図書・学用品・実習材料費等」の17．2％（約5万3千円）となっている。

② 私立高等学校（全日制）の学校教育費は，約75万円となっている。この内訳の構成比で最も高いのは，「授業料」の38．4％（約28万8千円）であり，次いで「通学関係費」の17．2％（約12万9千円）となっている。

表4－4 高等学校（全日制）の学校教育費の支出構成

区分	公立		私立	
	金額（円）	構成比（％）	金額（円）	構成比（％）
学校教育費	309, 261		750, 362	
入学金等	16, 143	(5. 2)	71, 844	(9. 6)
授業料	52, 120	(16. 9)	288, 443	(38. 4)
修学旅行費等	19, 556	(6. 3)	26, 549	(3. 5)
学校納付金等	32, 805	(10. 6)	115, 808	(15. 4)
図書・学用品・実習材料費等	53, 103	(17. 2)	64, 259	(8. 6)
教科外活動費	39, 395	(12. 7)	47, 013	(6. 3)
通学関係費	91, 169	(29. 5)	129, 155	(17. 2)
その他	4, 970	(1. 6)	7, 291	(1. 0)

図4－4 高等学校（全日制）の学校教育費の内訳

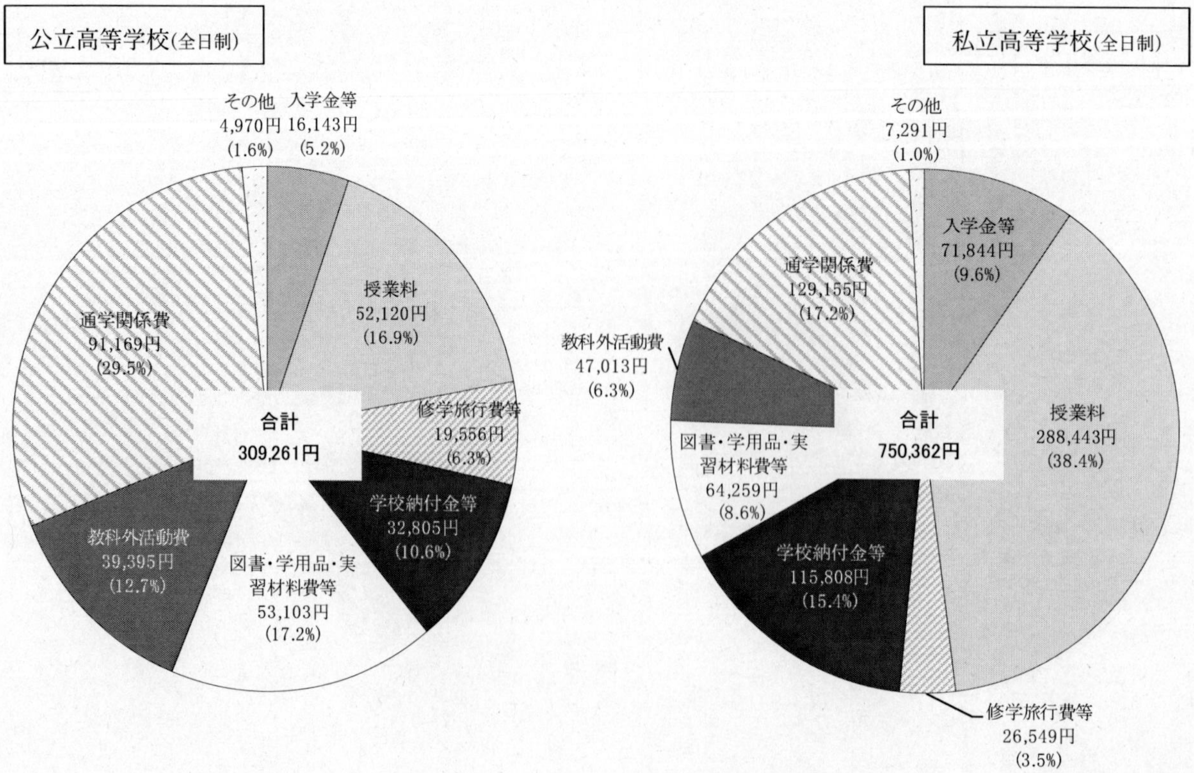

3　学校外活動費

（1）　「補助学習費」と「その他の学校外活動費」の構成（表５，図５－１～４参照）

学校外活動費は，幼稚園では公立約9万1千円，私立約14万4千円，小学校では公立約24万8千円，私立約66万1千円，中学校では公立約36万9千円，私立約36万8千円，高等学校（全日制）では公立約20万4千円，私立約30万4千円となっている。

この学校外活動費を学年別にみると，学校外活動費に占める「補助学習費」と「その他の学校外活動費」の割合は，公立は小学校第5学年以降，私立は小学校第4学年以降において「補助学習費」の割合が，「その他の学校外活動費」の割合を上回るようになっている。

また，学校外活動費の割合を男女別にみると，「補助学習費」は，公立中学校を除き，男子の方が多くなっている。また，「その他の学校外活動費」は，公立中学校を除き，女子の方が多くなっている。

表5　男女別・学年別学校外活動費

（円，%）

区分		公立					私立				
		合計	補助学習費	構成比	その他の学校外活動費	構成比	合計	補助学習費	構成比	その他の学校外活動費	構成比
幼稚園	平均	90,555	29,885	(33.0)	60,670	(67.0)	144,157	42,118	(29.2)	102,039	(70.8)
	男	81,829	28,914	(35.3)	52,915	(64.7)	125,556	39,061	(31.1)	86,495	(68.9)
	女	99,788	30,913	(31.0)	68,875	(69.0)	163,104	45,231	(27.7)	117,873	(72.3)
	3歳	54,667	20,784	(38.0)	33,883	(62.0)	97,677	30,441	(31.2)	67,236	(68.8)
	4歳	79,679	23,380	(29.3)	56,299	(70.7)	145,477	39,777	(27.3)	105,700	(72.7)
	5歳	115,766	39,118	(33.8)	76,648	(66.2)	183,586	54,521	(29.7)	129,065	(70.3)
小学校	平均	247,582	120,499	(48.7)	127,083	(51.3)	660,797	377,663	(57.2)	283,134	(42.8)
	男	244,926	124,691	(50.9)	120,235	(49.1)	679,758	417,756	(61.5)	262,002	(38.5)
	女	250,373	116,091	(46.4)	134,282	(53.6)	646,056	346,491	(53.6)	299,565	(46.4)
	第1学年	212,686	81,474	(38.3)	131,212	(61.7)	636,273	290,501	(45.7)	345,772	(54.3)
	第2学年	202,287	67,135	(33.2)	135,152	(66.8)	511,265	202,710	(39.6)	308,555	(60.4)
	第3学年	230,238	88,450	(38.4)	141,788	(61.6)	616,707	290,089	(47.0)	326,618	(53.0)
	第4学年	245,049	116,525	(47.6)	128,524	(52.4)	676,515	396,777	(58.7)	279,738	(41.3)
	第5学年	286,651	166,695	(58.2)	119,956	(41.8)	775,552	536,696	(69.2)	238,856	(30.8)
	第6学年	304,018	197,039	(64.8)	106,979	(35.2)	754,575	558,836	(74.1)	195,739	(25.9)
中学校	平均	368,780	303,136	(82.2)	65,644	(17.8)	367,776	262,322	(71.3)	105,454	(28.7)
	男	374,884	306,324	(81.7)	68,560	(18.3)	370,878	272,795	(73.6)	98,083	(26.4)
	女	362,323	299,764	(82.7)	62,559	(17.3)	364,889	252,570	(69.2)	112,319	(30.8)
	第1学年	291,627	203,831	(69.9)	87,796	(30.1)	356,676	234,241	(65.7)	122,435	(34.3)
	第2学年	316,106	253,883	(80.3)	62,223	(19.7)	353,521	260,157	(73.6)	93,364	(26.4)
	第3学年	497,915	450,812	(90.5)	47,103	(9.5)	393,759	293,388	(74.5)	100,371	(25.5)
高等学校（全日制）	平均	203,710	171,377	(84.1)	32,333	(15.9)	304,082	246,639	(81.1)	57,443	(18.9)
	男	224,789	196,900	(87.6)	27,889	(12.4)	334,553	278,444	(83.2)	56,109	(16.8)
	女	182,433	145,614	(79.8)	36,819	(20.2)	272,441	213,614	(78.4)	58,827	(21.6)
	第1学年	160,662	129,480	(80.6)	31,182	(19.4)	254,790	181,168	(71.1)	73,622	(28.9)
	第2学年	181,529	149,104	(82.1)	32,425	(17.9)	282,976	237,261	(83.8)	45,715	(16.2)
	第3学年	266,683	233,340	(87.5)	33,343	(12.5)	377,090	324,521	(86.1)	52,569	(13.9)

（注）構成比は学校外活動費に占める割合である。

図５－１　学年別にみた補助学習費とその他の学校外活動費（公立学校）

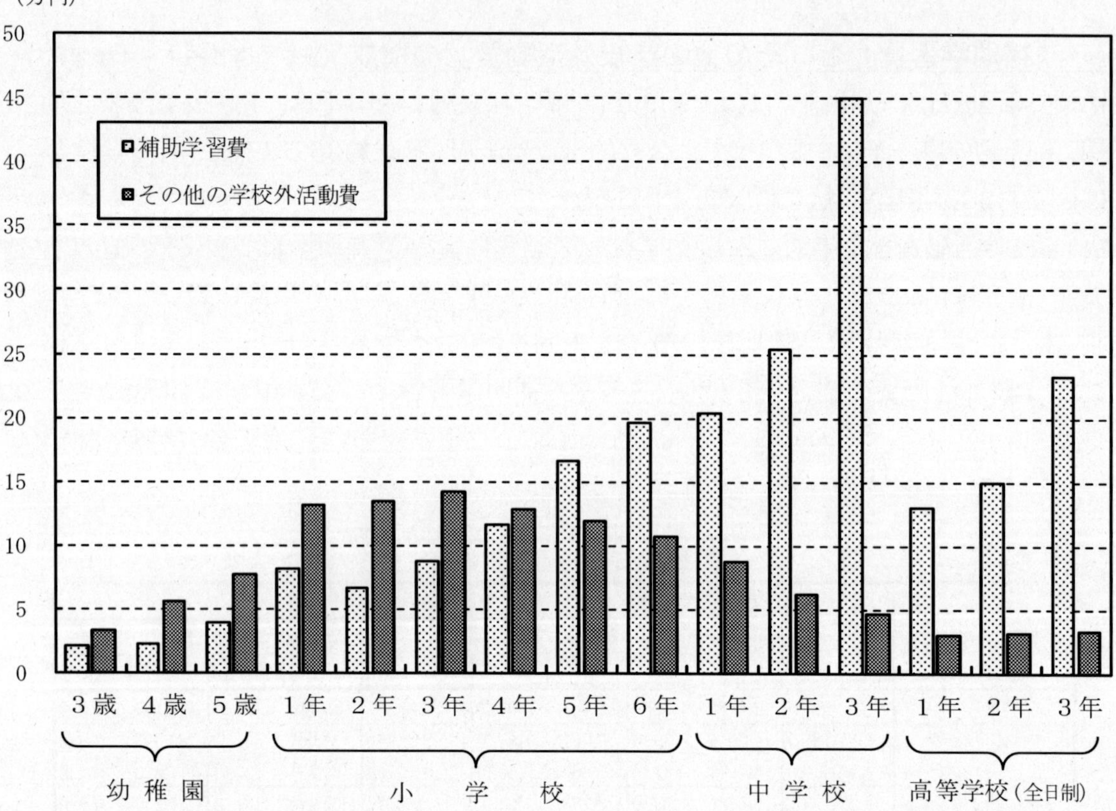

図５－２　学年別にみた補助学習費とその他の学校外活動費（私立学校）

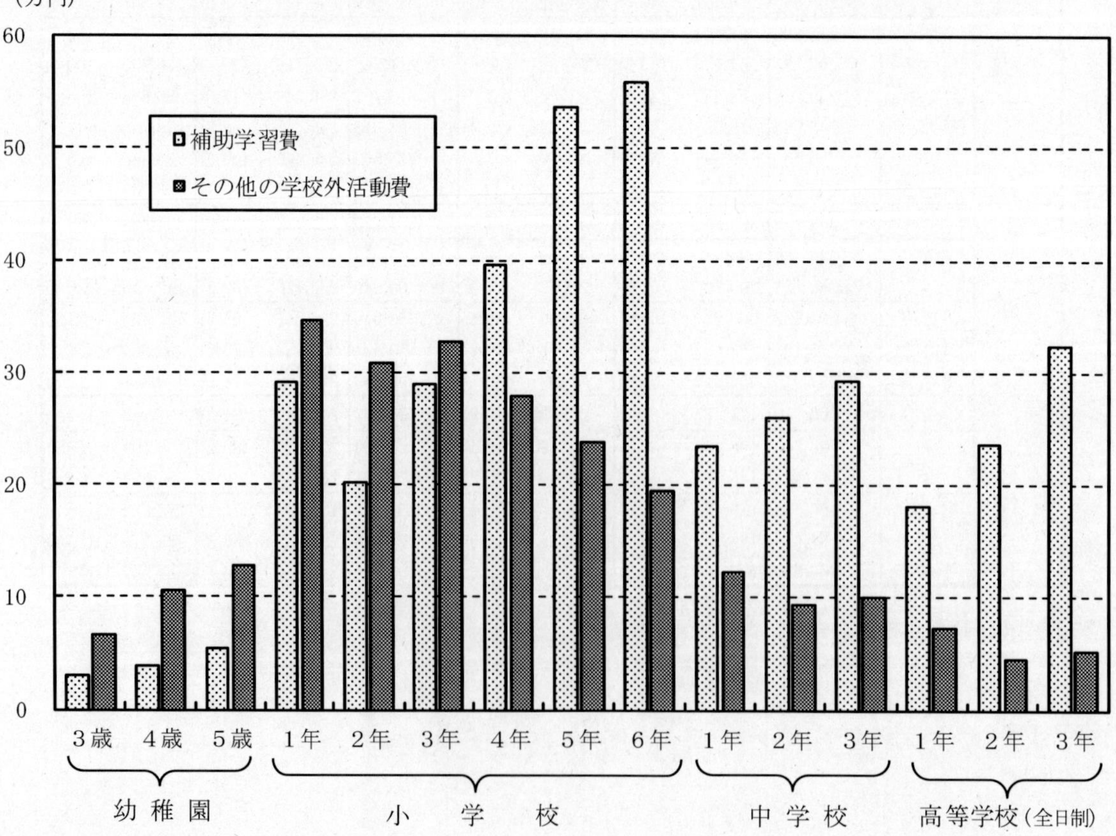

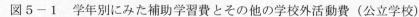

図５－３　男女別にみた補助学習費とその他の学校外活動費（公立学校）

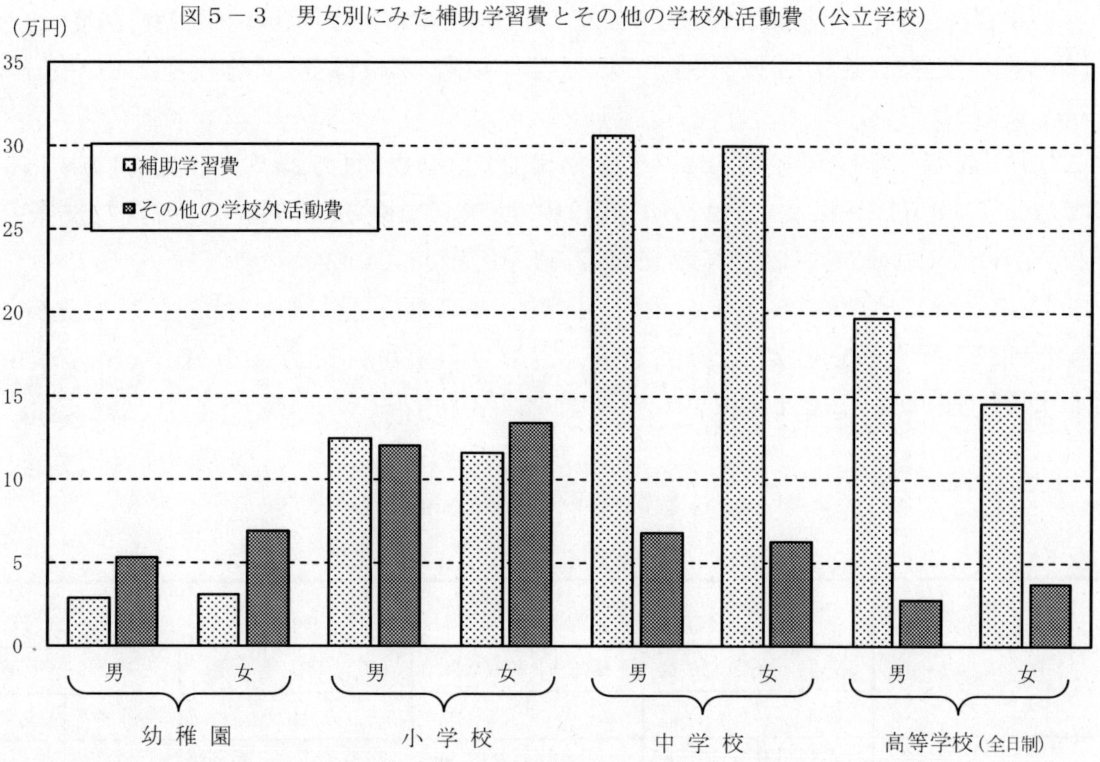

図５－４　男女別にみた補助学習費とその他の学校外活動費（私立学校）

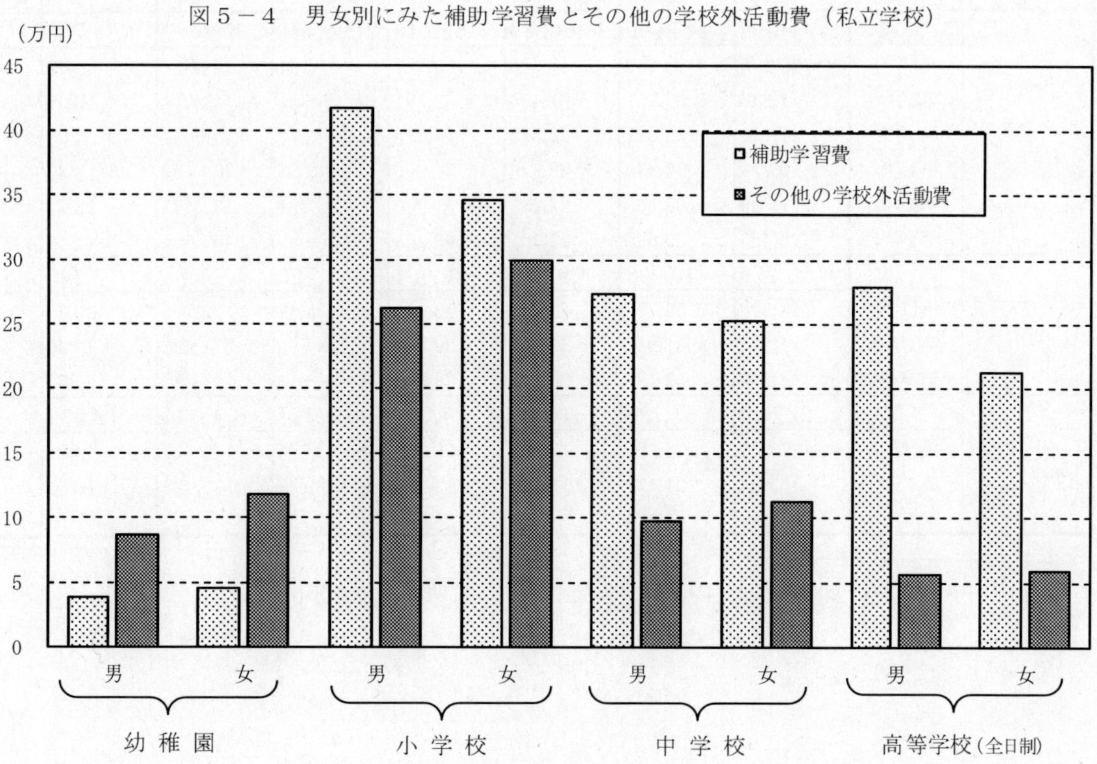

（2） 学年別にみた「補助学習費」（表６参照）

補助学習費を学年（年齢）別にみると，公立小学校第1学年では「家庭内学習費」が最も多く，公立は幼稚園の全歳児及び小学校第2学年以上の学年段階，私立は全ての学校種において「学習塾費」が最も多くなっている。

このうち「学習塾費」を学校種別にみると，幼稚園では公立約1万2千円，私立約1万8千円，小学校では公立約8万1千円，私立約27万4千円，中学校では公立約25万円，私立約17万5千円，高等学校（全日制）では公立約12万円，私立約17万1千円となっている。

中学校では私立より公立が多く，幼稚園，小学校，高等学校（全日制）では公立より私立が多い。

学年別にみると，私立小学校を除き，学年とともに学習塾費が多くなっている。なお，公立・私立を問わず最も多いのは，私立小学校第5学年の約43万3千円となっている。

表6　学年別補助学習費

（円）

区分		補助学習費							
		家庭内学習費		通信教育・家庭教師費		学習塾費		その他	
		公立	私立	公立	私立	公立	私立	公立	私立
幼稚園	平均	8,982	11,881	8,404	11,969	11,621	17,636	878	632
	3歳	5,023	7,980	6,560	10,831	7,823	11,142	1,378	488
	4歳	5,578	9,796	8,004	11,458	9,502	18,103	296	420
	5歳	13,433	17,244	9,579	13,442	15,023	22,880	1,083	955
小学校	平均	14,398	42,699	23,237	52,946	81,158	273,629	1,706	8,389
	第1学年	32,175	75,259	17,675	39,077	31,181	171,797	443	4,368
	第2学年	11,216	39,153	21,454	32,391	33,365	127,924	1,100	3,242
	第3学年	11,131	32,617	22,342	38,315	54,172	208,636	805	10,521
	第4学年	10,731	30,939	22,920	56,006	81,635	303,449	1,239	6,383
	第5学年	11,320	38,063	27,283	54,037	125,821	433,441	2,271	11,155
	第6学年	10,453	39,638	27,331	99,204	155,013	405,057	4,242	14,937
中学校	平均	16,276	40,028	29,379	36,964	250,196	175,435	7,285	9,895
	第1学年	16,210	54,785	28,824	43,039	156,032	126,795	2,765	9,622
	第2学年	14,329	31,942	32,499	39,537	203,859	181,436	3,196	7,242
	第3学年	18,288	33,133	26,810	28,089	389,861	219,276	15,853	12,890
高等学校（全日制）	平均	22,640	31,786	16,301	26,530	120,397	171,149	12,039	17,174
	第1学年	27,064	34,161	17,693	26,300	80,674	110,873	4,049	9,834
	第2学年	16,594	21,170	17,305	23,472	107,774	179,923	7,431	12,696
	第3学年	24,356	40,173	13,984	29,899	170,790	225,035	24,210	29,414

（注） 表中の網掛けは公立・私立別学年別における各支出項目別の最大値を示している。

（3） 学年別にみた「その他の学校外活動費」（表７参照）

その他の学校外活動費を学年（年齢）別にみると，幼稚園，公立小学校，公立中学校では「スポーツ・レクリエーション活動」が最も多く，私立小学校では第3学年以降「芸術文化活動」が高くなっている。また，高等学校（全日制）では公立・私立ともに第2学年では「芸術文化活動」が，第3学年では「教養・その他」が最も多くなっている。

各項目別の額を学年別にみると，公立・私立を問わず最も多いのは，私立小学校第1学年の「教養・その他」で約11万7千円となっている。

表7 学年別その他の学校外活動費

（円）

区分		その他の学校外活動費									
		体験活動・地域活動		芸術文化活動		スポーツ・レクリエーション活動		国際交流体験活動		教養・その他	
		公立	私立	公立	私立	公立	私立	公立	私立	公立	私立
幼稚園	平均	2,234	4,311	14,766	25,355	24,765	46,424	267	1,163	18,638	24,786
	3歳	888	6,396	5,620	12,471	14,172	25,712	84	154	13,119	22,503
	4歳	2,808	2,532	13,704	27,403	23,978	51,160	162	2,476	15,647	22,129
	5歳	2,435	4,150	19,895	34,712	30,370	60,114	434	819	23,514	29,270
小学校	平均	3,635	14,803	31,986	92,380	56,751	87,705	434	3,052	34,277	85,194
	第1学年	4,346	28,983	34,473	93,667	55,949	102,720	321	3,801	36,123	116,601
	第2学年	3,645	13,599	34,918	89,505	59,106	106,007	854	3,263	36,629	96,181
	第3学年	5,069	14,833	35,544	107,745	63,289	98,881	702	4,165	37,184	100,994
	第4学年	3,190	13,123	28,204	101,352	60,065	85,905	105	2,468	36,960	76,890
	第5学年	2,919	13,323	29,460	87,745	54,765	69,219	174	3,089	32,638	65,480
	第6学年	2,717	4,579	29,627	73,895	47,684	62,267	463	1,484	26,488	53,514
中学校	平均	995	5,656	19,567	33,591	30,247	28,795	65	5,857	14,770	31,555
	第1学年	857	11,383	28,840	47,391	43,452	26,998	64	2,223	14,583	34,440
	第2学年	903	3,298	18,873	29,007	26,976	30,141	26	2,242	15,445	28,676
	第3学年	1,222	2,184	11,068	24,099	20,427	29,266	106	13,287	14,280	31,535
高等学校（全日制）	平均	1,342	1,903	9,460	16,501	6,778	12,956	2,045	8,118	12,708	17,965
	第1学年	1,456	2,391	8,714	17,501	6,566	17,366	3,404	20,983	11,042	15,381
	第2学年	1,408	1,719	12,494	15,984	7,969	10,264	552	2,448	10,002	15,300
	第3学年	1,167	1,582	7,189	15,987	5,809	11,112	2,215	502	16,963	23,386

（注） 表中の網掛けは公立・私立別学年別における各支出項目別の最大値を示している。

（4） 支出した金額（実際に支出した金額の分布）（表８－１，２参照）

＜通信教育・家庭教師費＞

いずれの学校種においても「0円」が最も高く，公立・私立小学校を除き60％以上を占めている。通信教育・家庭教師費を支出している場合，公立中学校を除き「1万円以上5万円未満」の割合が最も多い。

年間で通信教育・家庭教師費に支出した者の平均額は，幼稚園では公立約3万1千円，私立約3万4千円，小学校では公立約5万5千円，私立約10万円，中学校では公立約8万5千円，私立約10万8千円，高等学校（全日制）では公立約8万8千円，私立約10万4千円となっている。

表8－1　通信教育・家庭教師費の金額分布

(%)

区　　分	幼稚園		小学校		中学校		高等学校(全日制)	
	公　立	私　立	公　立	私　立	公　立	私　立	公　立	私　立
計	100.0	100.0	100.0	100.0	100.0	100.0	100.0	100.0
０円	72.6	64.6	58.1	47.3	65.4	65.8	81.5	74.4
～１万円未満	5.5	4.9	4.3	4.3	4.1	6.3	3.6	6.3
～５万円未満	17.7	24.2	18.7	19.0	9.0	10.7	6.3	7.2
～１０万円未満	3.6	5.5	15.5	15.3	14.3	6.4	2.9	4.0
～２０万円未満	0.4	0.6	2.6	8.1	4.5	5.6	3.6	4.4
～３０万円未満	0.1	0.0	0.4	3.4	1.7	2.3	1.1	1.6
～４０万円未満	0.1	0.1	0.2	0.8	0.5	0.8	0.3	0.7
４０万円以上	0.0	0.0	0.0	1.7	0.7	2.0	0.7	1.3
年間１円以上支出者のみの平均額(千円)	31	34	55	100	85	108	88	104

(注)　表中の網掛けは,「0円」を除いて金額段階別の構成比が最大となっている箇所である。

＜学習塾費＞

学習塾費を支出している場合，私立小学校，公立・私立中学校，公立・私立高等学校(全日制)で「40万円以上」がそれぞれ最も高くなっている。

年間で学習塾費に支出した者の平均額は，幼稚園では公立約8万3千円，私立約9万1千円，小学校では公立約20万8千円,私立約37万5千円，中学校では公立約35万6千円，私立約32万6千円，高等学校(全日制)では公立約36万3千円，私立約44万7千円となっている。

表8－2　学習塾費の金額分布

(%)

区　　分	幼稚園		小学校		中学校		高等学校(全日制)	
	公　立	私　立	公　立	私　立	公　立	私　立	公　立	私　立
計	100.0	100.0	100.0	100.0	100.0	99.9	100.0	100.0
０円	86.0	80.6	61.1	27.0	29.6	46.1	66.8	61.7
～１万円未満	2.5	2.5	2.3	1.6	1.6	1.5	1.6	1.5
～５万円未満	4.1	6.5	7.1	5.8	4.0	4.0	3.3	3.4
～１０万円未満	4.2	5.3	7.5	8.5	4.6	6.1	2.8	3.7
～２０万円未満	2.3	3.3	10.4	14.6	11.0	9.2	4.7	5.0
～３０万円未満	0.4	1.0	4.3	11.7	10.7	10.5	4.9	4.6
～４０万円未満	0.1	0.2	1.8	6.7	11.7	6.9	4.4	3.5
４０万円以上	0.4	0.5	5.6	24.2	26.9	15.6	11.6	16.7
年間１円以上支出者のみの平均額(千円)	83	91	208	375	356	326	363	447

(注)　表中の網掛けは,「0円」を除いて金額段階別の構成比が最大となっている箇所である。

4　幼稚園から高等学校卒業までの１５年間の学習費総額 （表９参照）

幼稚園3歳から高等学校（全日制）第3学年までの15年間について，各学年の学習費総額をケース別に単純合計すると，ケース1（幼稚園・小学校・中学校・高等学校すべて公立）の場合は約574万4千円となっている。また，ケース2（幼稚園だけ私立，小学校以降はすべて公立）の場合は約619万6千円，ケース3（高等学校だけ私立）の場合は約735万7千円，ケース4（幼稚園及び高等学校が私立）の場合は約780万9千円，ケース5（小学校だけ公立）の場合は約1，049万7千円，ケース6（幼稚園・小学校・中学校・高等学校すべて私立）の場合は約1，838万5千円となっている。

なお，ケース1とケース6の差は約3．20倍となっている。

表9　幼稚園3歳から高等学校第3学年までの15年間の学習費総額

（円）

<table>
<tr><th rowspan="2">区　分</th><th colspan="4">学 習 費 総 額</th><th rowspan="2">合　計</th></tr>
<tr><th>幼 稚 園</th><th>小 学 校</th><th>中 学 校</th><th>高等学校
（全日制）</th></tr>
<tr><td>ケース1
（すべて公立）</td><td rowspan="3">472,746
（公立）</td><td rowspan="3">2,112,022
（公立）</td><td rowspan="3">1,616,317
（公立）</td><td rowspan="3">1,543,116
（公立）</td><td>5, 744, 201
（公→公→公→公）</td></tr>
<tr><td>ケース2
（幼稚園だけ私立）</td><td>6, 196, 091
（私→公→公→公）</td></tr>
<tr><td>ケース3
（高等学校だけ私立）</td><td>7, 357, 486
（公→公→公→私）</td></tr>
<tr><td>ケース4
（幼稚園及び高等学校が私立）</td><td rowspan="3">924,636
（私立）</td><td rowspan="3">9,999,660
（私立）</td><td rowspan="3">4,303,805
（私立）</td><td rowspan="3">3,156,401
（私立）</td><td>7, 809, 376
（私→公→公→私）</td></tr>
<tr><td>ケース5
（小学校だけ公立）</td><td>10, 496, 864
（私→公→私→私）</td></tr>
<tr><td>ケース6
（すべて私立）</td><td>18, 384, 502
（私→私→私→私）</td></tr>
</table>

5　世帯の年間収入段階別の学習費

（1）　世帯の年間収入と学習費総額（表10－1，図6－1参照）

学校種別に世帯の年間収入と学習費総額の状況をみると，公立・私立問わず概してどの学校種においても，年間収入が増加するにつれて学習費総額が多い傾向にある。

年間収入が400万円未満の世帯の場合，幼稚園では公立約14万7千円，私立約23万5千円，小学校では公立約23万1千円，私立約122万8千円，中学校では公立約40万2千円，私立約123万8千円，高等学校（全日制）では公立約41万1千円，私立約75万1千円となっている。

一方，年間収入が1，200万円以上の世帯の場合，幼稚園では公立*約44万5千円*，私立*約55万5千円*，小学校では公立約59万6千円，私立約186万2千円，中学校では公立約80万4千円，私立約160万9千円，高等学校（全日制）では公立約76万6千円，私立約152万4千円となっている。

※ 上記で*斜体* の額は，いずれも標準誤差率が10％を超えているものである。表10－1各項目にあっても標準誤差が大きいものもあるため，注意が必要である。

表10－1　世帯の年間収入別，学校種別学習費総額

区　分	幼稚園					
	公立			私立		
	a平均値（万円）	b標準誤差（万円）	標準誤差率 b／a(%)	a平均値（万円）	b標準誤差（万円）	標準誤差率 b／a(%)
400万円未満	14.7	1.4	9.33	23.5	1.4	6.11
400万円 ～ 599万円	13.9	0.4	3.11	25.2	0.7	2.74
600万円 ～ 799万円	15.9	0.5	2.99	28.7	1.0	3.34
800万円 ～ 999万円	20.5	1.3	6.37	35.1	1.4	3.96
1,000万円～1,199万円	23.5	3.2	13.76	42.2	2.2	5.31
1,200万円以上	44.5	8.1	18.24	55.5	6.2	11.25

区　分	小学校					
	公立			私立		
	a平均値（万円）	b標準誤差（万円）	標準誤差率 b／a(%)	a平均値（万円）	b標準誤差（万円）	標準誤差率 b／a(%)
400万円未満	23.1	0.8	3.27	122.8	7.7	6.25
400万円 ～ 599万円	26.3	0.5	1.85	139.1	8.7	6.25
600万円 ～ 799万円	31.8	0.6	1.91	133.3	6.1	4.56
800万円 ～ 999万円	42.3	1.2	2.89	149.1	5.3	3.57
1,000万円～1,199万円	46.1	1.5	3.34	165.4	6.6	3.99
1,200万円以上	59.6	1.8	3.10	186.2	4.8	2.58

区　分	中学校					
	公立			私立		
	a平均値（万円）	b標準誤差（万円）	標準誤差率 b／a(%)	a平均値（万円）	b標準誤差（万円）	標準誤差率 b／a(%)
400万円未満	40.2	3.0	7.52	123.8	8.6	6.92
400万円 ～ 599万円	48.4	1.9	3.83	137.9	6.7	4.82
600万円 ～ 799万円	51.8	1.8	3.43	122.0	5.1	4.18
800万円 ～ 999万円	50.2	1.6	3.13	125.0	5.0	4.01
1,000万円～1,199万円	64.4	2.4	3.74	149.1	5.1	3.41
1,200万円以上	80.4	5.6	6.96	160.9	4.4	2.73

区　分	高　等　学　校(全日制)					
	公　立			私　立		
	a平均値(万円)	b標準誤差(万円)	標準誤差率 b／a(%)	a平均値(万円)	b標準誤差(万円)	標準誤差率 b／a(%)
400万円未満	41.1	1.6	3.93	75.1	3.3	4.38
400万円　～　599万円	45.2	1.4	3.12	80.0	3.8	4.76
600万円　～　799万円	49.4	1.9	3.82	89.4	2.4	2.72
800万円　～　999万円	56.5	2.9	5.18	106.2	3.0	2.81
1,000万円～1,199万円	63.2	2.9	4.67	128.6	4.6	3.58
1,200万円以上	76.6	3.7	4.81	152.4	5.9	3.90

(注)　表10－1の網掛けは，平均値の標準誤差率が10％以上の箇所を示す。

図6－1　世帯の年間収入別，学校種別学習費総額

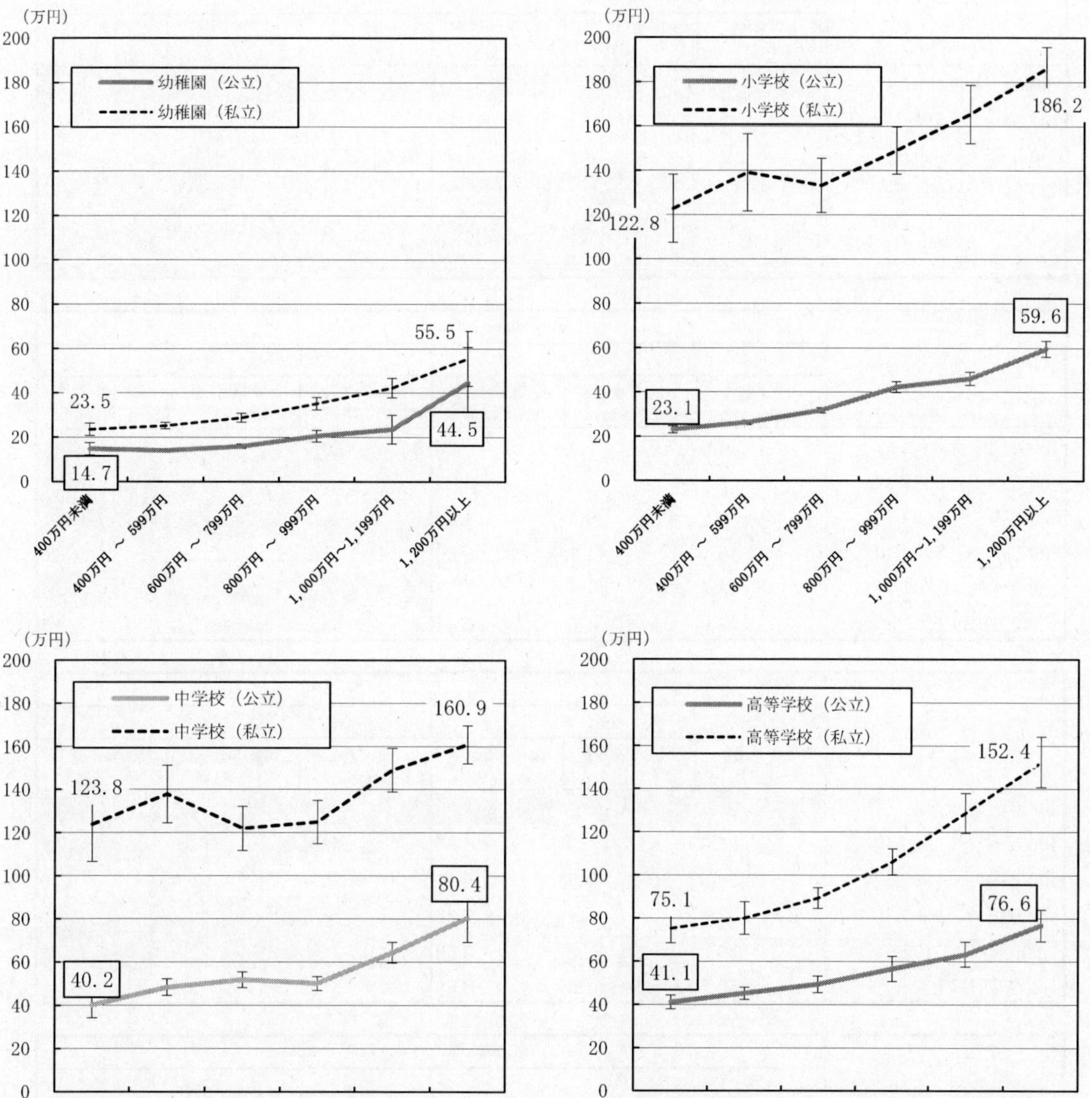

(注)図6－1中の上下に延びた線の範囲内は95％信頼区間を示す。信頼区間は，推計値を中心としてその前後に一定ずつの幅を取ることで，誤差を考慮した区間推定を表すものであり，信頼水準を95％とするとき，推計値の前後に取る幅は標準誤差の2倍となる。

（２） 世帯の年間収入と「補助学習費」 （表１０－２，図６－２参照）

年間収入が400万円未満の世帯の平均値は，幼稚園では公立*約2万5千円*，私立*約2万6千円*，小学校では公立約５万９千円，私立*約２４万円*，中学校では公立*約２１万５千円*，私立*約25万6千円*，高等学校（全日制）では公立*約9万9千円*，私立*約14万7千円*となっている。

一方，年間収入が１，２００万円以上の世帯の平均値は，幼稚園では公立*約13万9千円*，私立*約10万7千円*，小学校では公立約28万6千円，私立約44万2千円，中学校では公立約50万2千円，私立約31万5千円，高等学校（全日制）では公立約36万1千円，私立約49万4千円となっている。

※ 上記で*斜体*の額は，標準誤差率が10％を超えているものである。表10－2各項目にあっても標準誤差が大きいものもあるため，注意が必要である。

表10－2 世帯の年間収入別，学校種別補助学習費

区分	幼稚園					
	公立			私立		
	a平均値（万円）	b標準誤差（万円）	標準誤差率 b／a(%)	a平均値（万円）	b標準誤差（万円）	標準誤差率 b／a(%)
400万円未満	2.5	0.3	13.31	2.6	0.3	11.69
400万円 ～ 599万円	2.2	0.2	7.18	3.1	0.3	8.63
600万円 ～ 799万円	2.7	0.2	6.89	3.6	0.3	8.45
800万円 ～ 999万円	3.3	0.4	12.67	4.9	0.5	10.73
1,000万円～1,199万円	6.3	3.1	49.08	6.1	0.9	14.63
1,200万円以上	13.9	4.7	33.65	10.7	1.6	15.25

区分	小学校					
	公立			私立		
	a平均値（万円）	b標準誤差（万円）	標準誤差率 b／a(%)	a平均値（万円）	b標準誤差（万円）	標準誤差率 b／a(%)
400万円未満	5.9	0.4	7.26	24.0	3.3	13.66
400万円 ～ 599万円	6.4	0.3	5.25	31.1	5.1	16.53
600万円 ～ 799万円	9.2	0.4	4.88	26.2	2.6	10.07
800万円 ～ 999万円	16.1	1.1	6.59	31.9	2.6	8.26
1,000万円～1,199万円	18.5	1.4	7.57	36.1	3.9	10.84
1,200万円以上	28.6	1.6	5.44	44.2	3.3	7.55

区分	中学校					
	公立			私立		
	a平均値（万円）	b標準誤差（万円）	標準誤差率 b／a(%)	a平均値（万円）	b標準誤差（万円）	標準誤差率 b／a(%)
400万円未満	21.5	3.1	14.28	25.6	5.6	21.67
400万円 ～ 599万円	25.3	1.7	6.65	23.4	3.0	12.72
600万円 ～ 799万円	28.3	1.5	5.17	20.5	1.9	9.30
800万円 ～ 999万円	27.3	1.4	5.27	19.8	2.2	11.15
1,000万円～1,199万円	39.8	2.2	5.50	26.4	2.9	11.00
1,200万円以上	50.2	4.3	8.55	31.5	2.2	7.12

区分	高等学校（全日制）					
	公立			私立		
	a平均値（万円）	b標準誤差（万円）	標準誤差率 b／a(%)	a平均値（万円）	b標準誤差（万円）	標準誤差率 b／a(%)
400万円未満	9.9	1.0	10.60	14.7	1.6	10.82
400万円 ～ 599万円	12.4	1.2	9.78	15.0	1.7	11.20
600万円 ～ 799万円	15.6	1.6	10.18	16.3	1.4	8.39
800万円 ～ 999万円	21.1	2.3	10.95	22.6	1.9	8.37
1,000万円～1,199万円	24.6	2.6	10.46	29.7	2.7	9.19
1,200万円以上	36.1	3.6	9.99	49.4	4.4	9.00

（注） 表10－2の網掛けは，平均値の標準誤差率が10％以上の箇所を示す。

図6－2　世帯の年間収入別，学校種別補助学習費

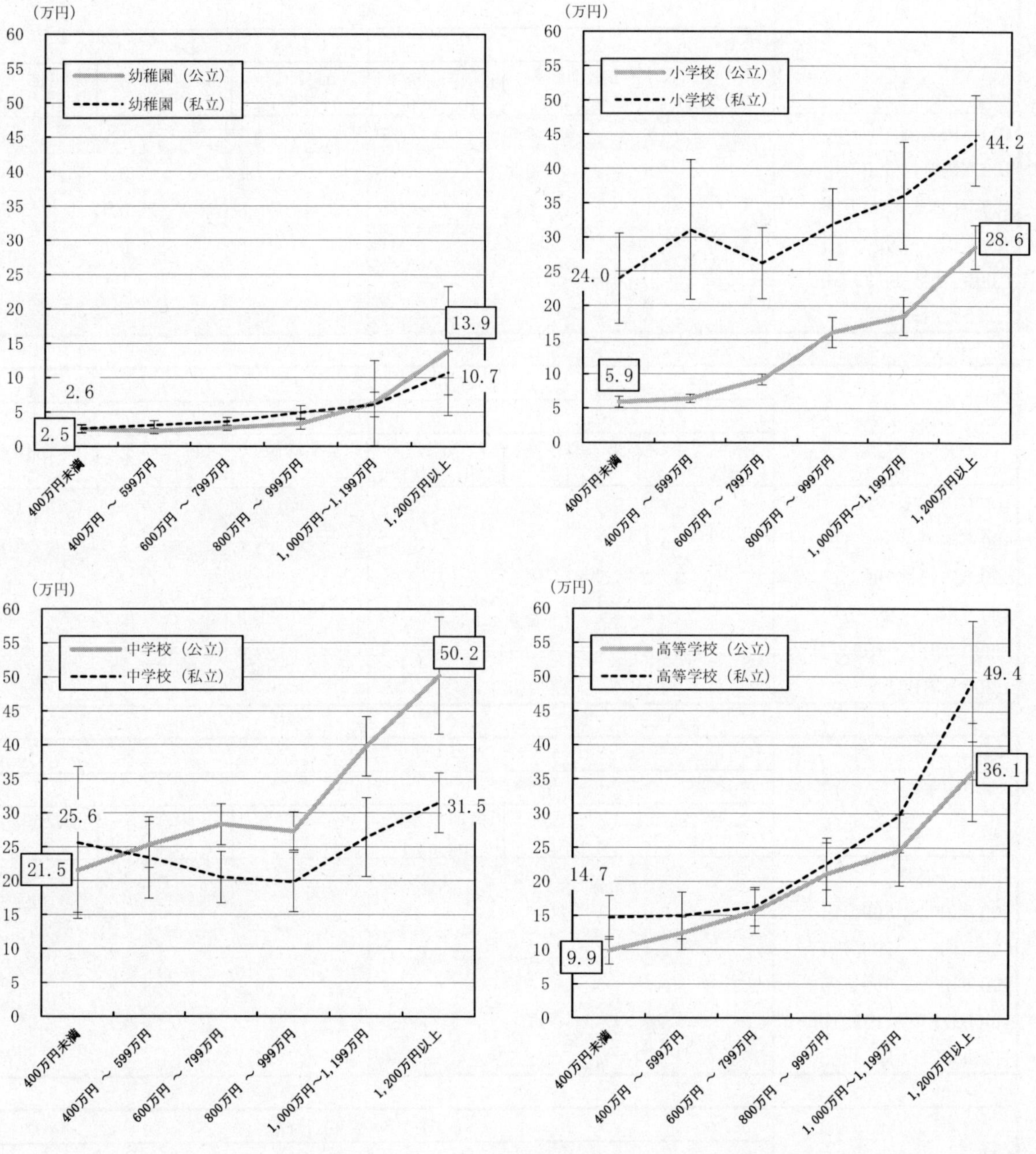

(注)図6－2中の上下に延びた線の範囲内は95%信頼区間を示す。信頼区間は，推計値を中心としてその前後に一定ずつの幅を取ることで，誤差を考慮した区間推定を表すものであり，信頼水準を95%とするとき，推計値の前後に取る幅は標準誤差の2倍となる。

（3）　世帯の年間収入と「その他の学校外活動費」（表１０－３，図６－３参照）

年間収入が400万円未満の世帯の場合，幼稚園では公立*約4万2千円*，私立*約6万7千円*，小学校では公立約7万9千円，私立*約23万4千円*，中学校では公立*約4万9千円*，私立*約8万8千円*，高等学校(全日制)では公立約2万3千円，私立*約4万3千円*となっている。

一方，年間収入が1，200万円以上の世帯の場合，幼稚園では公立*約22万6千円*，私立*約22万4千円*，小学校では公立約20万1千円，私立約32万円，中学校では公立*約11万9千円*，私立約13万2千円，高等学校(全日制)では公立*約4万1千円*，私立*約8万円*となっている。

※ 上記で*斜体* の額は，いずれも標準誤差率が10%を超えているものである。表10－3各項目にあっても標準誤差が大きいものもあるため，注意が必要である。

表10－3 世帯の年間収入別，学校種別その他の学校外活動費

区　分	幼　稚　園					
	公　立			私　立		
	a平均値（万円）	b標準誤差（万円）	標準誤差率 b／a(%)	a平均値（万円）	b標準誤差（万円）	標準誤差率 b／a(%)
400万円未満	4.2	0.5	11.77	6.7	1.1	15.91
400万円 ～ 599万円	4.5	0.3	5.95	7.1	0.4	5.01
600万円 ～ 799万円	6.1	0.3	4.75	8.8	0.5	5.43
800万円 ～ 999万円	8.7	1.0	11.61	12.3	0.7	5.29
1,000万円～1,199万円	9.9	1.6	16.37	17.7	1.1	6.46
1,200万円以上	22.6	3.7	16.54	22.4	4.2	18.57

区　分	小　学　校					
	公　立			私　立		
	a平均値（万円）	b標準誤差（万円）	標準誤差率 b／a(%)	a平均値（万円）	b標準誤差（万円）	標準誤差率 b／a(%)
400万円未満	7.9	0.4	4.89	23.4	3.8	16.30
400万円 ～ 599万円	9.4	0.3	2.87	18.1	2.0	10.84
600万円 ～ 799万円	12.0	0.3	2.65	22.2	2.2	9.84
800万円 ～ 999万円	15.6	0.5	3.49	26.2	2.1	8.16
1,000万円～1,199万円	16.8	0.6	3.74	27.9	1.8	6.49
1,200万円以上	20.1	1.0	4.75	32.0	1.4	4.50

区　分	中　学　校					
	公　立			私　立		
	a平均値（万円）	b標準誤差（万円）	標準誤差率 b／a(%)	a平均値（万円）	b標準誤差（万円）	標準誤差率 b／a(%)
400万円未満	4.9	0.6	12.56	8.8	1.4	16.33
400万円 ～ 599万円	5.0	0.4	8.84	6.4	1.4	20.95
600万円 ～ 799万円	6.4	0.8	12.59	7.0	0.8	11.91
800万円 ～ 999万円	6.0	0.6	9.35	10.2	1.7	16.94
1,000万円～1,199万円	8.0	1.0	12.64	10.2	1.6	15.60
1,200万円以上	11.9	2.3	19.56	13.2	1.2	9.20

区　分	高 等 学 校(全日制)					
	公　立			私　立		
	a平均値（万円）	b標準誤差（万円）	標準誤差率 b／a(%)	a平均値（万円）	b標準誤差（万円）	標準誤差率 b／a(%)
400万円未満	2.3	0.2	9.01	4.3	0.6	14.57
400万円 ～ 599万円	3.1	0.4	12.53	3.6	0.3	9.35
600万円 ～ 799万円	3.0	0.3	10.58	3.9	0.4	10.41
800万円 ～ 999万円	3.8	0.6	16.37	5.5	0.7	12.71
1,000万円～1,199万円	4.2	1.2	28.06	10.4	2.5	23.72
1,200万円以上	4.1	0.8	18.39	8.0	1.7	20.94

（注） 表10－3の網掛けは，平均値の標準誤差率が10％以上の箇所を示す。

図6－3　世帯の年間収入別，学校種別その他の学校外活動費

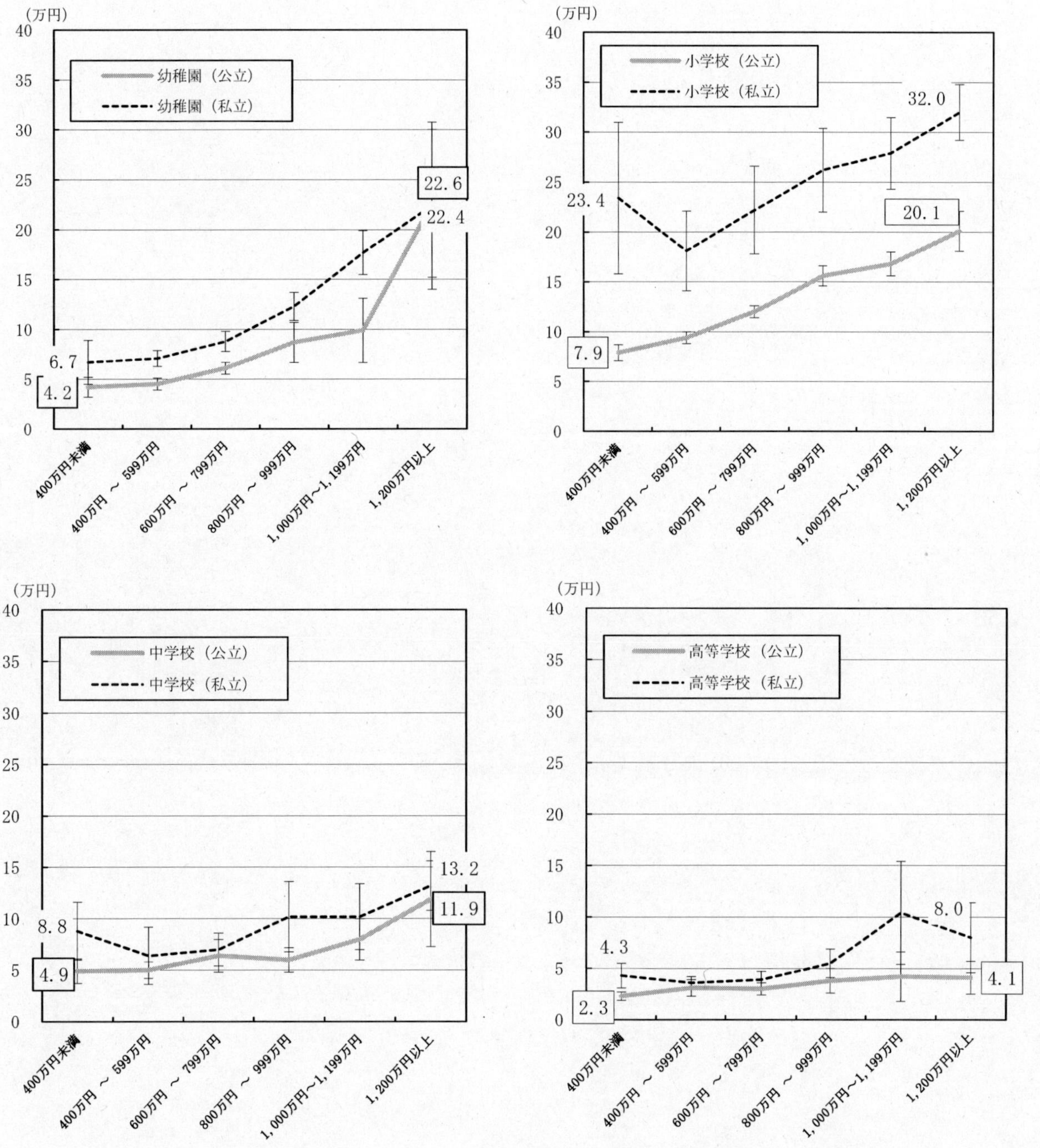

（注）図6－3中の上下に延びた線の範囲内は95％信頼区間を示す。信頼区間は，推計値を中心としてその前後に一定ずつの幅を取ることで，誤差を考慮した区間推定を表すものであり，信頼水準を95％とするとき，推計値の前後に取る幅は標準誤差の2倍となる。

3　統　計　表

（幼児・児童・生徒一人当たり年間額）

統計表の中の記号は次のように使う。

「0」，「0.0」 ････ 計数が単位未満の場合。
「－」 ･･････････ 計数がない場合。
「…」 ･･････････ 計数があり得ない場合又は調査対象外の場合。
「X」 ･･････････ 回答比率（学校種別の有効回答数に対する当該区分の回答数の割合）及び回答数が小さいため，統計数値を表記しないもの。

1　学　校　種　別

区　分	幼稚園		小学校	
	公　立	私　立	公　立	私　立
学習費総額	**165,126**	**308,909**	**352,566**	**1,666,949**
学校教育費	**61,156**	**134,835**	**65,974**	**961,013**
入学金・入園料	270	13,005	99	42,756
入学時に納付した施設整備費等	76	2,115	49	17,814
入学検定料	36	708	10	5,476
授業料	5,533	27,972	…	536,232
施設整備費等	…	9,032	…	91,325
修学旅行費	41	64	3,149	3,981
校外活動費	744	1,520	2,134	14,883
学級・児童会・生徒会費	2,144	837	3,473	9,393
その他の学校納付金	1,907	3,204	1,907	26,542
ＰＴＡ会費	4,146	3,359	2,566	5,880
後援会等会費	60	388	85	5,294
寄附金	176	542	82	24,190
教科書費・教科書以外の図書費	2,991	4,509	4,866	18,804
学用品・実験実習材料費	8,049	11,575	19,420	31,128
教科外活動費	482	4,131	2,294	8,709
通学費	6,330	21,052	1,125	47,210
制服	3,216	6,713	2,698	35,859
通学用品費	12,800	11,341	16,637	21,398
その他	12,155	12,768	5,380	14,139
学校給食費	**13,415**	**29,917**	**39,010**	**45,139**
学校外活動費	**90,555**	**144,157**	**247,582**	**660,797**
補助学習費	29,885	42,118	120,499	377,663
家庭内学習費	8,982	11,881	14,398	42,699
通信教育・家庭教師費	8,404	11,969	23,237	52,946
学習塾費	11,621	17,636	81,158	273,629
その他	878	632	1,706	8,389
その他の学校外活動費	60,670	102,039	127,083	283,134
体験活動・地域活動	2,234	4,311	3,635	14,803
芸術文化活動	14,766	25,355	31,986	92,380
ｽﾎﾟｰﾂ・ﾚｸﾘｴｰｼｮﾝ活動	24,765	46,424	56,751	87,705
国際交流体験活動	267	1,163	434	3,052
教養・その他	18,638	24,786	34,277	85,194

（注）標準誤差率は６頁を参照のこと。

の　学　習　費

（単位：円）

中学校		高等学校（全日制）		区分
公立	私立	公立	私立	
538,799	**1,436,353**	**512,971**	**1,054,444**	**学習費総額**
132,349	**1,061,350**	**309,261**	**750,362**	**学校教育費**
253	72,542	7,211	43,570	入学金・入園料
120	30,070	3,928	22,771	入学時に納付した施設整備費等
134	19,756	5,004	5,503	入学検定料
…	476,159	52,120	288,443	授業料
…	96,868	…	60,323	施設整備費等
11,853	12,837	15,647	16,613	修学旅行費
3,971	18,151	3,909	9,936	校外活動費
5,434	12,330	8,821	13,061	学級・児童会・生徒会費
4,440	24,017	12,558	20,301	その他の学校納付金
3,465	8,598	5,931	9,325	ＰＴＡ会費
834	7,300	4,866	8,393	後援会等会費
365	14,120	629	4,405	寄附金
9,584	33,196	31,249	38,461	教科書費・教科書以外の図書費
22,784	35,382	21,854	25,798	学用品・実験実習材料費
24,172	37,172	39,395	47,013	教科外活動費
7,245	84,233	52,283	81,093	通学費
21,253	50,696	26,110	36,086	制服
11,018	17,558	12,776	11,976	通学用品費
5,424	10,365	4,970	7,291	その他
37,670	**7,227**	**…**	**…**	**学校給食費**
368,780	**367,776**	**203,710**	**304,082**	**学校外活動費**
303,136	262,322	171,377	246,639	補助学習費
16,276	40,028	22,640	31,786	家庭内学習費
29,379	36,964	16,301	26,530	通信教育・家庭教師費
250,196	175,435	120,397	171,149	学習塾費
7,285	9,895	12,039	17,174	その他
65,644	105,454	32,333	57,443	その他の学校外活動費
995	5,656	1,342	1,903	体験活動・地域活動
19,567	33,591	9,460	16,501	芸術文化活動
30,247	28,795	6,778	12,956	ｽﾎﾟｰﾂ・ﾚｸﾘｴｰｼｮﾝ活動
65	5,857	2,045	8,118	国際交流体験活動
14,770	31,555	12,708	17,965	教養・その他

2　学年（年齢）別，所在市町村の

（1）　幼　稚　園

区　　分	公立									
	平均	性別		年齢別			所在市町村の人口規模別			
		男	女	3歳	4歳	5歳	10万人未満	10万人以上30万人未満	30万人以上100万人未満	100万人以上・特別区
学習費総額	**165,126**	**155,823**	**174,970**	**133,353**	**140,838**	**198,555**	**146,229**	**164,444**	**158,862**	**239,499**
学校教育費	**61,156**	**60,596**	**61,749**	**64,542**	**48,236**	**69,346**	**56,593**	**59,201**	**65,189**	**75,188**
入学金・入園料	270	210	333	904	230	…	217	231	328	445
入学時に納付した施設整備費等	76	52	102	279	51	…	83	67	122	11
入学検定料	36	57	13	74	59	…	52	16	4	52
授業料	5,533	5,994	5,046	3,305	4,744	7,186	5,082	5,319	5,751	7,190
施設整備費等	…	…	…	…	…	…	…	…	…	…
修学旅行費	41	2	83	―	47	56	34	4	144	―
校外活動費	744	728	761	443	782	858	526	831	1,234	728
学級・児童会・生徒会費	2,144	2,180	2,106	1,652	2,150	2,372	2,102	1,444	1,989	3,693
その他の学校納付金	1,907	1,777	2,046	1,353	1,943	2,142	1,653	1,791	2,476	2,266
ＰＴＡ会費	4,146	4,292	3,992	4,004	4,118	4,235	3,238	4,578	3,576	7,259
後援会等会費	60	66	53	59	66	56	50	132	20	21
寄附金	176	249	98	519	22	129	34	660	40	―
教科書費・教科書以外の図書費	2,991	3,089	2,887	2,579	2,763	3,358	3,298	3,066	2,991	1,799
学用品・実験実習材料費	8,049	7,911	8,196	9,465	6,729	8,380	8,503	7,833	8,739	5,983
教科外活動費	482	528	432	442	423	545	550	391	548	318
通学費	6,330	5,283	7,438	8,759	6,359	5,160	4,686	6,506	7,578	10,128
制服	3,216	3,173	3,262	5,941	2,892	2,173	3,030	2,527	3,873	4,215
通学用品費	12,800	13,163	12,416	10,303	5,737	19,333	12,026	12,219	13,325	15,812
その他	12,155	11,842	12,485	14,461	9,121	13,363	11,429	11,586	12,451	15,268
学校給食費	**13,415**	**13,398**	**13,433**	**14,144**	**12,923**	**13,443**	**15,521**	**16,375**	**11,500**	**3,453**
学校外活動費	**90,555**	**81,829**	**99,788**	**54,667**	**79,679**	**115,766**	**74,115**	**88,868**	**82,173**	**160,858**
補助学習費	29,885	28,914	30,913	20,784	23,380	39,118	23,794	29,932	21,202	61,832
家庭内学習費	8,982	8,448	9,547	5,023	5,578	13,433	8,193	9,664	7,022	13,009
通信教育・家庭教師費	8,404	8,187	8,633	6,560	8,004	9,579	6,787	9,930	7,841	12,063
学習塾費	11,621	10,925	12,358	7,823	9,502	15,023	8,528	10,030	5,695	32,555
その他	878	1,354	375	1,378	296	1,083	286	308	644	4,205
その他の学校外活動費	60,670	52,915	68,875	33,883	56,299	76,648	50,321	58,936	60,971	99,026
体験活動・地域活動	2,234	3,389	1,011	888	2,808	2,435	1,291	1,206	1,870	7,721
芸術文化活動	14,766	6,342	23,678	5,620	13,704	19,895	12,830	12,403	18,545	20,748
ｽﾎﾟｰﾂ・ﾚｸﾘｴｰｼｮﾝ活動	24,765	25,650	23,829	14,172	23,978	30,370	20,420	29,905	22,790	33,398
国際交流体験活動	267	219	319	84	162	434	154	260	170	794
教養・その他	18,638	17,315	20,038	13,119	15,647	23,514	15,626	15,162	17,596	36,365

（注）学習費総額の標準誤差率は公立幼稚園の3～5歳児では　4.54% ～ 4.68%，人口規模別では　3.71% ～13.12%
学校教育費　〃　3.08% ～ 5.33%，　〃　4.67% ～11.49%
学校給食費　〃　7.11% ～ 7.83%，　〃　8.72% ～66.39%
学校外活動費　〃　6.35% ～ 9.43%，　〃　4.40% ～17.42%

人口規模（学科）別の学習費

（単位：円）

私立										
平均	性別		年齢別			所在市町村の人口規模別				区分
	男	女	3歳	4歳	5歳	10万人未満	10万人以上30万人未満	30万人以上100万人未満	100万人以上・特別区	
308,909	**288,011**	**330,201**	**309,170**	**276,125**	**339,341**	**242,760**	**285,157**	**332,430**	**345,892**	**学習費総額**
134,835	**132,297**	**137,424**	**181,159**	**101,052**	**125,902**	**105,497**	**123,383**	**141,140**	**155,648**	**学校教育費**
13,005	12,591	13,428	41,773	…	…	7,958	12,211	10,449	18,808	入学金・入園料
2,115	1,917	2,317	6,793	…	…	1,114	1,538	1,407	3,796	入学時に納付した施設整備費等
708	638	779	2,274	…	…	364	592	537	1,153	入学検定料
27,972	27,139	28,820	28,921	25,425	29,524	16,836	25,532	27,877	36,463	授業料
9,032	8,873	9,193	8,396	9,061	9,560	5,413	5,845	11,371	11,713	施設整備費等
64	67	62	－	40	143	54	87	64	53	修学旅行費
1,520	1,587	1,451	828	1,118	2,501	1,554	1,262	1,438	1,789	校外活動費
837	816	860	550	680	1,236	534	854	1,043	815	学級・児童会・生徒会費
3,204	3,101	3,308	2,980	2,952	3,634	2,344	2,416	3,260	4,306	その他の学校納付金
3,359	3,523	3,191	3,303	3,338	3,427	2,662	3,281	3,744	3,481	ＰＴＡ会費
388	312	466	367	360	433	130	244	487	569	後援会等会費
542	661	421	430	292	875	80	133	648	1,056	寄附金
4,509	4,401	4,619	4,144	4,254	5,067	4,553	4,881	5,169	3,589	教科書費・教科書以外の図書費
11,575	11,359	11,795	16,402	10,225	8,615	11,591	11,252	13,158	10,441	学用品・実験実習材料費
4,131	4,732	3,519	3,040	4,832	4,430	3,718	2,250	7,293	3,160	教科外活動費
21,052	21,026	21,080	23,884	20,701	18,903	17,624	21,472	21,762	22,032	通学費
6,713	6,447	6,984	14,962	3,683	2,330	6,617	6,461	6,762	6,936	制服
11,341	10,778	11,916	9,421	5,257	18,711	11,781	11,498	11,105	11,167	通学用品費
12,768	12,329	13,215	12,691	8,834	16,513	10,570	11,574	13,566	14,321	その他
29,917	**30,158**	**29,673**	**30,334**	**29,596**	**29,853**	**32,977**	**27,509**	**34,121**	**26,488**	**学校給食費**
144,157	**125,556**	**163,104**	**97,677**	**145,477**	**183,586**	**104,286**	**134,265**	**157,169**	**163,756**	**学校外活動費**
42,118	39,061	45,231	30,441	39,777	54,521	30,314	38,669	44,590	49,574	補助学習費
11,881	10,450	13,339	7,980	9,796	17,244	9,297	14,646	12,564	10,432	家庭内学習費
11,969	11,434	12,514	10,831	11,458	13,442	10,495	9,968	12,040	14,429	通信教育・家庭教師費
17,636	16,573	18,718	11,142	18,103	22,880	10,040	13,303	19,305	24,141	学習塾費
632	604	660	488	420	955	482	752	681	572	その他
102,039	86,495	117,873	67,236	105,700	129,065	73,972	95,596	112,579	114,182	その他の学校外活動費
4,311	3,236	5,406	6,396	2,532	4,150	1,398	2,875	4,038	7,420	体験活動・地域活動
25,355	10,316	40,674	12,471	27,403	34,712	22,388	23,699	28,373	25,779	芸術文化活動
46,424	50,423	42,350	25,712	51,160	60,114	29,714	46,344	50,107	52,782	ｽﾎﾟｰﾂ・ﾚｸﾘｴｰｼｮﾝ活動
1,163	777	1,556	154	2,476	819	4,317	190	356	892	国際交流体験活動
24,786	21,743	27,887	22,503	22,129	29,270	16,155	22,488	29,705	27,309	教養・その他

（注）学習費総額の標準誤差率は私立幼稚園の3～5歳児では　2.64% ～ 5.46%，人口規模別では　4.07% ～ 7.63%
　　学校教育費　〃　3.50% ～ 3.89%，　〃　4.93% ～ 7.13%
　　学校給食費　〃　4.02% ～ 4.50%，　〃　6.00% ～ 9.23%
　　学校外活動費　〃　3.66% ～13.41%，　〃　5.53% ～10.90%

（2） 小 学 校

区　分	公								
	平均	性別		学年別					
		男	女	第１学年	第２学年	第３学年	第４学年	第５学年	第６学年
学習費総額	**352,566**	**349,384**	**355,908**	**379,539**	**283,211**	**315,794**	**329,198**	**380,774**	**423,506**
学校教育費	**65,974**	**65,433**	**66,542**	**127,375**	**42,235**	**47,354**	**45,182**	**55,170**	**79,737**
入学金・入園料	99	113	85	614	…	…	…	…	…
入学時に納付した施設整備費等	49	75	21	303	…	…	…	…	…
入学検定料	10	16	4	64	…	…	…	…	…
授業料	…	…	…	…	…	…	…	…	…
施設整備費等	…	…	…	…	…	…	…	…	…
修学旅行費	3,149	3,149	3,149	11	9	11	19	69	18,281
校外学習費	2,134	2,277	1,983	1,060	980	1,242	1,899	5,093	2,388
学級・児童会・生徒会費	3,473	3,429	3,520	3,082	2,931	3,512	3,548	3,593	4,130
その他の学校納付金	1,907	1,875	1,941	1,574	1,851	1,591	1,716	2,564	2,113
ＰＴＡ会費	2,566	2,582	2,549	2,610	2,514	2,478	2,508	2,635	2,647
後援会等会費	85	48	124	64	35	39	47	74	246
寄附金	82	44	121	11	85	39	40	64	246
教科書費・教科書以外の図書費	4,866	4,952	4,775	4,773	3,471	5,497	4,675	5,563	5,165
学用品・実験実習材料費	19,420	18,657	20,222	32,051	15,431	18,973	16,815	18,780	14,913
教科外活動費	2,294	2,240	2,351	1,533	876	1,197	1,724	4,106	4,179
通学費	1,125	1,103	1,148	1,194	580	1,084	1,020	712	2,136
制服	2,698	2,491	2,915	5,569	1,101	1,353	1,757	1,463	4,961
通学用品費	16,637	17,053	16,200	65,079	8,995	7,055	6,106	6,828	7,504
その他	5,380	5,329	5,434	7,783	3,376	3,283	3,308	3,626	10,828
学校給食費	**39,010**	**39,025**	**38,993**	**39,478**	**38,689**	**38,202**	**38,967**	**38,953**	**39,751**
学校外活動費	**247,582**	**244,926**	**250,373**	**212,686**	**202,287**	**230,238**	**245,049**	**286,651**	**304,018**
補助学習費	120,499	124,691	116,091	81,474	67,135	88,450	116,525	166,695	197,039
家庭内学習費	14,398	14,480	14,313	32,175	11,216	11,131	10,731	11,320	10,453
通信教育・家庭教師費	23,237	22,061	24,473	17,675	21,454	22,342	22,920	27,283	27,331
学習塾費	81,158	86,265	75,787	31,181	33,365	54,172	81,635	125,821	155,013
その他	1,706	1,885	1,518	443	1,100	805	1,239	2,271	4,242
その他の学校外活動費	127,083	120,235	134,282	131,212	135,152	141,788	128,524	119,956	106,979
体験活動・地域活動	3,635	3,689	3,578	4,346	3,645	5,069	3,190	2,919	2,717
芸術文化活動	31,986	16,249	48,536	34,473	34,918	35,544	28,204	29,460	29,627
ｽﾎﾟｰﾂ・ﾚｸﾘｴｰｼｮﾝ活動	56,751	68,049	44,867	55,949	59,106	63,289	60,065	54,765	47,684
国際交流体験活動	434	439	429	321	854	702	105	174	463
教養・その他	34,277	31,809	36,872	36,123	36,629	37,184	36,960	32,638	26,488

（注）学習費総額の標準誤差率は公立小学校の各学年では　2.16% ～ 3.08%，人口規模別では　2.72% ～ 4.06%
学校教育費　〃　1.56% ～ 2.60%，　〃　1.88% ～ 2.32%
学校給食費　〃　2.09% ～ 2.26%，　〃　1.86% ～ 4.37%
学校外活動費　〃　3.18% ～ 4.16%，　〃　4.06% ～ 5.30%

（単位:円）

立				私	立							
所在市町村の人口規模別				平均	性別		学		年		別	
10万人未満	10万人以上 30万人未満	30万人以上 100万人未満	100万人以上 ・特別区		男	女	第１学年	第２学年	第３学年	第４学年	第５学年	第６学年
283,861	329,277	350,218	472,831	1,666,949	1,690,292	1,648,794	2,136,449	1,402,725	1,519,595	1,592,088	1,683,972	1,664,831
70,300	65,169	64,788	62,374	961,013	960,953	961,053	1,455,758	839,520	862,993	870,900	863,262	865,593
162	103	65	47	42,756	39,840	45,023	252,923	…	…	…	…	…
23	47	113	17	17,814	18,526	17,260	105,377	…	…	…	…	…
10	5	15	11	5,476	5,733	5,277	32,394	…	…	…	…	…
…	…	…	…	536,232	544,254	529,994	519,682	530,095	551,127	546,935	534,387	535,432
…	…	…	…	91,325	88,009	93,903	86,000	93,044	84,382	99,849	91,217	93,590
3,538	3,347	3,121	2,437	3,981	3,353	4,469	—	—	—	—	2,635	21,644
1,931	2,167	2,228	2,267	14,883	12,593	16,663	10,205	14,087	20,098	17,631	14,557	12,746
4,740	3,494	3,357	1,885	9,393	10,139	8,812	8,767	11,982	7,921	9,534	10,297	7,818
2,095	2,201	1,598	1,654	26,542	26,452	26,611	27,968	27,663	25,727	26,244	21,915	29,681
2,393	2,468	2,695	2,768	5,880	6,091	5,716	7,007	5,884	4,903	5,299	5,819	6,358
64	44	206	31	5,294	4,228	6,123	6,732	4,710	5,392	4,723	5,240	4,948
30	107	109	94	24,190	21,343	26,403	81,824	15,313	15,633	10,839	9,887	10,522
4,998	4,767	4,716	4,957	18,804	19,484	18,275	26,906	17,661	17,494	16,342	18,510	15,755
20,520	19,488	19,099	18,219	31,128	31,642	30,728	56,128	22,630	29,634	25,671	31,250	21,058
2,626	2,606	1,821	2,004	8,709	8,908	8,554	10,340	8,367	5,826	10,616	9,104	7,992
1,435	1,204	905	857	47,210	50,949	44,303	52,849	45,234	43,876	41,549	48,787	50,997
4,318	1,599	2,631	1,847	35,859	34,060	37,257	83,981	20,574	26,388	33,830	32,661	16,943
16,792	16,190	16,825	16,735	21,398	21,456	21,352	64,823	13,420	12,372	12,738	11,932	12,329
4,625	5,332	5,284	6,544	14,139	13,893	14,330	21,852	8,856	12,220	9,100	15,064	17,780
36,360	40,763	40,916	38,542	45,139	49,581	41,685	44,418	51,940	39,895	44,673	45,158	44,663
177,201	223,345	244,514	371,915	660,797	679,758	646,056	636,273	511,265	616,707	676,515	775,552	754,575
77,723	96,956	114,356	210,532	377,663	417,756	346,491	290,501	202,710	290,089	396,777	536,696	558,836
12,734	12,773	15,788	16,973	42,699	44,102	41,608	75,259	39,153	32,617	30,939	38,063	39,638
18,492	21,726	24,896	29,502	52,946	51,449	54,110	39,077	32,391	38,315	56,006	54,037	99,204
45,647	61,381	72,071	160,390	273,629	315,236	241,280	171,797	127,924	208,636	303,449	433,441	405,057
850	1,076	1,601	3,667	8,389	6,969	9,493	4,368	3,242	10,521	6,383	11,155	14,937
99,478	126,389	130,158	161,383	283,134	262,002	299,565	345,772	308,555	326,618	279,738	238,856	195,739
2,620	2,999	3,190	6,174	14,803	16,962	13,124	28,983	13,599	14,833	13,123	13,323	4,579
24,144	32,620	32,162	41,533	92,380	49,842	125,454	93,667	89,505	107,745	101,352	87,745	73,895
44,783	57,389	60,686	67,805	87,705	113,014	68,027	102,720	106,007	98,881	85,905	69,219	62,267
322	482	271	702	3,052	2,081	3,807	3,801	3,263	4,165	2,468	3,089	1,484
27,609	32,899	33,849	45,169	85,194	80,103	89,153	116,601	96,181	100,994	76,890	65,480	53,514

（注）学習費総額の標準誤差率は私立小学校の各学年では　3.23% ～ 4.30%
学校教育費　〃　4.02% ～ 4.59%
学校給食費　〃　11.79% ～14.73%
学校外活動費　〃　4.87% ～ 7.52%

（3） 中 学 校

区 分	公					立		
	平均	性 別		学 年 別			所 在 市 町 村 の	
		男	女	第１学年	第２学年	第３学年	10万人未満	10万人以上 30万人未満
学 習 費 総 額	**538,799**	**550,388**	**526,541**	**531,544**	**443,848**	**640,925**	**452,978**	**555,645**
学校教育費	**132,349**	**137,191**	**127,229**	**200,180**	**89,436**	**108,026**	**137,909**	**132,916**
入学金・入園料	253	123	391	765	…	…	351	159
入学時に納付した施設整備費等	120	131	109	363	…	…	251	17
入学検定料	134	133	136	405	…	…	27	203
授業料	…	…	…	…	…	…	…	…
施設整備費等	…	…	…	…	…	…	…	…
修学旅行費	11,853	12,245	11,438	339	6,562	28,556	11,938	12,085
校外学習費	3,971	4,198	3,730	4,554	5,203	2,160	3,306	4,719
学級・児童会・生徒会費	5,434	5,539	5,324	5,565	5,872	4,867	8,081	6,042
その他の学校納付金	4,440	4,942	3,909	3,699	3,749	5,866	5,584	3,347
ＰＴＡ会費	3,465	3,555	3,369	3,524	3,671	3,200	3,688	3,224
後援会等会費	834	920	743	896	770	836	572	1,357
寄附金	365	309	425	389	243	464	495	417
教科書費・教科書以外の図書費	9,584	9,032	10,167	10,590	8,013	10,157	8,504	8,711
学用品・実験実習材料費	22,784	23,213	22,331	38,588	15,870	14,033	23,164	24,176
教科外活動費	24,172	27,154	21,019	37,046	22,700	12,884	23,337	23,632
通学費	7,245	7,572	6,899	16,242	2,207	3,365	11,457	8,764
制服	21,253	20,832	21,697	52,041	4,769	7,217	20,426	18,658
通学用品費	11,018	11,676	10,322	18,979	7,188	6,957	11,137	11,205
その他	5,424	5,617	5,220	6,195	2,619	7,464	5,591	6,200
学校給食費	**37,670**	**38,313**	**36,989**	**39,737**	**38,306**	**34,984**	**38,211**	**40,568**
学校外活動費	**368,780**	**374,884**	**362,323**	**291,627**	**316,106**	**497,915**	**276,858**	**382,161**
補助学習費	303,136	306,324	299,764	203,831	253,883	450,812	216,412	311,825
家庭内学習費	16,276	14,962	17,665	16,210	14,329	18,288	15,160	19,174
通信教育・家庭教師費	29,379	30,947	27,721	28,824	32,499	26,810	29,706	25,708
学習塾費	250,196	252,423	247,842	156,032	203,859	389,861	167,295	258,241
その他	7,285	7,992	6,536	2,765	3,196	15,853	4,251	8,702
その他の学校外活動費	65,644	68,560	62,559	87,796	62,223	47,103	60,446	70,336
体験活動・地域活動	995	1,056	930	857	903	1,222	566	1,463
芸術文化活動	19,567	9,803	29,890	28,840	18,873	11,068	20,462	22,114
ｽﾎﾟｰﾂ・ﾚｸﾘｴｰｼｮﾝ活動	30,247	45,454	14,167	43,452	26,976	20,427	26,746	30,195
国際交流体験活動	65	34	98	64	26	106	30	26
教養・その他	14,770	12,213	17,474	14,583	15,445	14,280	12,642	16,538

（注） 学習費総額の標準誤差率は公立中学校の各学年では 2.81％ ～ 3.72％，人口規模別では 3.23％ ～ 6.57％
学校教育費 〃 2.37％ ～ 4.20％， 〃 3.30％ ～ 5.72％
学校給食費 〃 4.11％ ～ 5.48％， 〃 7.24％ ～14.49％
学校外活動費 〃 3.53％ ～ 5.98％， 〃 4.20％ ～ 8.16％

（単位：円）

人口規模別		私立						区分
		平均	性別		学年別			
30万人以上 100万人未満	100万人以上 ・特別区		男	女	第１学年	第２学年	第３学年	
585,591	**598,733**	**1,436,353**	**1,443,167**	**1,430,013**	**1,806,991**	**1,218,559**	**1,278,255**	**学習費総額**
132,496	**122,418**	**1,061,350**	**1,066,697**	**1,056,375**	**1,441,786**	**856,982**	**879,456**	**学校教育費**
354	98	72,542	74,605	70,621	215,341	…	…	入学金・入園料
120	43	30,070	30,478	29,689	89,262	…	…	入学時に納付した施設整備費等
233	97	19,756	20,445	19,115	58,647	…	…	入学検定料
…	…	476,159	486,613	466,426	472,769	489,289	466,216	授業料
…	…	96,868	88,684	104,488	91,679	97,193	101,867	施設整備費等
10,850	12,628	12,837	11,487	14,093	—	1,799	37,315	修学旅行費
3,799	4,270	18,151	19,718	16,693	18,430	22,569	13,348	校外学習費
3,500	2,698	12,330	13,310	11,418	16,289	10,633	9,998	学級・児童会・生徒会費
4,814	3,571	24,017	21,196	26,644	23,459	24,281	24,321	その他の学校納付金
3,676	3,164	8,598	8,633	8,566	9,423	8,622	7,727	ＰＴＡ会費
1,069	284	7,300	6,185	8,339	8,769	6,113	7,005	後援会等会費
147	352	14,120	11,766	16,312	26,715	9,206	6,205	寄附金
10,877	10,908	33,196	33,068	33,315	44,224	23,667	31,610	教科書費・教科書以外の図書費
22,139	21,119	35,382	35,913	34,888	65,601	20,752	19,294	学用品・実験実習材料費
27,528	22,159	37,172	39,671	34,846	48,396	34,309	28,569	教科外活動費
4,076	2,275	84,233	88,244	80,499	92,784	76,581	83,273	通学費
22,490	24,503	50,696	48,800	52,461	115,056	17,226	18,794	制服
11,674	9,784	17,558	17,025	18,055	31,899	9,950	10,602	通学用品費
5,150	4,465	10,365	10,856	9,907	13,043	4,792	13,312	その他
39,081	**31,265**	**7,227**	**5,592**	**8,749**	**8,529**	**8,056**	**5,040**	**学校給食費**
414,014	**445,050**	**367,776**	**370,878**	**364,889**	**356,676**	**353,521**	**393,759**	**学校外活動費**
355,693	368,277	262,322	272,795	252,570	234,241	260,157	293,388	補助学習費
15,409	15,320	40,028	39,100	40,892	54,785	31,942	33,133	家庭内学習費
37,388	23,955	36,964	40,857	33,338	43,039	39,537	28,089	通信教育・家庭教師費
293,671	321,028	175,435	182,267	169,073	126,795	181,436	219,276	学習塾費
9,225	7,974	9,895	10,571	9,267	9,622	7,242	12,890	その他
58,321	76,773	105,454	98,083	112,319	122,435	93,364	100,371	その他の学校外活動費
707	1,421	5,656	6,521	4,851	11,383	3,298	2,184	体験活動・地域活動
14,707	20,666	33,591	17,795	48,299	47,391	29,007	24,099	芸術文化活動
26,966	39,967	28,795	40,097	18,272	26,998	30,141	29,266	ｽﾎﾟｰﾂ・ﾚｸﾘｴｰｼｮﾝ活動
144	78	5,857	2,977	8,539	2,223	2,242	13,287	国際交流体験活動
15,797	14,641	31,555	30,693	32,358	34,440	28,676	31,535	教養・その他

（注）学習費総額の標準誤差率は私立中学校の各学年では　2.16%　～　3.14%
学校教育費　〃　2.20%　～　2.76%
学校給食費　〃　32.53%　～42.81%
学校外活動費　〃　5.47%　～　8.40%

（4） 高等学校（全日制）

区分	公立								
	平均	性別		学年別			学科別		
		男	女	第１学年	第２学年	第３学年	普通科	専門学科	総合学科
学習費総額	**512,971**	**538,953**	**486,744**	**629,459**	**457,895**	**455,762**	**566,504**	**431,045**	**344,649**
学校教育費	**309,261**	**314,164**	**304,311**	**468,797**	**276,366**	**189,079**	**318,302**	**300,555**	**261,922**
入学金・入園料	7,211	7,212	7,210	22,171	…	…	7,583	6,719	5,762
入学時に納付した施設整備費等	3,928	3,673	4,185	12,077	…	…	3,870	3,771	5,017
入学検定料	5,004	4,911	5,098	15,384	…	…	5,035	5,043	4,586
授業料	52,120	53,490	50,738	53,377	50,328	52,681	56,091	46,965	36,236
施設整備費等	…	…	…	…	…	…	…	…	…
修学旅行費	15,647	15,404	15,894	—	42,824	3,882	16,300	13,813	16,679
校外学習費	3,909	4,316	3,497	4,949	3,854	2,968	3,586	5,000	2,727
学級・児童会・生徒会費	8,821	8,876	8,765	11,098	7,602	7,842	9,414	8,089	6,306
その他の学校納付金	12,558	11,703	13,420	15,898	11,352	10,550	13,587	10,633	10,606
ＰＴＡ会費	5,931	6,124	5,737	6,988	5,525	5,321	6,426	4,908	5,360
後援会等会費	4,866	5,109	4,620	5,847	4,518	4,269	4,870	5,334	3,099
寄附金	629	292	969	865	644	389	630	785	45
教科書費・教科書以外の図書費	31,249	29,913	32,598	47,030	27,418	19,929	34,352	25,603	24,801
学用品・実験実習材料費	21,854	21,882	21,827	43,361	12,380	10,608	20,142	26,287	20,556
教科外活動費	39,395	50,784	27,898	62,699	40,290	16,234	42,961	35,109	23,860
通学費	52,283	49,198	55,397	69,257	50,914	37,401	50,583	56,682	50,998
制服	26,110	22,673	29,579	68,735	7,222	3,931	25,159	27,296	30,098
通学用品費	12,776	13,360	12,187	22,012	9,047	7,613	12,982	12,618	11,549
その他	4,970	5,244	4,692	7,049	2,448	5,461	4,731	5,900	3,637
学校給食費	**…**	**…**	**…**	**…**	**…**	**…**	**…**	**…**	**…**
学校外活動費	**203,710**	**224,789**	**182,433**	**160,662**	**181,529**	**266,683**	**248,202**	**130,490**	**82,727**
補助学習費	171,377	196,900	145,614	129,480	149,104	233,340	216,429	95,055	56,909
家庭内学習費	22,640	23,220	22,055	27,064	16,594	24,356	23,767	21,300	17,676
通信教育・家庭教師費	16,301	16,947	15,650	17,693	17,305	13,984	20,328	9,610	5,589
学習塾費	120,397	143,099	97,480	80,674	107,774	170,790	157,025	58,078	28,314
その他	12,039	13,634	10,429	4,049	7,431	24,210	15,309	6,067	5,330
その他の学校外活動費	32,333	27,889	36,819	31,182	32,425	33,343	31,773	35,435	25,818
体験活動・地域活動	1,342	1,486	1,196	1,456	1,408	1,167	1,536	970	1,006
芸術文化活動	9,460	4,458	14,509	8,714	12,494	7,189	8,947	11,115	7,864
ｽﾎﾟｰﾂ・ﾚｸﾘｴｰｼｮﾝ活動	6,778	8,195	5,347	6,566	7,969	5,809	5,972	9,500	3,819
国際交流体験活動	2,045	355	3,752	3,404	552	2,215	2,954	374	225
教養・その他	12,708	13,395	12,015	11,042	10,002	16,963	12,364	13,476	12,904

(注) 学習費総額の標準誤差率は公立高等学校の各学年では 1.97% ～ 4.61%, 普通科では 2.60%, 専門学科では 6.67%, 総合学科では 9.67%
学校教育費 〃 1.58% ～ 2.65%, 〃 1.61%, 〃 3.03%, 〃 7.54%
学校外活動費 〃 5.70% ～ 7.16%, 〃 5.30%, 〃 18.59%, 〃 18.86%

（単位：円）

私立 平均	性別 男	性別 女	学年別 第１学年	学年別 第２学年	学年別 第３学年	学科別 普通科	学科別 専門学科 総合学科	区分
1,054,444	**1,110,515**	**996,219**	**1,276,978**	**941,873**	**937,550**	**1,097,040**	**709,795**	**学習費総額**
750,362	**775,962**	**723,778**	**1,022,188**	**658,897**	**560,460**	**776,590**	**538,154**	**学校教育費**
43,570	45,520	41,545	128,099	…	…	47,076	15,203	入学金・入園料
22,771	24,901	20,559	66,948	…	…	24,041	12,493	入学時に納付した施設整備費等
5,503	5,504	5,502	16,179	…	…	5,767	3,363	入学検定料
288,443	302,948	273,382	286,024	288,166	291,250	299,677	197,547	授業料
60,323	57,584	63,167	57,727	62,474	60,829	64,237	28,660	施設整備費等
16,613	17,461	15,732	1,288	47,370	1,116	16,418	18,188	修学旅行費
9,936	9,192	10,708	14,258	9,490	5,883	10,572	4,786	校外学習費
13,061	13,283	12,831	14,668	12,898	11,551	13,689	7,983	学級・児童会・生徒会費
20,301	18,766	21,894	22,300	19,672	18,859	20,358	19,840	その他の学校納付金
9,325	9,528	9,114	10,574	8,712	8,650	9,503	7,886	ＰＴＡ会費
8,393	8,453	8,330	9,803	7,597	7,737	8,770	5,339	後援会等会費
4,405	4,957	3,831	6,329	3,127	3,705	4,561	3,142	寄附金
38,461	37,842	39,103	56,487	34,314	23,904	39,344	31,313	教科書費・教科書以外の図書費
25,798	25,787	25,809	48,394	15,335	12,939	25,609	27,328	学用品・実験実習材料費
47,013	59,203	34,356	73,245	44,098	22,637	48,207	37,353	教科外活動費
81,093	80,200	82,021	90,931	83,987	67,871	82,659	68,428	通学費
36,086	34,600	37,630	88,638	10,721	7,237	36,464	33,026	制服
11,976	12,449	11,484	21,531	8,116	5,961	12,192	10,231	通学用品費
7,291	7,784	6,780	8,765	2,820	10,331	7,446	6,045	その他
…	…	…	…	…	…	…	…	**学校給食費**
304,082	**334,553**	**272,441**	**254,790**	**282,976**	**377,090**	**320,450**	**171,641**	**学校外活動費**
246,639	278,444	213,614	181,168	237,261	324,521	260,590	133,765	補助学習費
31,786	35,546	27,881	34,161	21,170	40,173	33,343	19,188	家庭内学習費
26,530	25,103	28,012	26,300	23,472	29,899	28,549	10,197	通信教育・家庭教師費
171,149	199,536	141,673	110,873	179,923	225,035	180,975	91,646	学習塾費
17,174	18,259	16,048	9,834	12,696	29,414	17,723	12,734	その他
57,443	56,109	58,827	73,622	45,715	52,569	59,860	37,876	その他の学校外活動費
1,903	2,420	1,366	2,391	1,719	1,582	2,088	402	体験活動・地域活動
16,501	9,537	23,732	17,501	15,984	15,987	17,216	10,713	芸術文化活動
12,956	19,087	6,590	17,366	10,264	11,112	13,779	6,301	ｽﾎﾟｰﾂ･ﾚｸﾘｴｰｼｮﾝ活動
8,118	7,427	8,835	20,983	2,448	502	9,035	697	国際交流体験活動
17,965	17,638	18,304	15,381	15,300	23,386	17,742	19,763	教養・その他

（注）学習費総額の標準誤差率は私立高等学校の各学年では 2.43% ～ 3.82%，普通科では 2.47%，専門学科・総合学科では 9.87%
学校教育費 〃 2.31% ～ 2.63%， 〃 1.92%， 〃 4.89%
学校外活動費 〃 7.49% ～ 8.03%， 〃 6.16%， 〃 33.40%

3　学年（年齢）別，所在市町村の

（1）幼　稚　園

区分	公立																	
	平均		性別				年齢別						所在市町村の人口規					
			男		女		3歳		4歳		5歳		10万人未満		10万人以上30万人未満		30万人以上100万人未満	
	支出率	支出者平均額	支出率	支出者平均額	支出率	支出者平均額	支出率	支出者平均額	支出率	支出者平均額	支出率	支出者平均額	支出率	支出者平均額	支出率	支出者平均額	支出率	支出者平均額
学習費総額	99.9	165	99.9	156	99.9	175	100.0	133	99.8	141	99.9	199	99.9	146	99.9	165	99.8	159
学校教育費	99.8	61	99.9	61	99.6	62	99.9	65	99.8	48	99.6	70	99.8	57	99.9	59	99.8	65
入学金・入園料	2.3	12	2.2	10	2.5	13	7.2	13	2.4	10	…	…	2.6	8	2.3	10	2.0	16
入学時に納付した施設整備費等	1.5	5	1.4	4	1.6	6	4.6	6	1.6	3	…	…	1.7	5	1.3	5	2.1	6
入学検定料	0.6	6	0.8	7	0.3	4	1.6	5	0.8	8	…	…	0.7	7	0.5	3	0.2	2
授業料	26.5	21	27.8	22	25.2	20	20.6	16	26.1	18	29.6	24	25.0	20	23.0	23	32.0	18
施設整備費等	…	…	…	…	…	…	…	…	…	…	…	…	…	…	…	…	…	…
修学旅行費	0.3	16	0.2	1	0.3	26	—	—	0.2	24	0.4	14	0.1	24	0.4	1	0.5	28
校外活動費	32.0	2	32.0	2	32.0	2	23.4	2	36.4	2	32.8	3	24.6	2	34.5	2	48.6	3
学級・児童会・生徒会費	25.3	8	24.9	9	25.8	8	22.2	7	25.5	8	26.6	9	29.7	7	18.6	8	24.9	8
その他の学校納付金	53.8	4	54.3	3	53.2	4	52.8	3	57.0	3	51.8	4	54.4	3	55.1	3	64.3	4
ＰＴＡ会費	77.7	5	78.4	5	77.0	5	78.9	5	77.3	5	77.5	5	75.7	4	79.9	6	84.8	4
後援会等会費	2.2	3	2.5	3	2.0	3	1.8	3	2.2	3	2.4	2	2.6	2	2.4	6	0.9	2
寄附金	1.6	11	2.2	11	1.0	9	2.1	25	1.1	2	1.9	7	1.5	2	3.2	21	1.2	3
教科書費・教科書以外の図書費	49.2	6	52.5	6	45.7	6	46.3	6	49.9	6	50.0	7	57.6	6	46.4	7	43.3	7
学用品・実験実習材料費	84.9	9	84.0	9	85.9	10	92.4	10	87.4	8	79.5	11	87.2	10	85.7	9	86.7	10
教科外活動費	17.2	3	16.8	3	17.6	2	18.0	2	16.1	3	17.6	3	18.9	3	14.2	3	21.3	3
通学費	24.6	26	24.5	22	24.6	30	28.3	31	24.7	26	22.7	23	23.9	20	24.5	27	25.6	30
制服	38.6	8	38.9	8	38.3	9	58.7	10	40.9	7	27.4	8	36.7	8	33.8	7	45.5	9
通学用品費	76.8	17	78.7	17	74.8	17	92.7	11	72.7	8	72.4	27	76.6	16	77.1	16	76.3	17
その他	95.2	13	94.8	12	95.5	13	97.3	15	95.2	10	94.1	14	95.4	12	93.9	12	96.2	13
学校給食費	54.5	25	54.5	25	54.6	25	59.2	24	53.2	24	53.3	25	61.9	25	59.1	28	58.7	20
学校外活動費	90.8	100	90.8	90	90.7	110	84.9	64	89.6	89	94.4	123	89.1	83	92.6	96	91.3	90
補助学習費	72.1	41	72.0	40	72.3	43	63.8	33	70.8	33	77.1	51	71.0	34	73.3	41	71.1	30
家庭内学習費	58.2	15	58.1	15	58.4	16	53.7	9	54.8	10	63.0	21	55.3	15	59.4	16	59.0	12
通信教育・家庭教師費	27.4	31	26.7	31	28.0	31	23.7	28	27.2	29	29.3	33	25.5	27	29.9	33	27.7	28
学習塾費	14.0	83	15.4	71	12.6	98	9.0	87	10.4	92	19.2	78	14.5	59	14.5	69	9.2	62
その他	7.7	11	8.8	15	6.5	6	7.6	18	7.4	4	7.9	14	6.7	4	8.4	4	9.2	7
その他の学校外活動費	81.0	75	80.3	66	81.8	84	72.2	47	79.1	71	86.6	89	80.1	63	79.8	74	83.4	73
体験活動・地域活動	15.5	14	17.9	19	13.0	8	12.1	7	15.8	18	16.9	14	14.9	9	17.0	7	18.2	10
芸術文化活動	26.3	56	17.9	35	35.3	67	18.6	30	22.8	60	32.7	61	25.7	50	22.2	56	28.6	65
ｽﾎﾟｰﾂ･ﾚｸﾘｴｰｼｮﾝ活動	46.5	53	47.2	54	45.7	52	30.1	47	46.4	52	54.4	56	42.6	48	48.2	62	46.4	49
国際交流体験活動	1.4	19	1.3	17	1.5	21	1.1	8	0.9	17	1.9	23	1.2	13	1.7	15	0.8	20
教養・その他	63.6	29	64.1	27	63.1	32	59.4	22	57.7	27	70.1	34	63.9	24	60.9	25	66.4	27

（注）「支出率」とは各経費を支出した者の比率(%)，「支出者平均額」とは各経費を支出した者の平均額（千円）である。

人口規模（学科）別の学習費支出状況

		私立																			
模別		平均		性別				年齢別						所在市町村の人口規模別							
100万人以上・特別区				男		女		3歳		4歳		5歳		10万人未満		10万人以上30万人未満		30万人以上100万人未満		100万人以上・特別区	
支出率	支出者平均額	支出率	支出者平均額	支出率	支出者平均額	支出率	支出者平均額	支出率	支出者平均額	支出率	支出者平均額	支出率	支出者平均額	支出率	支出者平均額	支出率	支出者平均額	支出率	支出者平均額	支出率	支出者平均額
100.0	240	99.9	309	99.8	288	99.9	331	100.0	309	99.9	276	99.8	340	99.8	243	100.0	285	100.0	332	99.7	347
99.4	76	99.8	135	99.8	133	99.9	138	100.0	181	99.9	101	99.6	126	99.8	106	100.0	123	100.0	141	99.6	156
1.8	25	20.8	63	21.0	60	20.5	65	66.7	63	…	…	…	…	17.4	46	20.4	60	18.3	57	25.2	75
0.8	1	9.8	22	9.1	21	10.4	22	31.3	22	…	…	…	…	5.6	20	9.8	16	7.3	19	14.2	27
0.8	7	13.7	5	13.3	5	14.1	6	44.1	5	…	…	…	…	9.6	4	14.0	4	11.7	5	17.6	7
30.9	23	49.7	56	49.7	55	49.8	58	49.1	59	49.9	51	50.2	59	38.5	44	45.5	56	52.7	53	57.1	64
…	…	41.2	22	40.8	22	41.6	22	40.1	21	41.4	22	42.0	23	33.4	16	38.7	15	47.3	24	42.4	28
—	—	1.0	6	1.1	6	0.9	7	—	—	0.4	10	2.5	6	0.8	7	1.2	7	1.3	5	0.8	7
32.4	2	34.1	4	32.9	5	35.4	4	27.2	3	26.0	4	47.7	5	27.5	6	30.9	4	36.3	4	38.7	5
22.4	16	10.5	8	10.7	8	10.2	8	9.0	6	8.9	8	13.2	9	8.7	6	11.3	8	11.6	9	9.7	8
36.0	6	39.7	8	38.7	8	40.6	8	40.8	7	38.9	8	39.3	9	35.6	7	44.5	5	38.8	8	38.6	11
71.5	10	54.3	6	56.4	6	52.1	6	57.9	6	52.7	6	52.5	7	51.6	5	58.3	6	62.8	6	44.9	8
2.3	1	6.4	6	5.6	6	7.1	7	6.3	6	4.8	8	7.8	6	3.1	4	4.2	6	7.8	6	8.7	7
—	—	7.0	8	6.4	10	7.6	6	6.1	7	4.5	7	10.1	9	2.9	3	6.7	2	11.5	6	5.7	19
32.3	6	56.5	8	56.3	8	56.7	8	55.4	7	54.8	8	59.1	9	58.1	8	65.0	8	61.6	8	44.0	8
73.5	8	89.0	13	87.7	13	90.3	13	94.6	17	87.2	12	85.8	10	90.5	13	92.3	12	89.0	15	85.4	12
11.4	3	32.6	13	33.2	14	31.9	11	29.7	10	32.7	15	35.0	13	32.0	12	29.7	8	39.1	19	29.6	11
25.5	40	61.7	34	61.3	34	62.2	34	65.2	37	59.3	35	61.0	31	63.4	28	62.8	34	63.6	34	58.3	38
44.9	9	44.5	15	44.4	15	44.7	16	75.5	20	34.8	11	26.5	9	46.5	14	43.6	15	45.8	15	43.1	16
77.6	20	71.7	16	72.1	15	71.3	17	85.5	11	63.6	8	67.2	28	71.2	17	70.4	16	73.7	15	71.3	16
95.0	16	93.6	14	93.4	13	93.8	14	95.5	13	90.3	10	95.0	17	93.4	11	94.0	12	93.9	14	93.1	15
15.9	22	80.6	37	81.3	37	79.8	37	82.2	37	78.8	38	80.8	37	85.6	39	79.8	34	84.4	40	75.0	35
92.6	174	95.0	152	94.7	133	95.3	171	91.0	107	96.1	151	97.4	188	93.5	112	95.5	141	95.2	165	95.3	172
75.5	82	78.0	54	77.3	51	78.7	57	71.8	42	78.0	51	83.4	65	73.6	41	78.0	50	80.3	56	78.5	63
65.3	20	64.9	18	64.3	16	65.6	20	60.3	13	65.9	15	68.1	25	63.8	15	64.4	23	68.3	18	63.1	17
29.2	41	35.4	34	35.1	33	35.8	35	30.9	35	34.8	33	39.9	34	28.6	37	32.8	30	37.6	32	39.6	36
17.7	184	19.4	91	18.9	87	19.9	94	13.3	84	19.1	95	25.1	91	14.8	68	17.1	78	21.9	88	21.8	111
7.8	54	8.6	7	8.6	7	8.6	8	8.5	6	7.2	6	9.9	10	6.2	8	9.1	8	9.4	7	8.7	7
83.2	119	89.3	114	88.7	98	89.8	131	83.2	81	91.1	116	92.8	139	85.9	86	88.9	108	89.5	126	91.3	125
11.6	66	18.6	23	19.0	17	18.2	30	18.2	35	16.5	15	20.8	20	16.8	8	17.8	16	19.2	21	19.8	38
32.8	63	34.8	73	23.7	43	46.1	88	27.2	46	35.2	78	41.1	84	31.2	72	35.2	67	34.6	82	36.8	70
57.0	59	62.2	75	65.3	77	58.9	72	43.8	59	68.3	75	72.5	83	52.9	56	61.5	75	64.5	78	66.0	80
2.5	32	2.0	58	2.2	35	1.8	87	1.2	13	2.4	102	2.4	35	3.2	133	1.0	19	1.6	23	2.6	35
63.9	57	70.4	35	70.4	31	70.4	40	68.9	33	69.3	32	72.8	40	66.1	24	70.5	32	72.4	41	71.0	38

（2）小　学　校

区分	公立																					
	平均		性別				学年別												所在市町村			
			男		女		第１学年		第２学年		第３学年		第４学年		第５学年		第６学年		10万人未満		10万人以上30万人未満	
	支出率	支出者平均額	支出率	支出者平均額	支出率	支出者平均額	支出率	支出者平均額	支出率	支出者平均額	支出率	支出者平均額	支出率	支出者平均額	支出率	支出者平均額	支出率	支出者平均額	支出率	支出者平均額	支出率	支出者平均額
学習費総額	100.0	353	100.0	349	99.9	356	100.0	380	99.9	284	100.0	316	100.0	329	99.9	381	100.0	424	100.0	284	99.9	330
学校教育費	99.9	66	99.9	66	99.9	67	100.0	127	99.7	42	100.0	47	99.8	45	99.8	55	100.0	80	99.8	70	99.8	65
入学金・入園料	0.8	13	0.8	14	0.8	11	4.8	13	…	…	…	…	…	…	…	…	…	…	0.8	21	1.0	11
入学時に納付した施設整備費等	0.8	6	0.9	8	0.6	4	4.7	6	…	…	…	…	…	…	…	…	…	…	0.4	5	0.9	5
入学検定料	0.4	2	0.5	3	0.4	1	2.6	2	…	…	…	…	…	…	…	…	…	…	0.3	3	0.3	2
授業料	…	…	…	…	…	…	…	…	…	…	…	…	…	…	…	…	…	…	…	…	…	…
施設整備費等	…	…	…	…	…	…	…	…	…	…	…	…	…	…	…	…	…	…	…	…	…	…
修学旅行費	13.5	23	13.4	23	13.5	23	0.3	4	0.2	4	0.3	4	0.2	12	0.3	21	77.4	24	15.5	23	14.1	24
校外活動費	42.9	5	43.5	5	42.3	5	36.0	3	35.3	3	39.3	3	45.4	4	64.5	8	36.2	7	42.3	5	43.2	5
学級・児童会・生徒会費	36.8	9	37.0	9	36.7	10	38.0	8	37.8	8	35.0	10	38.2	9	34.2	11	37.9	11	48.0	10	34.9	10
その他の学校納付金	49.3	4	49.7	4	48.8	4	49.6	3	50.1	4	45.4	3	49.8	3	49.7	5	50.9	4	47.7	4	49.3	4
ＰＴＡ会費	76.8	3	76.7	3	76.8	3	75.8	3	73.4	3	76.3	3	75.1	3	80.0	3	79.8	3	73.9	3	75.7	3
後援会等会費	3.8	2	3.6	1	4.1	3	4.8	1	2.9	1	2.8	1	3.4	1	3.5	2	5.5	4	3.0	2	1.9	2
寄附金	2.0	4	1.6	3	2.3	5	1.9	1	1.7	5	1.9	2	1.4	3	2.1	3	2.7	9	1.9	2	2.3	5
教科書費・教科書以外の図書費	60.6	8	60.6	8	60.6	8	61.7	8	56.5	6	72.5	8	60.3	8	55.7	10	57.1	9	60.2	8	60.1	8
学用品・実験実習材料費	99.7	19	99.6	19	99.7	20	100.0	32	99.4	16	99.9	19	99.4	17	99.7	19	99.5	15	99.6	21	99.5	20
教科外活動費	33.5	7	30.9	7	36.3	6	23.6	6	20.0	4	21.3	6	36.0	5	50.5	8	48.4	9	30.7	9	36.7	7
通学費	7.2	16	7.3	15	7.1	16	6.8	18	5.4	11	7.6	14	6.6	15	7.7	9	9.2	23	8.9	16	8.1	15
制服	19.8	14	19.9	13	19.7	15	29.5	19	17.0	6	17.5	8	18.1	10	16.1	9	21.0	24	31.2	14	12.6	13
通学用品費	81.9	20	83.1	21	80.7	20	98.2	66	83.2	11	79.2	9	77.3	8	80.2	9	74.2	10	83.2	20	80.4	20
その他	88.3	6	89.1	6	87.6	6	96.1	8	88.2	4	85.3	4	84.4	4	84.6	4	91.7	12	86.6	5	88.0	6
学校給食費	86.7	45	86.3	45	87.1	45	89.0	44	86.4	45	86.3	44	86.7	45	85.7	45	86.1	46	83.2	44	91.2	45
学校外活動費	97.8	253	97.5	251	98.1	255	98.6	216	98.2	206	97.8	235	98.2	250	97.9	293	96.4	316	97.3	182	97.6	229
補助学習費	87.7	137	86.9	143	88.4	131	93.6	87	86.0	78	88.2	100	86.4	135	87.7	190	84.4	234	84.0	93	86.7	112
家庭内学習費	68.3	21	68.5	21	68.1	21	86.5	37	67.9	17	66.2	17	66.1	16	66.1	17	57.8	18	65.3	20	65.9	19
通信教育・家庭教師費	41.9	55	40.1	55	43.8	56	45.9	39	44.7	48	44.6	50	39.4	58	39.1	70	38.1	72	36.6	51	41.1	53
学習塾費	38.9	208	39.4	219	38.4	197	26.9	116	30.2	111	36.5	148	40.0	204	47.5	265	51.4	302	33.1	138	37.5	164
その他	15.8	11	15.7	12	16.0	9	10.4	4	12.1	9	14.1	6	15.0	8	19.3	12	23.6	18	13.5	6	14.4	7
その他の学校外活動費	93.0	137	93.0	129	93.0	144	93.0	141	93.7	144	93.1	152	93.8	137	94.2	127	90.3	118	91.7	109	93.4	135
体験活動・地域活動	23.8	15	24.3	15	23.3	15	28.7	15	24.5	15	23.9	21	22.6	14	25.7	11	17.9	15	24.7	11	22.2	13
芸術文化活動	38.7	83	26.2	62	52.0	93	39.6	87	40.6	86	39.4	90	38.0	74	39.3	75	35.6	83	34.1	71	37.5	87
ｽﾎﾟｰﾂ・ﾚｸﾘｴｰｼｮﾝ活動	68.1	83	76.3	89	59.4	75	69.1	81	70.7	84	73.7	86	67.7	89	66.9	82	60.6	79	65.5	68	68.2	84
国際交流体験活動	1.5	29	1.3	35	1.8	24	1.6	21	1.6	54	2.2	33	1.1	10	1.0	17	1.7	28	1.4	24	1.3	37
教養・その他	73.2	47	70.6	45	76.0	49	74.0	49	77.6	47	73.7	50	73.9	50	74.4	44	66.1	40	70.2	39	73.1	45

（注）「支出率」とは各経費を支出した者の比率(%)，「支出者平均額」とは各経費を支出した者の平均額（千円）である。

の 人 口 規 模 別				私立																	
				平均		性別				学年別											
30万人以上100万人未満		100万人以上・特別区				男		女		第1学年		第2学年		第3学年		第4学年		第5学年		第6学年	
支出率	支出者平均額	支出率	支出者平均額	支出率	支出者平均額	支出率	支出者平均額	支出率	支出者平均額	支出率	支出者平均額	支出率	支出者平均額	支出率	支出者平均額	支出率	支出者平均額	支出率	支出者平均額	支出率	支出者平均額
100.0	350	99.9	473	100.0	1667	100.0	1690	100.0	1649	100.0	2136	100.0	1403	100.0	1520	100.0	1592	100.0	1684	100.0	1665
100.0	65	99.9	62	100.0	961	100.0	961	100.0	961	100.0	1456	100.0	840	100.0	863	100.0	871	100.0	863	100.0	866
0.6	11	0.8	6	15.4	277	15.5	257	15.3	293	91.2	277	…	…	…	…	…	…	…	…	…	…
1.0	12	0.8	2	11.8	150	12.8	145	11.1	156	70.1	150	…	…	…	…	…	…	…	…	…	…
0.3	5	0.8	1	14.6	37	15.1	38	14.2	37	86.5	37	…	…	…	…	…	…	…	…	…	…
…	…	…	…	98.6	544	98.1	555	98.9	536	99.9	520	98.2	540	98.6	559	98.3	556	98.9	540	97.5	549
…	…	…	…	72.5	126	72.5	121	72.6	129	71.1	121	73.3	127	69.7	121	72.6	138	72.1	126	76.3	123
12.5	25	11.0	22	7.1	56	6.1	55	7.9	57	—	—	—	—	—	—	—	—	4.8	55	38.5	56
43.7	5	42.4	5	43.8	34	43.6	29	43.9	38	34.6	29	41.8	34	44.7	45	47.4	37	47.0	31	47.5	27
39.3	9	21.5	9	37.7	25	41.0	25	35.1	25	42.3	21	37.5	32	33.9	23	31.9	30	43.7	24	36.9	21
53.9	3	46.5	4	52.6	50	54.4	49	51.2	52	58.1	48	56.1	49	46.5	55	50.1	52	51.9	42	52.9	56
78.6	3	79.7	3	57.2	10	60.9	10	54.3	11	62.2	11	53.4	11	52.3	9	55.5	10	60.0	10	60.0	11
6.8	3	4.1	1	29.2	18	26.2	16	31.5	19	34.3	20	26.6	18	28.3	19	27.6	17	25.4	21	32.9	15
1.9	6	1.7	6	17.5	138	17.9	119	17.2	154	40.9	200	15.6	98	13.5	116	12.9	84	9.9	100	11.6	91
61.3	8	60.9	8	62.9	30	64.5	30	61.7	30	75.0	36	59.4	30	70.1	25	60.8	27	57.0	32	54.8	29
100.0	19	99.6	18	99.1	31	98.5	32	99.6	31	100.0	56	99.0	23	98.8	30	98.8	26	99.4	31	98.6	21
33.1	6	34.2	6	48.5	18	46.0	19	50.3	17	42.8	24	43.6	19	44.7	13	50.5	21	57.4	16	52.1	15
5.2	17	6.1	14	83.7	56	84.9	60	82.9	53	85.3	62	82.3	55	79.8	55	83.2	50	85.8	57	86.2	59
19.0	14	13.6	14	76.1	47	77.5	44	75.1	50	93.9	89	67.5	30	74.2	36	80.9	42	78.0	42	62.0	27
83.2	20	80.5	21	87.2	25	88.7	24	86.1	25	99.4	65	86.7	15	87.2	14	85.0	15	80.7	15	84.2	15
90.2	6	89.1	7	85.1	17	84.9	16	85.2	17	94.3	23	86.5	10	82.5	15	82.0	11	80.3	19	84.9	21
90.2	45	82.5	47	56.8	79	61.8	80	52.9	79	61.8	72	60.6	86	52.8	75	56.5	79	55.9	81	52.9	84
97.9	250	98.7	377	99.6	664	99.4	684	99.7	648	99.8	638	99.3	515	99.0	623	100.0	677	100.0	776	99.4	759
88.3	130	93.0	226	97.2	389	97.4	429	97.0	357	97.4	298	94.3	215	96.6	300	98.0	405	97.8	549	99.1	564
69.0	23	74.2	23	86.6	49	86.2	51	86.9	48	91.3	82	86.2	45	88.5	37	84.0	37	82.9	46	86.7	46
43.7	57	48.1	61	52.7	100	53.3	97	52.3	104	55.6	70	53.6	60	53.2	72	52.7	106	52.2	103	48.7	204
37.3	193	50.0	321	73.0	375	75.2	419	71.2	339	66.4	259	61.4	208	72.4	288	78.2	388	81.7	530	78.3	517
15.4	10	21.0	17	41.7	20	41.3	17	42.1	23	35.8	12	35.3	9	44.3	24	33.9	19	51.5	22	50.3	30
92.8	140	94.6	171	96.9	292	97.1	270	96.7	310	98.7	350	98.4	314	96.5	338	98.9	283	97.2	246	91.5	214
24.1	13	24.2	26	31.6	47	35.2	48	28.8	46	45.8	63	35.6	38	31.2	48	29.8	44	32.8	41	14.0	33
40.6	79	44.3	94	66.2	140	53.9	92	75.8	166	73.2	128	70.4	127	67.5	160	70.5	144	61.4	143	53.9	137
69.0	88	70.3	96	74.5	118	81.4	139	69.1	98	81.8	126	80.8	131	81.5	121	76.5	112	66.9	103	58.7	106
1.4	19	2.0	35	5.6	55	3.9	53	6.9	55	8.0	48	5.9	55	5.5	76	5.7	43	5.1	61	3.3	45
73.8	46	76.8	59	89.3	95	89.1	90	89.5	100	91.8	127	93.2	103	89.1	113	90.7	85	89.8	73	81.2	66

（3）中　学　校

区分	公立													
	平均		性別				学年別						所在	
			男		女		第1学年		第2学年		第3学年		10万人未満	
	支出率	支出者平均額	支出率	支出者平均額	支出率	支出者平均額	支出率	支出者平均額	支出率	支出者平均額	支出率	支出者平均額	支出率	支出者平均額
学習費総額	100.0	539	100.0	550	100.0	527	100.0	532	100.0	444	100.0	641	100.0	453
学校教育費	99.9	132	100.0	137	99.8	128	100.0	200	100.0	89	99.7	108	100.0	138
入学金・入園料	1.1	23	0.9	14	1.3	30	3.3	23	…	…	…	…	1.6	22
入学時に納付した施設整備費等	1.1	11	1.4	9	0.8	13	3.4	11	…	…	…	…	1.6	16
入学検定料	0.9	15	0.8	16	1.0	13	2.7	15	…	…	…	…	1.0	3
授業料	…	…	…	…	…	…	…	…	…	…	…	…	…	…
施設整備費等	…	…	…	…	…	…	…	…	…	…	…	…	…	…
修学旅行費	26.5	45	27.6	44	25.5	45	1.0	32	14.8	44	63.5	45	30.9	39
校外活動費	37.6	11	37.4	11	37.9	10	47.6	10	41.6	13	23.7	9	34.0	10
学級・児童会・生徒会費	57.2	9	56.4	10	58.1	9	57.5	10	57.6	10	56.5	9	64.2	13
その他の学校納付金	52.7	8	51.0	10	54.4	7	51.8	7	57.6	7	48.6	12	46.9	12
ＰＴＡ会費	80.4	4	81.3	4	79.5	4	81.1	4	82.5	4	77.7	4	78.9	5
後援会等会費	22.3	4	22.1	4	22.5	3	19.5	5	19.0	4	28.5	3	17.4	3
寄附金	3.6	10	2.9	11	4.4	10	2.4	16	1.7	14	6.7	7	6.3	8
教科書費・教科書以外の図書費	64.3	15	62.7	14	66.1	15	67.5	16	61.3	13	64.2	16	59.7	14
学用品・実験実習材料費	98.8	23	99.0	23	98.6	23	100.0	39	99.2	16	97.3	14	98.4	24
教科外活動費	78.7	31	78.8	34	78.6	27	85.0	44	82.9	27	68.2	19	76.8	30
通学費	28.5	25	30.5	25	26.4	26	41.5	39	20.6	11	23.6	14	39.7	29
制服	55.0	39	62.9	33	46.5	47	95.1	55	35.9	13	34.3	21	49.0	42
通学用品費	78.8	14	80.3	15	77.2	13	97.5	19	73.6	10	65.4	11	78.8	14
その他	73.3	7	76.3	7	70.2	7	87.4	7	62.7	4	70.1	11	67.5	8
学校給食費	77.7	48	78.0	49	77.3	48	80.3	49	77.8	49	75.0	47	80.9	47
学校外活動費	97.6	378	96.5	388	98.8	367	96.4	303	96.9	326	99.6	500	96.9	286
補助学習費	94.1	322	92.6	331	95.7	313	90.5	225	93.3	272	98.4	458	92.5	234
家庭内学習費	73.6	22	70.9	21	76.4	23	72.0	23	65.8	22	83.0	22	73.4	21
通信教育・家庭教師費	34.6	85	32.7	95	36.6	76	39.2	74	34.9	93	29.7	90	34.7	86
学習塾費	70.4	356	69.3	364	71.5	347	57.8	270	69.2	294	84.0	464	60.3	277
その他	40.7	18	40.4	20	41.0	16	28.8	10	29.5	11	63.7	25	34.9	12
その他の学校外活動費	77.3	85	76.1	90	78.5	80	80.1	110	78.3	79	73.4	64	75.8	80
体験活動・地域活動	9.0	11	10.3	10	7.6	12	11.9	7	7.4	12	7.6	16	7.7	7
芸術文化活動	28.0	70	18.7	52	37.9	79	33.4	86	29.9	63	20.8	53	24.9	82
ｽﾎﾟｰﾂ・ﾚｸﾘｴｰｼｮﾝ活動	35.2	86	42.1	108	27.9	51	37.0	118	38.7	70	29.9	68	35.3	76
国際交流体験活動	1.0	6	0.7	5	1.4	7	2.0	3	0.4	7	0.7	15	1.0	3
教養・その他	55.6	27	50.4	24	61.2	29	56.3	26	55.1	28	55.5	26	53.1	24

（注）「支出率」とは各経費を支出した者の比率(%)，「支出者平均額」とは各経費を支出した者の平均額（千円）である。

市町村の人口規模別						私立											
10万人以上 30万人未満		30万人以上 100万人未満		100万人以上 ・特別区		平均		性別				学年別					
								男		女		第1学年		第2学年		第3学年	
支出率	支出者平均額	支出率	支出者平均額	支出率	支出者平均額	支出率	支出者平均額	支出率	支出者平均額	支出率	支出者平均額	支出率	支出者平均額	支出率	支出者平均額	支出率	支出者平均額
100.0	556	100.0	586	100.0	599	100.0	1436	100.0	1443	100.0	1430	100.0	1807	100.0	1219	100.0	1278
99.6	134	100.0	132	100.0	122	100.0	1061	100.0	1067	100.0	1056	100.0	1442	100.0	857	100.0	879
0.6	27	1.2	29	0.7	13	30.3	240	30.7	243	29.9	236	89.8	240	…	…	…	…
0.6	3	1.4	9	0.7	6	21.3	141	21.6	141	21.0	141	63.2	141	…	…	…	…
0.5	39	1.4	17	0.6	16	29.5	67	29.3	70	29.7	64	87.6	67	…	…	…	…
…	…	…	…	…	…	95.6	498	95.6	509	95.6	488	95.3	496	97.3	503	94.3	495
…	…	…	…	…	…	76.7	126	70.9	125	82.1	127	75.1	122	78.0	125	77.0	132
22.5	54	24.8	44	27.0	47	14.5	88	14.3	80	14.7	96	—	—	2.7	66	41.5	90
42.5	11	33.3	11	42.2	10	53.8	34	53.4	37	54.2	31	51.6	36	60.2	38	49.4	27
61.2	10	49.0	7	50.6	5	72.9	17	70.9	19	74.8	15	75.9	21	70.8	15	72.0	14
53.2	6	56.2	9	57.0	6	54.6	44	53.8	39	55.3	48	57.5	41	48.6	50	57.6	42
82.9	4	81.2	5	78.8	4	64.6	13	63.0	14	66.1	13	68.4	14	64.2	13	61.2	13
32.8	4	20.2	5	19.2	1	40.3	18	37.4	17	43.1	19	43.1	20	38.1	16	39.8	18
3.1	13	2.7	5	1.0	37	17.5	81	18.6	63	16.5	99	25.3	106	12.7	73	14.4	43
63.4	14	66.7	16	70.0	16	80.4	41	81.0	41	79.9	42	89.5	49	77.0	31	74.7	42
98.1	25	99.5	22	99.7	21	98.8	36	98.3	37	99.2	35	100.0	66	97.8	21	98.5	20
82.3	29	80.6	34	74.7	30	79.7	47	78.1	51	81.2	43	81.0	60	80.6	43	77.4	37
31.9	27	20.9	20	15.2	15	91.8	92	91.7	96	91.8	88	96.6	96	89.5	86	89.0	94
53.8	35	59.0	38	61.3	40	76.1	67	79.2	62	73.3	72	98.4	117	64.0	27	65.6	29
77.9	14	80.6	14	77.6	13	82.2	21	83.6	20	81.0	22	98.3	32	69.8	14	78.4	14
78.8	8	77.6	7	70.5	6	66.6	16	67.4	16	65.9	15	81.4	16	53.7	9	64.6	21
84.6	48	78.2	50	62.9	50	11.7	62	10.1	55	13.3	66	12.2	70	13.9	58	9.0	56
97.8	391	99.2	417	96.8	460	98.2	374	98.0	378	98.4	371	98.8	361	97.6	362	98.3	400
92.5	337	96.9	367	95.2	387	95.2	276	94.7	288	95.6	264	95.9	244	94.3	276	95.4	308
73.0	26	72.4	21	76.1	20	84.2	48	80.5	49	87.6	47	88.4	62	82.0	39	82.0	40
37.2	69	33.4	112	32.5	74	34.2	108	30.9	132	37.2	90	39.4	109	36.6	108	26.3	107
71.2	363	76.9	382	77.6	414	53.9	326	52.1	350	55.6	304	51.6	246	53.4	340	56.7	387
47.3	18	41.0	23	41.2	19	56.0	18	55.3	19	56.5	16	55.8	17	52.3	14	59.9	22
82.5	85	75.6	77	75.0	102	86.4	122	84.4	116	88.2	127	87.7	140	86.1	108	85.4	118
12.1	12	8.4	8	7.7	19	15.1	38	15.2	43	15.0	32	20.0	57	12.6	26	12.5	17
31.8	69	28.6	52	27.3	76	41.1	82	31.8	56	49.8	97	45.4	104	38.5	75	39.4	61
38.2	79	34.3	79	32.1	125	32.6	88	38.6	104	27.0	68	31.8	85	35.0	86	31.0	94
0.2	10	2.1	7	0.9	9	6.6	88	5.6	53	7.6	112	6.8	33	5.3	43	7.9	168
61.3	27	51.6	31	57.2	26	72.6	43	67.5	45	77.4	42	73.9	47	72.2	40	71.8	44

（4）高 等 学 校（全日制）

区　　分	公						立							
	平均		性　別				学　年　別						学	
			男		女		第1学年		第2学年		第3学年		普 通 科	
	支出率	支出者平均額	支出率	支出者平均額	支出率	支出者平均額	支出率	支出者平均額	支出率	支出者平均額	支出率	支出者平均額	支出率	支出者平均額
学習費総額	99.8	514	100.0	539	99.5	489	100.0	630	100.0	458	99.4	459	100.0	567
学校教育費	99.7	310	100.0	314	99.5	306	100.0	469	100.0	276	99.3	190	99.9	319
入学金・入園料	28.1	26	27.9	26	28.4	25	86.5	26	…	…	…	…	28.3	27
入学時に納付した施設整備費等	12.5	31	12.6	29	12.5	34	38.6	31	…	…	…	…	13.1	30
入学検定料	26.9	19	26.8	18	27.0	19	82.7	19	…	…	…	…	27.4	18
授業料	53.6	97	53.7	100	53.5	95	53.4	100	51.6	98	55.8	94	55.5	101
施設整備費等	…	…	…	…	…	…	…	…	…	…	…	…	…	…
修学旅行費	18.9	83	18.4	84	19.3	82	−	−	51.0	84	5.4	72	20.3	80
校外活動費	37.0	11	37.9	11	36.0	10	44.6	11	33.2	12	33.4	9	37.2	10
学級・児童会・生徒会費	66.1	13	65.6	14	66.7	13	72.0	15	65.2	12	61.5	13	69.9	13
その他の学校納付金	64.0	20	63.6	18	64.5	21	70.7	22	61.3	19	60.3	17	65.1	21
ＰＴＡ会費	74.0	8	73.4	8	74.6	8	81.0	9	72.7	8	68.5	8	76.6	8
後援会等会費	41.5	12	42.5	12	40.5	11	45.7	13	37.6	12	41.3	10	41.3	12
寄附金	3.4	18	3.7	8	3.2	30	2.4	36	1.8	36	6.1	6	3.6	18
教科書費・教科書以外の図書費	95.4	33	94.5	32	96.4	34	99.2	47	96.4	28	90.9	22	95.7	36
学用品・実験実習材料費	95.0	23	94.6	23	95.5	23	100.0	43	94.4	13	91.0	12	96.1	21
教科外活動費	78.7	50	79.6	64	77.9	36	84.2	74	82.1	49	70.2	23	82.1	52
通学費	83.2	63	82.7	60	83.8	66	90.6	76	81.8	62	77.4	48	83.0	61
制服	53.9	48	54.3	42	53.4	55	95.9	72	40.3	18	27.0	15	54.2	46
通学用品費	74.4	17	75.9	18	72.9	17	95.7	23	68.4	13	60.1	13	75.9	17
その他	56.6	9	57.4	9	55.8	8	85.0	8	35.9	7	49.8	11	58.2	8
学校給食費	…	…	…	…	…	…	…	…	…	…	…	…	…	…
学校外活動費	88.7	230	88.4	254	89.0	205	87.5	184	90.2	201	88.3	302	91.9	270
補助学習費	80.2	214	78.5	251	81.9	178	78.7	165	80.4	186	81.3	287	87.1	248
家庭内学習費	64.4	35	63.8	36	65.0	34	61.4	44	63.5	26	68.1	36	69.5	34
通信教育・家庭教師費	18.5	88	18.1	94	19.0	83	20.4	87	17.1	101	18.1	77	21.8	93
学習塾費	33.2	363	35.4	404	30.9	316	30.7	263	30.7	351	37.9	450	41.7	376
その他	47.5	25	46.8	29	48.2	22	33.5	12	48.0	15	60.4	40	55.0	28
その他の学校外活動費	62.6	52	60.6	46	64.6	57	61.2	51	64.0	51	62.6	53	62.9	51
体験活動・地域活動	9.5	14	9.9	15	9.1	13	10.8	13	10.6	13	7.2	16	9.9	16
芸術文化活動	19.5	49	13.9	32	25.1	58	20.1	43	19.2	65	19.3	37	20.0	45
ｽﾎﾟｰﾂ・ﾚｸﾘｴｰｼｮﾝ活動	19.4	35	24.5	33	14.3	37	19.8	33	20.3	39	18.3	32	20.0	30
国際交流体験活動	1.9	107	1.1	32	2.7	137	1.8	190	2.3	24	1.6	135	2.2	134
教養・その他	48.4	26	44.2	30	52.7	23	46.1	24	48.1	21	51.0	33	48.0	26

(注) 「支出率」とは各経費を支出した者の比率(%)，「支出者平均額」とは各経費を支出した者の平均額（千円）である。

				私立															
科別				平均		性別				学年別						学科別			
専門学科		総合学科				男		女		第1学年		第2学年		第3学年		普通科		専門学科 総合学科	
支出率	支出者 平均額	支出率	支出者 平均額	支出率	支出者 平均額	支出率	支出者 平均額	支出率	支出者 平均額	支出率	支出者 平均額	支出率	支出者 平均額	支出率	支出者 平均額	支出率	支出者 平均額	支出率	支出者 平均額
99.8	432	98.1	351	100.0	1054	100.0	1111	100.0	996	100.0	1277	100.0	942	100.0	938	100.0	1097	100.0	710
99.8	301	98.1	267	100.0	750	100.0	776	100.0	724	100.0	1022	100.0	659	100.0	560	100.0	777	100.0	538
27.2	25	29.8	19	25.3	172	25.4	180	25.3	164	74.5	172	…	…	…	…	26.7	176	14.3	107
11.0	34	13.7	37	21.0	108	21.9	114	20.0	103	61.8	108	…	…	…	…	21.8	110	14.7	85
25.4	20	28.1	16	24.5	22	23.5	23	25.7	21	72.1	22	…	…	…	…	25.3	23	18.1	19
51.8	91	43.5	83	81.4	354	83.4	363	79.3	345	80.0	358	83.3	346	80.9	360	82.7	362	70.6	280
…	…	…	…	63.2	95	62.3	92	64.1	99	62.3	93	65.0	96	62.2	98	63.8	101	58.2	49
16.4	84	15.7	107	15.9	104	16.4	107	15.5	101	1.6	82	44.5	106	1.6	68	15.3	107	21.0	87
37.8	13	32.0	9	36.0	28	35.5	26	36.4	29	45.9	31	34.4	28	27.2	22	36.1	29	34.8	14
59.0	14	59.8	11	67.5	19	66.7	20	68.2	19	74.6	20	66.6	19	60.9	19	68.1	20	62.3	13
65.3	16	50.0	21	54.3	37	53.9	35	54.8	40	59.5	38	53.5	37	49.8	38	54.4	37	53.9	37
70.5	7	64.4	8	63.5	15	62.9	15	64.1	14	67.8	16	61.7	14	60.8	14	63.4	15	64.4	12
43.4	12	35.8	9	48.5	17	48.1	18	48.9	17	54.4	18	44.6	17	46.3	17	48.2	18	50.4	11
3.1	26	3.7	1	11.2	39	12.4	40	10.1	38	13.3	47	8.9	35	11.5	32	10.9	42	13.7	23
95.7	27	91.9	27	94.7	41	95.6	40	93.8	42	98.5	57	94.6	36	90.9	26	95.2	41	91.2	34
94.2	28	88.5	23	95.4	27	94.9	27	96.0	27	99.7	49	96.0	16	90.4	14	95.5	27	94.8	29
74.0	47	66.5	36	69.7	67	69.7	85	69.7	49	76.8	95	71.4	62	60.5	37	70.9	68	60.0	62
85.5	66	76.3	67	90.9	89	90.4	89	91.4	90	95.6	95	88.6	95	88.4	77	90.9	91	91.2	75
53.4	51	53.0	57	59.7	60	58.0	60	61.4	61	95.6	93	49.3	22	32.8	22	60.1	61	56.5	58
71.4	18	72.8	16	70.2	17	70.8	18	69.6	16	94.7	23	63.1	13	52.0	11	70.5	17	67.7	15
55.6	11	46.0	8	52.9	14	55.2	14	50.6	13	75.9	12	32.0	9	50.4	21	54.2	14	42.3	14
…	…	…	…	…	…	…	…	…	…	…	…	…	…	…	…	…	…	…	…
84.6	154	74.8	111	92.4	329	92.3	362	92.4	295	92.7	275	92.2	307	92.2	409	93.6	342	82.5	208
69.5	137	58.0	98	86.1	287	86.2	323	86.0	248	86.4	210	85.2	279	86.7	374	87.7	297	72.7	184
57.4	37	45.8	39	72.5	44	72.4	49	72.7	38	72.5	47	71.1	30	74.1	54	74.2	45	59.1	32
13.1	74	9.5	59	25.6	104	25.3	99	25.8	108	27.3	96	23.6	99	25.7	116	26.4	108	18.9	54
18.2	320	13.0	217	38.3	447	40.9	488	35.6	398	35.3	314	37.6	478	42.1	534	40.0	452	24.3	376
34.0	18	31.5	17	57.5	30	55.4	33	59.7	27	51.4	19	55.3	23	66.1	44	59.7	30	40.0	32
63.3	56	57.1	45	70.8	81	68.6	82	73.1	80	72.2	102	72.4	63	67.7	78	72.0	83	61.0	62
8.6	11	9.5	11	12.3	15	11.4	21	13.2	10	12.8	19	12.5	14	11.5	14	12.8	16	7.9	5
19.3	58	15.6	50	25.2	65	19.5	49	31.3	76	28.1	62	25.8	62	21.7	74	26.3	65	16.5	65
19.8	48	12.7	30	23.7	55	30.4	63	16.8	39	27.0	64	23.9	43	20.1	55	24.3	57	18.7	34
1.5	25	0.8	30	2.7	297	2.8	261	2.6	338	3.6	583	2.7	90	1.8	28	3.0	303	0.6	107
50.7	27	44.1	29	54.6	33	49.6	36	59.8	31	54.8	28	56.6	27	52.4	45	55.5	32	47.9	41

4 項目別経費の金額段階別幼児・児童・生徒の構成比

(1) 学習費総額 (%)

区　分	幼稚園		小学校		中学校		高等学校(全日制)	
	公立	私立	公立	私立	公立	私立	公立	私立
計	100.0	100.0	100.0	100.0	100.0	100.0	100.0	100.0
0円	0.1	0.1	0.0	—	—	—	0.2	0.0
～1万円未満	0.7	—	0.1	—	—	—	0.1	0.0
～5万円未満	14.8	1.4	1.5	—	0.7	—	1.5	0.3
～10万円未満	24.0	6.5	5.5	—	1.8	0.0	3.9	0.8
～15万円未満	20.4	12.2	9.5	0.0	3.2	—	5.1	1.0
～20万円未満	14.5	14.2	12.3	0.2	5.9	—	6.3	1.9
～25万円未満	8.9	15.0	13.4	0.1	6.2	0.4	7.3	2.5
～30万円未満	4.1	12.2	11.5	0.3	7.2	0.3	8.4	1.9
～35万円未満	3.4	8.2	9.4	0.3	6.6	0.4	6.7	2.8
～40万円未満	2.3	8.1	8.4	0.3	6.4	0.2	6.0	2.8
～45万円未満	2.2	6.0	5.7	0.4	6.1	1.0	6.8	2.3
～50万円未満	1.3	3.7	4.7	1.3	6.6	0.3	6.2	2.7
～55万円未満	0.7	2.5	3.1	0.5	7.5	0.9	5.2	3.2
～60万円未満	0.4	2.2	2.9	0.9	7.4	1.9	5.4	3.9
～65万円未満	0.4	1.4	1.7	0.9	5.5	0.6	3.5	3.9
～70万円未満	0.2	0.5	1.4	1.5	3.8	1.5	3.7	3.4
～75万円未満	0.2	1.3	1.2	1.5	3.6	1.5	3.9	4.4
～80万円未満	0.2	0.9	1.2	1.3	4.4	2.7	3.0	3.4
～85万円未満	—	0.9	0.7	1.4	3.2	2.8	2.1	3.1
～90万円未満	0.0	0.6	0.6	2.0	2.1	2.1	2.0	3.6
90万円以上	0.9	2.3	5.0	87.1	11.7	83.4	12.7	51.9
支出者平均額(千円)	165	309	353	1,667	539	1,436	514	1,054

(注)「支出者平均額」とは，各経費を支出した者の平均額である。(以下の表において同じ。)

(2) 学校教育費 (%)

区　分	幼稚園		小学校		中学校		高等学校(全日制)	
	公立	私立	公立	私立	公立	私立	公立	私立
計	100.0	100.0	100.0	100.0	100.0	100.0	100.0	100.0
0円	0.2	0.2	0.1	—	0.1	—	0.3	0.0
～1万円未満	3.8	1.2	1.7	0.2	1.3	—	0.2	0.0
～5万円未満	52.0	16.1	47.6	0.2	13.1	0.1	2.9	0.5
～10万円未満	28.7	28.8	31.2	0.5	28.7	—	8.4	1.8
～15万円未満	7.9	21.6	12.1	1.0	22.6	0.2	8.7	2.9
～20万円未満	4.7	13.1	5.0	0.6	14.7	0.6	10.9	3.7
～25万円未満	1.6	7.2	1.4	1.7	9.6	1.1	11.7	3.0
～30万円未満	0.6	4.2	0.6	1.6	5.0	0.9	12.4	3.2
～35万円未満	0.2	2.4	0.2	1.3	2.2	0.4	9.4	3.4
～40万円未満	0.0	1.7	0.0	1.7	1.2	1.0	7.9	3.0
～45万円未満	0.0	1.5	—	1.5	1.4	0.9	6.6	3.1
～50万円未満	0.0	0.7	—	2.1	—	1.9	5.8	5.4
～55万円未満	0.1	0.4	—	2.3	0.1	1.7	4.3	4.6
～60万円未満	0.2	0.2	—	3.9	0.1	2.4	3.3	5.0
～65万円未満	—	0.1	—	5.5	0.0	3.8	2.1	4.7
～70万円未満	—	0.2	—	5.5	—	3.1	1.3	5.3
～75万円未満	—	0.1	—	5.5	—	4.2	1.3	5.3
～80万円未満	—	0.1	—	5.1	—	3.9	1.0	5.0
～85万円未満	—	—	—	6.2	—	7.0	0.4	4.4
～90万円未満	—	0.0	—	4.7	—	6.8	0.4	4.3
90万円以上	—	—	—	49.0	—	59.9	0.9	31.5
支出者平均額(千円)	61	135	66	961	132	1,061	310	750

(3) 学校給食費

(%)

区分	幼稚園		小学校		中学校		高等学校(全日制)	
	公立	私立	公立	私立	公立	私立	公立	私立
計	100.0	100.0	100.0	100.0	100.0	100.0	…	…
0円	45.5	19.4	13.3	43.2	22.3	88.3	…	…
～1万円未満	18.3	9.7	3.1	5.0	4.3	1.4	…	…
～5万円未満	31.7	49.9	53.4	10.8	24.0	2.9	…	…
～10万円未満	4.5	20.6	30.0	25.0	48.9	6.5	…	…
～15万円未満	0.0	0.3	0.2	14.3	0.4	0.6	…	…
～20万円未満	—	—	—	0.8	0.1	0.4	…	…
～25万円未満	—	0.1	—	0.4	—	0.1	…	…
～30万円未満	—	—	—	0.2	—	—	…	…
～35万円未満	0.0	—	—	0.2	0.0	—	…	…
～40万円未満	—	—	—	—	—	—	…	…
～45万円未満	—	—	—	—	—	—	…	…
～50万円未満	—	—	—	—	—	—	…	…
～55万円未満	—	—	—	—	—	—	…	…
～60万円未満	—	—	—	—	—	—	…	…
～65万円未満	—	—	—	—	—	—	…	…
～70万円未満	—	—	—	—	—	—	…	…
～75万円未満	—	—	—	—	—	—	…	…
～80万円未満	—	—	—	0.1	—	—	…	…
～85万円未満	—	—	—	—	—	—	…	…
～90万円未満	—	—	—	—	—	—	…	…
90万円以上	—	—	—	—	—	—	…	…
支出者平均額(千円)	25	37	45	79	48	62	…	…

(4) 学校外活動費

(%)

区分	幼稚園		小学校		中学校		高等学校(全日制)	
	公立	私立	公立	私立	公立	私立	公立	私立
計	100.0	100.0	100.0	100.0	100.0	100.0	100.0	100.0
0円	9.2	5.0	2.2	0.4	2.4	1.8	11.3	7.6
～1万円未満	17.1	10.5	4.1	0.3	3.4	3.6	11.9	8.5
～5万円未満	24.2	17.3	9.0	1.7	6.9	11.4	21.6	18.1
～10万円未満	19.9	18.8	13.9	2.8	8.8	9.3	10.3	12.2
～15万円未満	11.6	14.8	13.7	3.4	7.5	9.4	7.8	8.9
～20万円未満	5.8	10.9	13.3	3.7	5.9	7.5	5.9	6.0
～25万円未満	4.2	6.9	9.2	4.9	6.1	7.0	3.9	4.2
～30万円未満	2.4	4.4	8.3	5.4	5.9	6.0	3.9	4.2
～35万円未満	2.1	3.3	6.0	5.6	7.8	5.1	3.1	3.5
～40万円未満	0.7	1.3	4.6	6.1	6.0	5.1	3.1	2.5
～45万円未満	0.6	1.5	2.8	5.4	5.0	3.5	2.6	2.1
～50万円未満	0.3	1.1	2.1	6.1	6.8	3.6	1.9	1.8
～55万円未満	0.4	0.8	1.5	6.0	4.8	2.9	1.7	1.9
～60万円未満	0.4	0.7	1.3	5.1	3.1	3.8	1.5	1.9
～65万円未満	0.1	0.5	1.1	3.7	5.0	2.8	0.8	1.1
～70万円未満	0.2	0.3	0.8	4.9	2.7	2.3	1.0	1.5
～75万円未満	—	0.4	0.8	2.8	2.4	1.8	0.9	1.8
～80万円未満	0.0	0.1	0.5	3.6	2.0	1.7	1.6	1.2
～85万円未満	0.1	0.1	0.7	2.0	1.4	1.6	0.5	1.0
～90万円未満	0.0	0.1	0.5	2.9	1.1	1.1	0.4	0.5
90万円以上	0.6	1.0	3.5	23.3	5.0	8.6	4.2	9.6
支出者平均額(千円)	100	152	253	664	378	374	230	329

(5) 補助学習費

(%)

区分	幼稚園		小学校		中学校		高等学校(全日制)	
	公立	私立	公立	私立	公立	私立	公立	私立
計	100.0	100.0	100.0	100.0	100.0	100.0	100.0	100.0
0 円	27.9	22.0	12.3	2.8	5.9	4.8	19.8	13.9
～１万円未満	30.2	26.5	17.7	4.3	6.7	7.9	15.4	11.4
～５万円未満	25.1	28.2	18.6	9.8	7.9	17.6	18.9	19.8
～10万円未満	10.2	12.8	19.4	10.7	9.8	11.2	8.2	10.6
～15万円未満	3.1	4.3	9.1	8.9	8.4	8.2	6.0	6.2
～20万円未満	1.6	2.1	6.7	8.3	5.1	6.0	5.3	5.5
～25万円未満	0.7	1.3	3.6	5.4	5.8	6.1	3.2	4.4
～30万円未満	0.5	0.7	2.8	7.5	6.3	6.3	3.3	2.9
～35万円未満	0.1	0.6	1.8	5.0	5.3	4.4	2.5	2.6
～40万円未満	0.2	0.4	1.2	3.9	6.9	3.9	2.4	2.2
～45万円未満	0.0	0.3	1.0	4.1	4.1	3.9	2.1	2.0
～50万円未満	0.1	0.1	0.9	3.0	6.8	3.2	1.9	1.6
～55万円未満	0.0	0.1	0.4	2.8	4.2	2.6	1.4	1.9
～60万円未満	0.0	0.1	0.5	2.2	3.7	1.5	1.2	1.1
～65万円未満	—	—	0.5	2.6	3.8	2.1	1.1	1.0
～70万円未満	0.1	0.0	0.5	1.6	1.4	1.5	0.8	1.5
～75万円未満	0.0	0.1	0.3	2.4	2.1	1.6	0.8	1.4
～80万円未満	—	0.0	0.4	2.1	1.7	1.5	1.2	0.9
～85万円未満	0.0	0.1	0.3	1.6	0.7	1.2	0.4	1.1
～90万円未満	—	0.2	0.2	1.2	0.6	0.5	0.3	0.2
90万円以上	0.3	0.1	1.8	9.8	2.8	4.0	3.6	7.7
支出者平均額(千円)	41	54	137	389	322	276	214	287

(6) 家庭内学習費

(%)

区分	幼稚園		小学校		中学校		高等学校(全日制)	
	公立	私立	公立	私立	公立	私立	公立	私立
計	100.0	100.0	100.0	100.0	100.0	100.0	100.0	100.0
0 円	41.8	35.1	31.7	13.4	26.4	15.8	35.6	27.5
～１万円未満	38.9	42.4	39.9	25.1	37.9	28.1	27.2	25.3
～５万円未満	14.4	16.6	19.6	37.2	26.2	32.6	24.0	29.0
～10万円未満	3.4	3.6	5.9	12.6	6.5	11.5	6.9	8.9
～15万円未満	0.8	1.3	1.7	5.5	1.6	6.2	3.2	3.8
～20万円未満	0.3	0.3	0.7	2.6	0.6	2.8	1.3	2.6
～25万円未満	0.2	0.2	0.3	1.6	0.6	1.4	1.1	0.9
～30万円未満	0.1	0.2	0.1	0.5	—	0.8	0.2	0.8
～35万円未満	0.1	0.1	0.1	0.7	—	0.3	0.2	0.4
～40万円未満	0.1	0.0	—	0.2	0.1	0.1	0.1	0.6
～45万円未満	—	—	0.0	0.1	—	—	0.0	0.0
～50万円未満	—	0.1	—	0.0	—	—	0.0	0.0
～55万円未満	—	0.1	—	0.2	—	0.2	0.1	—
～60万円未満	—	—	0.0	0.0	—	0.1	—	0.0
～65万円未満	0.0	—	—	—	—	—	—	—
～70万円未満	—	—	—	—	—	—	—	—
～75万円未満	—	—	—	0.1	—	—	—	—
～80万円未満	—	—	—	—	—	—	—	—
～85万円未満	—	—	—	0.1	—	—	0.0	—
～90万円未満	—	—	—	—	—	—	—	—
90万円以上	—	0.0	—	0.1	—	0.2	0.0	0.0
支出者平均額(千円)	15	18	21	49	22	48	35	44

(7) 通信教育・家庭教師費

(%)

区　分	幼稚園		小学校		中学校		高等学校(全日制)	
	公立	私立	公立	私立	公立	私立	公立	私立
計	100.0	100.0	100.0	100.0	100.0	100.0	100.0	100.0
０円	72.6	64.6	58.1	47.3	65.4	65.8	81.5	74.4
～１万円未満	5.5	4.9	4.3	4.3	4.1	6.3	3.6	6.3
～５万円未満	17.7	24.2	18.7	19.0	9.0	10.7	6.3	7.2
～10万円未満	3.6	5.5	15.5	15.3	14.3	6.4	2.9	4.0
～15万円未満	0.3	0.4	2.0	5.9	3.4	3.6	2.8	3.1
～20万円未満	0.1	0.2	0.6	2.2	1.1	2.0	0.8	1.3
～25万円未満	0.1	0.0	0.2	2.0	1.4	1.8	0.4	1.1
～30万円未満	—	0.0	0.2	1.4	0.3	0.5	0.7	0.5
～35万円未満	0.1	0.0	0.1	0.3	0.3	0.4	0.2	0.3
～40万円未満	—	0.1	0.1	0.5	0.2	0.4	0.1	0.4
～45万円未満	—	—	—	0.3	0.1	0.4	0.1	0.2
～50万円未満	—	—	0.0	0.2	—	0.1	0.1	0.3
～55万円未満	—	0.0	—	0.5	0.2	0.4	0.1	0.1
～60万円未満	—	—	0.0	0.1	0.1	0.3	0.1	0.1
～65万円未満	—	—	0.0	—	—	0.3	—	0.1
～70万円未満	—	—	—	0.0	—	0.0	0.1	0.2
～75万円未満	—	—	0.0	0.1	0.2	—	0.0	—
～80万円未満	—	—	—	—	—	—	0.1	0.0
～85万円未満	0.0	—	0.0	0.1	—	0.1	—	0.0
～90万円未満	—	—	—	—	—	—	—	0.0
90万円以上	—	—	0.0	0.4	0.1	0.4	0.1	0.3
支出者平均額(千円)	31	34	55	100	85	108	88	104

(8) 学習塾費

(%)

区　分	幼稚園		小学校		中学校		高等学校(全日制)	
	公立	私立	公立	私立	公立	私立	公立	私立
計	100.0	100.0	100.0	100.0	100.0	100.0	100.0	100.0
０円	86.0	80.6	61.1	27.0	29.6	46.1	66.8	61.7
～１万円未満	2.5	2.5	2.3	1.6	1.6	1.5	1.6	1.5
～５万円未満	4.1	6.5	7.1	5.8	4.0	4.0	3.3	3.4
～10万円未満	4.2	5.3	7.5	8.5	4.6	6.1	2.8	3.7
～15万円未満	1.6	2.2	5.2	6.6	5.9	5.2	2.4	2.4
～20万円未満	0.7	1.1	5.2	8.0	5.1	4.0	2.3	2.6
～25万円未満	0.2	0.5	2.3	6.0	6.0	5.9	2.5	2.4
～30万円未満	0.2	0.5	2.0	5.7	4.7	4.6	2.4	2.2
～35万円未満	0.0	0.1	1.1	3.6	5.8	3.1	2.2	1.8
～40万円未満	0.1	0.1	0.7	3.1	5.9	3.8	2.2	1.7
～45万円未満	—	0.1	0.8	2.4	4.3	2.2	1.6	1.7
～50万円未満	0.1	0.1	0.7	1.8	6.2	3.1	1.7	1.9
～55万円未満	0.1	—	0.5	2.4	3.5	1.5	0.8	1.5
～60万円未満	0.1	—	0.3	1.0	3.2	1.3	1.1	1.0
～65万円未満	—	—	0.4	3.3	2.0	1.9	1.0	1.2
～70万円未満	—	—	0.3	1.7	2.6	0.8	0.9	1.1
～75万円未満	—	0.0	0.3	2.2	1.3	0.9	0.7	0.9
～80万円未満	—	0.2	0.3	0.9	0.9	0.5	0.5	0.7
～85万円未満	—	—	0.3	1.1	0.3	0.5	0.2	0.6
～90万円未満	—	0.0	0.2	0.7	0.5	0.5	0.6	0.8
90万円以上	0.1	0.1	1.5	6.7	2.1	2.4	2.5	5.3
支出者平均額(千円)	83	91	208	375	356	326	363	447

(9) 補助学習費のその他

(%)

区　分	幼稚園		小学校		中学校		高等学校(全日制)	
	公　立	私　立	公　立	私　立	公　立	私　立	公　立	私　立
計	100.0	100.0	100.0	100.0	100.0	100.0	100.0	100.0
0 円	92.3	91.4	84.2	58.3	59.3	44.0	52.5	42.5
～１万円未満	6.6	7.3	12.2	23.3	21.7	24.9	18.8	17.9
～５万円未満	0.8	1.0	3.1	14.7	16.7	27.7	22.7	30.4
～10万円未満	0.2	0.2	0.3	2.4	1.8	2.7	4.6	7.2
～15万円未満	—	0.0	0.1	0.6	—	0.3	0.6	1.0
～20万円未満	—	0.0	0.1	0.1	0.2	0.2	0.4	0.3
～25万円未満	0.1	—	—	0.5	—	—	—	0.2
～30万円未満	—	—	—	0.0	0.0	0.1	0.3	0.2
～35万円未満	—	—	0.0	0.2	—	—	0.0	0.1
～40万円未満	—	—	0.0	—	—	0.1	0.0	0.2
～45万円未満	—	—	—	—	—	—	0.0	0.0
～50万円未満	—	—	—	—	—	—	0.1	—
～55万円未満	—	—	0.0	—	—	—	0.0	—
～60万円未満	—	—	—	—	0.1	—	—	—
～65万円未満	—	—	—	—	—	—	0.0	—
～70万円未満	—	—	—	—	—	—	0.0	—
～75万円未満	—	—	—	—	0.0	—	—	0.0
～80万円未満	—	—	—	—	—	—	—	—
～85万円未満	—	—	—	—	—	—	—	—
～90万円未満	—	—	—	—	—	—	—	—
90万円以上	0.0	—	—	—	—	—	—	0.0
支出者平均額(千円)	11	7	11	20	18	18	25	30

(10) その他の学校外活動費

(%)

区　分	幼稚園		小学校		中学校		高等学校(全日制)	
	公　立	私　立	公　立	私　立	公　立	私　立	公　立	私　立
計	100.0	100.0	100.0	100.0	100.0	100.0	100.0	100.0
0 円	19.0	10.7	7.0	3.1	22.7	13.6	37.4	29.2
～１万円未満	19.5	13.3	7.6	2.5	20.0	14.8	22.8	20.1
～５万円未満	24.6	17.4	16.6	8.7	24.1	25.7	23.6	26.7
～10万円未満	16.1	22.6	20.4	10.7	13.1	13.6	6.3	9.8
～15万円未満	10.1	13.5	16.7	11.7	7.7	11.1	4.7	5.5
～20万円未満	4.5	8.8	11.3	10.1	3.6	6.5	2.0	2.8
～25万円未満	2.7	4.5	7.8	10.2	2.7	3.3	1.1	1.4
～30万円未満	1.3	3.4	4.3	8.0	2.2	3.3	0.3	1.3
～35万円未満	0.4	1.9	2.7	7.5	0.7	2.1	0.7	0.6
～40万円未満	0.4	0.8	1.5	5.0	0.9	1.0	0.3	0.3
～45万円未満	0.2	0.8	1.2	3.6	0.5	0.8	0.2	0.5
～50万円未満	0.1	0.4	0.7	3.7	0.3	0.6	0.0	0.1
～55万円未満	0.2	0.5	0.6	2.3	0.2	0.2	0.1	0.4
～60万円未満	0.2	0.2	0.4	2.0	0.3	0.6	0.0	0.1
～65万円未満	0.0	0.1	0.2	2.4	0.2	0.4	0.1	0.1
～70万円未満	0.0	0.2	0.2	1.4	0.1	0.4	0.0	0.3
～75万円未満	0.2	0.2	0.1	1.2	0.4	0.3	0.1	0.0
～80万円未満	0.0	0.0	0.1	1.2	—	0.2	0.1	—
～85万円未満	0.1	0.0	0.1	0.5	0.2	—	—	0.0
～90万円未満	0.0	0.1	0.1	0.6	—	0.3	—	0.1
90万円以上	0.2	0.4	0.3	3.5	0.4	1.1	0.1	0.7
支出者平均額(千円)	75	114	137	292	85	122	52	81

(11) 体験活動・地域活動

(%)

区分	幼稚園		小学校		中学校		高等学校(全日制)	
	公立	私立	公立	私立	公立	私立	公立	私立
計	100.0	100.0	100.0	100.0	100.0	100.0	100.0	100.0
0円	84.5	81.4	76.2	68.4	91.0	84.9	90.5	87.7
～1万円未満	10.6	10.9	15.6	9.3	6.4	6.7	6.3	7.5
～5万円未満	4.1	6.0	6.6	12.5	2.3	5.6	2.6	4.1
～10万円未満	0.3	1.1	1.0	6.1	0.2	1.3	0.4	0.6
～15万円未満	0.2	0.3	0.4	1.4	0.1	0.9	0.1	0.0
～20万円未満	0.2	0.2	0.1	1.0	—	0.1	0.0	0.0
～25万円未満	0.1	—	0.0	0.9	—	0.1	0.1	0.1
～30万円未満	—	—	0.0	0.2	—	0.1	—	0.0
～35万円未満	—	—	0.0	0.2	—	0.3	—	—
～40万円未満	—	—	0.0	—	—	—	—	0.0
～45万円未満	—	—	—	—	—	—	—	—
～50万円未満	—	—	0.0	—	—	—	—	—
～55万円未満	—	0.0	—	0.1	—	—	—	—
～60万円未満	—	—	—	—	—	—	—	—
～65万円未満	—	—	—	0.1	—	—	—	—
～70万円未満	—	—	—	—	—	—	—	—
～75万円未満	—	—	—	—	—	—	—	—
～80万円未満	—	—	—	—	—	—	—	—
～85万円未満	—	—	—	—	—	—	—	0.0
～90万円未満	—	—	—	—	—	0.1	—	—
90万円以上	—	0.1	—	—	—	—	—	—
支出者平均額(千円)	14	23	15	47	11	38	14	15

(12) 芸術文化活動

(%)

区分	幼稚園		小学校		中学校		高等学校(全日制)	
	公立	私立	公立	私立	公立	私立	公立	私立
計	100.0	100.0	100.0	100.0	100.0	100.0	100.0	100.0
0円	73.7	65.2	61.3	33.8	72.0	58.9	80.5	74.8
～1万円未満	8.1	10.2	8.1	7.4	9.6	12.6	9.5	10.1
～5万円未満	7.9	8.1	8.0	12.7	6.3	9.5	4.3	6.9
～10万円未満	5.5	9.1	11.4	15.2	6.4	7.6	2.9	3.6
～15万円未満	3.1	3.9	5.9	11.1	2.4	5.1	1.3	2.2
～20万円未満	0.6	1.2	2.4	6.3	1.5	2.2	0.6	0.7
～25万円未満	0.3	1.1	1.0	3.7	0.5	1.4	0.3	0.4
～30万円未満	0.3	0.4	0.7	2.6	0.3	0.9	0.1	0.3
～35万円未満	0.2	0.2	0.3	1.0	0.2	0.5	0.1	0.1
～40万円未満	—	0.2	0.2	2.5	0.1	0.2	0.0	0.0
～45万円未満	0.1	—	0.2	0.8	—	0.3	0.0	0.1
～50万円未満	0.0	0.1	0.1	0.9	—	0.1	0.1	0.4
～55万円未満	0.1	0.1	0.1	0.2	0.1	0.1	—	0.1
～60万円未満	0.0	—	0.0	0.4	0.2	0.2	0.1	0.0
～65万円未満	0.0	0.0	0.1	0.2	—	0.1	0.0	0.0
～70万円未満	—	—	0.0	0.6	0.2	0.0	—	—
～75万円未満	—	0.2	0.1	0.2	0.1	—	0.1	0.0
～80万円未満	—	—	—	0.1	—	—	0.0	—
～85万円未満	—	—	0.0	—	—	—	—	0.0
～90万円未満	—	0.1	0.0	—	—	—	—	0.1
90万円以上	0.1	0.1	0.1	0.6	0.1	0.3	0.0	0.1
支出者平均額(千円)	56	73	83	140	70	82	49	65

(13) スポーツ・レクリエーション活動

(%)

区　分	幼稚園		小学校		中学校		高等学校(全日制)	
	公　立	私　立	公　立	私　立	公　立	私　立	公　立	私　立
計	100.0	100.0	100.0	100.0	100.0	100.0	100.0	100.0
０ 円	53.5	37.8	31.9	25.5	64.8	67.4	80.6	76.3
～１万円未満	9.3	6.8	6.2	6.6	11.6	10.6	8.2	9.0
～５万円未満	16.3	14.8	17.8	14.8	10.7	9.6	7.4	8.6
～10万円未満	13.9	24.4	23.4	21.3	4.3	4.6	2.1	2.8
～15万円未満	5.3	10.1	12.3	13.2	2.7	3.9	0.6	1.3
～20万円未満	1.3	4.2	4.6	7.4	1.0	1.0	0.5	0.3
～25万円未満	0.2	1.1	1.9	4.3	1.4	0.6	0.1	0.4
～30万円未満	0.2	0.4	0.7	2.3	1.0	0.5	0.3	0.4
～35万円未満	0.0	0.2	0.3	1.7	0.6	0.2	0.1	0.1
～40万円未満	0.0	0.0	0.2	0.9	0.7	0.1	—	0.4
～45万円未満	0.0	—	0.2	0.4	0.2	0.1	0.0	0.1
～50万円未満	—	—	0.1	0.5	0.1	0.1	—	0.0
～55万円未満	—	—	0.0	0.1	0.1	—	—	—
～60万円未満	—	0.0	0.0	0.3	0.1	—	—	0.0
～65万円未満	—	—	0.1	0.1	0.1	—	0.0	—
～70万円未満	—	—	—	0.2	0.0	0.2	0.0	0.0
～75万円未満	—	—	—	0.0	0.1	0.2	—	—
～80万円未満	—	—	0.0	0.3	—	0.2	—	—
～85万円未満	—	—	0.0	0.1	0.2	0.2	—	0.0
～90万円未満	—	—	0.0	—	—	0.1	—	—
90万円以上	—	—	0.0	0.1	0.3	0.4	—	0.2
支出者平均額(千円)	53	75	83	118	86	88	35	55

(14) 国際交流体験活動

(%)

区　分	幼稚園		小学校		中学校		高等学校(全日制)	
	公　立	私　立	公　立	私　立	公　立	私　立	公　立	私　立
計	100.0	100.0	100.0	100.0	100.0	100.0	100.0	100.0
０ 円	98.6	98.0	98.5	94.4	99.0	93.4	98.1	97.3
～１万円未満	0.7	0.9	0.6	1.1	0.9	0.9	0.6	0.5
～５万円未満	0.6	0.8	0.6	2.3	0.2	3.6	0.9	1.3
～10万円未満	0.2	0.1	0.3	1.1	—	1.6	0.2	0.6
～15万円未満	—	0.0	0.0	0.7	—	0.1	0.1	0.1
～20万円未満	—	0.0	—	0.2	—	0.2	—	0.0
～25万円未満	—	—	—	0.1	—	—	—	0.0
～30万円未満	—	—	—	0.0	—	—	—	—
～35万円未満	—	—	—	—	—	—	—	—
～40万円未満	—	—	—	—	—	—	—	—
～45万円未満	—	0.2	0.0	—	—	—	—	—
～50万円未満	—	—	—	0.0	—	—	—	—
～55万円未満	—	—	—	—	—	—	—	0.0
～60万円未満	—	—	—	—	—	0.1	—	—
～65万円未満	—	—	—	—	—	0.1	—	0.1
～70万円未満	—	—	—	—	—	—	—	—
～75万円未満	—	—	—	—	—	—	—	—
～80万円未満	—	—	—	—	—	—	—	—
～85万円未満	—	—	—	—	—	—	—	0.0
～90万円未満	—	—	—	—	—	—	—	—
90万円以上	—	—	0.0	—	—	0.1	0.1	0.2
支出者平均額(千円)	19	58	29	55	6	88	107	297

(15) 教養・その他

(%)

区分	幼稚園		小学校		中学校		高等学校(全日制)	
	公立	私立	公立	私立	公立	私立	公立	私立
計	100.0	100.0	100.0	100.0	100.0	100.0	100.0	100.0
0 円	36.4	29.6	26.8	10.7	44.4	27.4	51.6	45.4
～1万円未満	34.4	31.9	25.7	13.7	25.6	23.3	24.1	21.8
～5万円未満	20.0	24.5	25.4	31.3	21.1	32.4	18.6	24.1
～10万円未満	4.1	8.4	12.3	19.6	5.6	8.8	2.6	4.7
～15万円未満	2.9	2.4	5.3	9.3	2.2	4.2	1.6	1.7
～20万円未満	0.9	1.6	2.2	5.5	0.6	1.4	0.8	1.2
～25万円未満	0.3	0.5	1.1	2.9	0.2	0.6	0.3	0.3
～30万円未満	0.4	0.4	0.5	1.2	0.2	0.7	0.1	0.1
～35万円未満	0.1	0.1	0.3	1.1	0.0	0.3	0.3	0.3
～40万円未満	—	0.2	0.2	1.0	—	0.7	0.1	0.1
～45万円未満	0.0	0.1	0.1	0.7	—	—	0.1	0.1
～50万円未満	0.1	0.2	0.1	0.6	—	0.1	0.0	0.0
～55万円未満	0.1	—	0.1	0.3	—	0.1	0.0	0.0
～60万円未満	0.1	0.1	0.1	0.8	—	—	—	0.0
～65万円未満	0.1	—	0.1	0.3	—	—	—	0.0
～70万円未満	—	—	0.0	0.2	—	0.1	—	—
～75万円未満	—	—	—	0.0	—	—	—	—
～80万円未満	—	—	—	0.0	—	—	—	0.0
～85万円未満	—	—	0.0	—	—	—	—	—
～90万円未満	0.0	—	0.0	0.5	—	—	—	—
90万円以上	—	0.2	0.0	0.4	—	0.1	—	0.1
支出者平均額(千円)	29	35	47	95	27	43	26	33

5 世帯の年間収入段階別，項目別経費の構成比

（1）学習費総額

公立幼稚園

区　分	400万円 未満	400万円 ～ 599万円	600万円 ～ 799万円	800万円 ～ 999万円	1,000万円 ～ 1,199万円	1,200万円 以上
構成比（%）	19.0	36.1	28.5	10.0	3.3	3.2
平均額（千円）	147	139	159	205	235	445
平均額の標準誤差（千円）	14	4	5	13	32	81
平均額の標準誤差率（%）	9.33	3.11	2.99	6.37	13.76	18.24
支出者平均額（千円）	148	139	159	205	235	445
支出者平均額の標準誤差（千円）	14	4	5	13	32	81
支出者平均額の標準誤差率（%）	9.33	3.11	2.99	6.37	13.76	18.24

(注)1 「平均額」とは全ての者の平均額であり，「支出者平均額」とは各経費を支出した者の平均額である。(以下の表において同じ。)
2 世帯の年間収入の「400万円未満」とは，調査区分「200万円未満」と「200万円～399万円」を集計した数値である。(以下の表において同じ。)
3 網掛けは，平均額の標準誤差率が10%以上の箇所を示す。(以下の表において同じ。) 標準誤差率については「調査の概要 8標準誤差及び標準誤差率」を参照。

私立幼稚園

区　分	400万円 未満	400万円 ～ 599万円	600万円 ～ 799万円	800万円 ～ 999万円	1,000万円 ～ 1,199万円	1,200万円 以上
構成比（%）	9.1	29.5	30.1	17.0	7.6	6.7
平均額（千円）	235	252	287	351	422	555
平均額の標準誤差（千円）	14	7	10	14	22	62
平均額の標準誤差率（%）	6.11	2.74	3.34	3.96	5.31	11.25
支出者平均額（千円）	235	252	287	351	422	555
支出者平均額の標準誤差（千円）	14	7	10	14	22	62
支出者平均額の標準誤差率（%）	6.11	2.74	3.34	3.96	5.31	11.25

公立小学校

区　分	400万円 未満	400万円 ～ 599万円	600万円 ～ 799万円	800万円 ～ 999万円	1,000万円 ～ 1,199万円	1,200万円 以上
構成比（%）	11.3	23.7	28.5	17.2	9.7	9.6
平均額（千円）	231	263	318	423	461	596
平均額の標準誤差（千円）	8	5	6	12	15	18
平均額の標準誤差率（%）	3.27	1.85	1.91	2.89	3.34	3.10
支出者平均額（千円）	231	263	318	423	461	596
支出者平均額の標準誤差（千円）	8	5	6	12	15	18
支出者平均額の標準誤差率（%）	3.27	1.85	1.91	2.89	3.34	3.10

私立小学校

区　分	400万円 未満	400万円 ～ 599万円	600万円 ～ 799万円	800万円 ～ 999万円	1,000万円 ～ 1,199万円	1,200万円 以上
構成比（%）	4.8	6.5	9.4	13.3	14.2	51.8
平均額（千円）	1,228	1,391	1,333	1,491	1,654	1,862
平均額の標準誤差（千円）	77	87	61	53	66	48
平均額の標準誤差率（%）	6.25	6.25	4.56	3.57	3.99	2.58
支出者平均額（千円）	1,228	1,391	1,333	1,491	1,654	1,862
支出者平均額の標準誤差（千円）	77	87	61	53	66	48
支出者平均額の標準誤差率（%）	6.25	6.25	4.56	3.57	3.99	2.58

（1）学習費総額

公立中学校

区　分	400万円 未満	400万円 ～ 599万円	600万円 ～ 799万円	800万円 ～ 999万円	1,000万円 ～ 1,199万円	1,200万円 以上
構成比（%）	10.2	21.2	26.6	20.5	11.3	10.3
平均額（千円）	402	484	518	502	644	804
平均額の標準誤差（千円）	30	19	18	16	24	56
平均額の標準誤差率（%）	7.52	3.83	3.43	3.13	3.74	6.96
支出者平均額（千円）	402	484	518	502	644	804
支出者平均額の標準誤差（千円）	30	19	18	16	24	56
支出者平均額の標準誤差率（%）	7.52	3.83	3.43	3.13	3.74	6.96

私立中学校

区　分	400万円 未満	400万円 ～ 599万円	600万円 ～ 799万円	800万円 ～ 999万円	1,000万円 ～ 1,199万円	1,200万円 以上
構成比（%）	3.8	6.2	15.4	16.8	17.7	40.1
平均額（千円）	1,238	1,379	1,220	1,250	1,491	1,609
平均額の標準誤差（千円）	86	67	51	50	51	44
平均額の標準誤差率（%）	6.92	4.82	4.18	4.01	3.41	2.73
支出者平均額（千円）	1,238	1,379	1,220	1,250	1,491	1,609
支出者平均額の標準誤差（千円）	86	67	51	50	51	44
支出者平均額の標準誤差率（%）	6.92	4.82	4.18	4.01	3.41	2.73

公立高等学校（全日制）

区　分	400万円 未満	400万円 ～ 599万円	600万円 ～ 799万円	800万円 ～ 999万円	1,000万円 ～ 1,199万円	1,200万円 以上
構成比（%）	16.5	22.5	25.7	18.8	8.8	7.7
平均額（千円）	411	452	494	565	632	766
平均額の標準誤差（千円）	16	14	19	29	29	37
平均額の標準誤差率（%）	3.93	3.12	3.82	5.18	4.67	4.81
支出者平均額（千円）	415	452	495	565	632	766
支出者平均額の標準誤差（千円）	16	14	19	29	29	37
支出者平均額の標準誤差率（%）	3.86	3.12	3.81	5.18	4.67	4.81

私立高等学校（全日制）

区　分	400万円 未満	400万円 ～ 599万円	600万円 ～ 799万円	800万円 ～ 999万円	1,000万円 ～ 1,199万円	1,200万円 以上
構成比（%）	12.2	16.1	21.4	19.5	12.9	17.9
平均額（千円）	751	800	894	1,062	1,286	1,524
平均額の標準誤差（千円）	33	38	24	30	46	59
平均額の標準誤差率（%）	4.38	4.76	2.72	2.81	3.58	3.90
支出者平均額（千円）	751	800	894	1,062	1,286	1,524
支出者平均額の標準誤差（千円）	33	38	24	30	46	59
支出者平均額の標準誤差率（%）	4.38	4.76	2.72	2.81	3.58	3.90

（2）学校外活動費

公立幼稚園

区　分	400万円 未満	400万円 ～ 599万円	600万円 ～ 799万円	800万円 ～ 999万円	1,000万円 ～ 1,199万円	1,200万円 以上
構成比（%）	19.0	36.1	28.5	10.0	3.3	3.2
平均額（千円）	66	68	88	120	162	365
平均額の標準誤差（千円）	7	3	4	11	34	76
平均額の標準誤差率（%）	11.19	5.00	4.24	9.38	21.24	20.89
支出者平均額（千円）	79	75	93	128	168	369
支出者平均額の標準誤差（千円）	8	4	4	12	35	77
支出者平均額の標準誤差率（%）	9.79	4.82	4.12	9.06	20.97	20.84

私立幼稚園

区　分	400万円 未満	400万円 ～ 599万円	600万円 ～ 799万円	800万円 ～ 999万円	1,000万円 ～ 1,199万円	1,200万円 以上
構成比（%）	9.1	29.5	30.1	17.0	7.6	6.7
平均額（千円）	93	102	124	173	238	331
平均額の標準誤差（千円）	11	5	7	10	17	51
平均額の標準誤差率（%）	12.00	4.98	5.44	5.86	7.07	15.48
支出者平均額（千円）	104	108	130	177	245	334
支出者平均額の標準誤差（千円）	12	5	7	10	17	52
支出者平均額の標準誤差率（%）	11.69	5.02	5.26	5.79	7.01	15.46

公立小学校

区　分	400万円 未満	400万円 ～ 599万円	600万円 ～ 799万円	800万円 ～ 999万円	1,000万円 ～ 1,199万円	1,200万円 以上
構成比（%）	11.3	23.7	28.5	17.2	9.7	9.6
平均額（千円）	137	158	212	316	353	488
平均額の標準誤差（千円）	6	5	6	12	15	18
平均額の標準誤差率（%）	4.60	3.01	2.73	3.76	4.32	3.68
支出者平均額（千円）	145	163	215	319	354	489
支出者平均額の標準誤差（千円）	6	5	6	12	15	18
支出者平均額の標準誤差率（%）	4.45	2.95	2.69	3.74	4.32	3.69

私立小学校

区　分	400万円 未満	400万円 ～ 599万円	600万円 ～ 799万円	800万円 ～ 999万円	1,000万円 ～ 1,199万円	1,200万円 以上
構成比（%）	4.8	6.5	9.4	13.3	14.2	51.8
平均額（千円）	474	492	485	581	640	762
平均額の標準誤差（千円）	51	51	38	35	47	33
平均額の標準誤差率（%）	10.86	10.39	7.85	6.09	7.35	4.37
支出者平均額（千円）	476	497	494	581	640	764
支出者平均額の標準誤差（千円）	52	51	38	35	47	33
支出者平均額の標準誤差率（%）	10.84	10.31	7.59	6.09	7.35	4.38

（2）学校外活動費

公立中学校

区　分	400万円 未満	400万円 ～ 599万円	600万円 ～ 799万円	800万円 ～ 999万円	1,000万円 ～ 1,199万円	1,200万円 以上
構成比（%）	10.2	21.2	26.6	20.5	11.3	10.3
平均額（千円）	263	303	346	333	478	621
平均額の標準誤差（千円）	31	17	17	15	23	53
平均額の標準誤差率（%）	11.68	5.75	4.87	4.47	4.73	8.51
支出者平均額（千円）	273	313	356	339	484	627
支出者平均額の標準誤差（千円）	32	17	17	15	23	53
支出者平均額の標準誤差率（%）	11.56	5.54	4.84	4.41	4.78	8.42

私立中学校

区　分	400万円 未満	400万円 ～ 599万円	600万円 ～ 799万円	800万円 ～ 999万円	1,000万円 ～ 1,199万円	1,200万円 以上
構成比（%）	3.8	6.2	15.4	16.8	17.7	40.1
平均額（千円）	345	299	275	300	366	447
平均額の標準誤差（千円）	62	37	23	31	35	28
平均額の標準誤差率（%）	17.86	12.28	8.21	10.45	9.47	6.23
支出者平均額（千円）	345	310	276	304	376	454
支出者平均額の標準誤差（千円）	62	36	23	32	35	28
支出者平均額の標準誤差率（%）	17.86	11.73	8.31	10.44	9.26	6.08

公立高等学校（全日制）

区　分	400万円 未満	400万円 ～ 599万円	600万円 ～ 799万円	800万円 ～ 999万円	1,000万円 ～ 1,199万円	1,200万円 以上
構成比（%）	16.5	22.5	25.7	18.8	8.8	7.7
平均額（千円）	122	155	187	249	288	402
平均額の標準誤差（千円）	11	12	16	27	28	37
平均額の標準誤差率（%）	8.87	7.92	8.76	10.88	9.81	9.17
支出者平均額（千円）	144	179	210	272	304	447
支出者平均額の標準誤差（千円）	12	14	18	28	29	37
支出者平均額の標準誤差率（%）	8.30	7.71	8.40	10.42	9.55	8.25

私立高等学校（全日制）

区　分	400万円 未満	400万円 ～ 599万円	600万円 ～ 799万円	800万円 ～ 999万円	1,000万円 ～ 1,199万円	1,200万円 以上
構成比（%）	12.2	16.1	21.4	19.5	12.9	17.9
平均額（千円）	190	187	202	281	400	575
平均額の標準誤差（千円）	18	17	15	22	37	51
平均額の標準誤差率（%）	9.53	9.22	7.16	7.68	9.16	8.81
支出者平均額（千円）	213	212	222	304	415	593
支出者平均額の標準誤差（千円）	19	18	15	23	37	52
支出者平均額の標準誤差率（%）	9.14	8.61	6.62	7.51	9.03	8.73

（3）補助学習費

公立幼稚園

区　分	400万円未満	400万円～599万円	600万円～799万円	800万円～999万円	1,000万円～1,199万円	1,200万円以上
構成比（%）	19.0	36.1	28.5	10.0	3.3	3.2
平均額（千円）	25	22	27	33	63	139
平均額の標準誤差（千円）	3	2	2	4	31	47
平均額の標準誤差率（%）	13.31	7.18	6.89	12.67	49.08	33.65
支出者平均額（千円）	36	33	35	44	81	167
支出者平均額の標準誤差（千円）	4	2	2	5	39	55
支出者平均額の標準誤差率（%）	10.78	6.58	6.28	11.92	48.36	32.64

私立幼稚園

区　分	400万円未満	400万円～599万円	600万円～799万円	800万円～999万円	1,000万円～1,199万円	1,200万円以上
構成比（%）	9.1	29.5	30.1	17.0	7.6	6.7
平均額（千円）	26	31	36	49	61	107
平均額の標準誤差（千円）	3	3	3	5	9	16
平均額の標準誤差率（%）	11.69	8.63	8.45	10.73	14.63	15.25
支出者平均額（千円）	38	41	46	59	72	124
支出者平均額の標準誤差（千円）	4	3	4	6	10	19
支出者平均額の標準誤差率（%）	10.51	8.41	7.79	9.73	13.91	15.76

公立小学校

区　分	400万円未満	400万円～599万円	600万円～799万円	800万円～999万円	1,000万円～1,199万円	1,200万円以上
構成比（%）	11.3	23.7	28.5	17.2	9.7	9.6
平均額（千円）	59	64	92	161	185	286
平均額の標準誤差（千円）	4	3	4	11	14	16
平均額の標準誤差率（%）	7.26	5.25	4.88	6.59	7.57	5.44
支出者平均額（千円）	74	76	104	180	197	297
支出者平均額の標準誤差（千円）	5	4	5	12	14	16
支出者平均額の標準誤差率（%）	6.99	5.02	4.81	6.55	7.34	5.33

私立小学校

区　分	400万円未満	400万円～599万円	600万円～799万円	800万円～999万円	1,000万円～1,199万円	1,200万円以上
構成比（%）	4.8	6.5	9.4	13.3	14.2	51.8
平均額（千円）	240	311	262	319	361	442
平均額の標準誤差（千円）	33	51	26	26	39	33
平均額の標準誤差率（%）	13.66	16.53	10.07	8.26	10.84	7.55
支出者平均額（千円）	261	336	274	335	364	449
支出者平均額の標準誤差（千円）	34	54	26	26	39	33
支出者平均額の標準誤差率（%）	13.18	16.14	9.58	7.86	10.80	7.47

（3）補助学習費

公立中学校

区　分	400万円未満	400万円～599万円	600万円～799万円	800万円～999万円	1,000万円～1,199万円	1,200万円以上
構成比（%）	10.2	21.2	26.6	20.5	11.3	10.3
平均額（千円）	215	253	283	273	398	502
平均額の標準誤差（千円）	31	17	15	14	22	43
平均額の標準誤差率（%）	14.28	6.65	5.17	5.27	5.50	8.55
支出者平均額（千円）	236	278	296	286	421	524
支出者平均額の標準誤差（千円）	34	18	15	15	24	43
支出者平均額の標準誤差率（%）	14.31	6.33	5.11	5.28	5.66	8.18

私立中学校

区　分	400万円未満	400万円～599万円	600万円～799万円	800万円～999万円	1,000万円～1,199万円	1,200万円以上
構成比（%）	3.8	6.2	15.4	16.8	17.7	40.1
平均額（千円）	256	234	205	198	264	315
平均額の標準誤差（千円）	56	30	19	22	29	22
平均額の標準誤差率（%）	21.67	12.72	9.30	11.15	11.00	7.12
支出者平均額（千円）	256	246	209	211	283	329
支出者平均額の標準誤差（千円）	56	30	19	23	30	23
支出者平均額の標準誤差率（%）	21.67	12.08	9.32	10.88	10.68	6.84

公立高等学校（全日制）

区　分	400万円未満	400万円～599万円	600万円～799万円	800万円～999万円	1,000万円～1,199万円	1,200万円以上
構成比（%）	16.5	22.5	25.7	18.8	8.8	7.7
平均額（千円）	99	124	156	211	246	361
平均額の標準誤差（千円）	10	12	16	23	26	36
平均額の標準誤差率（%）	10.60	9.78	10.18	10.95	10.46	9.99
支出者平均額（千円）	131	163	194	249	281	426
支出者平均額の標準誤差（千円）	13	15	18	25	27	36
支出者平均額の標準誤差率（%）	9.80	9.40	9.51	10.21	9.64	8.54

私立高等学校（全日制）

区　分	400万円未満	400万円～599万円	600万円～799万円	800万円～999万円	1,000万円～1,199万円	1,200万円以上
構成比（%）	12.2	16.1	21.4	19.5	12.9	17.9
平均額（千円）	147	150	163	226	297	494
平均額の標準誤差（千円）	16	17	14	19	27	44
平均額の標準誤差率（%）	10.82	11.20	8.39	8.37	9.19	9.00
支出者平均額（千円）	187	193	190	261	324	523
支出者平均額の標準誤差（千円）	19	20	14	21	28	46
支出者平均額の標準誤差率（%）	10.06	10.24	7.55	7.96	8.79	8.79

（4）その他の学校外活動費

公立幼稚園

区　分	400万円未満	400万円～599万円	600万円～799万円	800万円～999万円	1,000万円～1,199万円	1,200万円以上
構成比（%）	19.0	36.1	28.5	10.0	3.3	3.2
平均額（千円）	42	45	61	87	99	226
平均額の標準誤差（千円）	5	3	3	10	16	37
平均額の標準誤差率（%）	11.77	5.95	4.75	11.61	16.37	16.54
支出者平均額（千円）	59	56	71	99	115	252
支出者平均額の標準誤差（千円）	6	3	3	11	18	42
支出者平均額の標準誤差率（%）	9.52	5.52	4.38	11.08	15.30	16.48

私立幼稚園

区　分	400万円未満	400万円～599万円	600万円～799万円	800万円～999万円	1,000万円～1,199万円	1,200万円以上
構成比（%）	9.1	29.5	30.1	17.0	7.6	6.7
平均額（千円）	67	71	88	123	177	224
平均額の標準誤差（千円）	11	4	5	7	11	42
平均額の標準誤差率（%）	15.91	5.01	5.43	5.29	6.46	18.57
支出者平均額（千円）	80	81	99	131	192	234
支出者平均額の標準誤差（千円）	12	4	5	7	12	43
支出者平均額の標準誤差率（%）	15.49	4.62	4.90	5.17	6.06	18.35

公立小学校

区　分	400万円未満	400万円～599万円	600万円～799万円	800万円～999万円	1,000万円～1,199万円	1,200万円以上
構成比（%）	11.3	23.7	28.5	17.2	9.7	9.6
平均額（千円）	79	94	120	156	168	201
平均額の標準誤差（千円）	4	3	3	5	6	10
平均額の標準誤差率（%）	4.89	2.87	2.65	3.49	3.74	4.75
支出者平均額（千円）	91	104	127	161	177	208
支出者平均額の標準誤差（千円）	4	3	3	6	6	10
支出者平均額の標準誤差率（%）	4.53	2.63	2.54	3.41	3.52	4.72

私立小学校

区　分	400万円未満	400万円～599万円	600万円～799万円	800万円～999万円	1,000万円～1,199万円	1,200万円以上
構成比（%）	4.8	6.5	9.4	13.3	14.2	51.8
平均額（千円）	234	181	222	262	279	320
平均額の標準誤差（千円）	38	20	22	21	18	14
平均額の標準誤差率（%）	16.30	10.84	9.84	8.16	6.49	4.50
支出者平均額（千円）	242	191	232	274	283	328
支出者平均額の標準誤差（千円）	39	20	22	21	18	14
支出者平均額の標準誤差率（%）	16.11	10.51	9.59	7.72	6.31	4.39

（4）その他の学校外活動費

公立中学校

区　分	400万円 未満	400万円～599万円	600万円～799万円	800万円～999万円	1,000万円～1,199万円	1,200万円以上
構成比（%）	10.2	21.2	26.6	20.5	11.3	10.3
平均額（千円）	49	50	64	60	80	119
平均額の標準誤差（千円）	6	4	8	6	10	23
平均額の標準誤差率（%）	12.56	8.84	12.59	9.35	12.64	19.56
支出者平均額（千円）	66	68	85	73	105	137
支出者平均額の標準誤差（千円）	8	6	10	7	13	27
支出者平均額の標準誤差率（%）	12.60	8.49	11.65	9.32	12.04	19.39

私立中学校

区　分	400万円 未満	400万円～599万円	600万円～799万円	800万円～999万円	1,000万円～1,199万円	1,200万円以上
構成比（%）	3.8	6.2	15.4	16.8	17.7	40.1
平均額（千円）	88	64	70	102	102	132
平均額の標準誤差（千円）	14	14	8	17	16	12
平均額の標準誤差率（%）	16.33	20.95	11.91	16.94	15.60	9.20
支出者平均額（千円）	107	79	86	119	112	149
支出者平均額の標準誤差（千円）	19	16	9	20	17	13
支出者平均額の標準誤差率（%）	17.72	19.89	10.84	16.84	15.26	8.80

公立高等学校（全日制）

区　分	400万円 未満	400万円～599万円	600万円～799万円	800万円～999万円	1,000万円～1,199万円	1,200万円以上
構成比（%）	16.5	22.5	25.7	18.8	8.8	7.7
平均額（千円）	23	31	30	38	42	41
平均額の標準誤差（千円）	2	4	3	6	12	8
平均額の標準誤差率（%）	9.01	12.53	10.58	16.37	28.06	18.39
支出者平均額（千円）	39	54	47	58	61	62
支出者平均額の標準誤差（千円）	3	6	5	9	17	11
支出者平均額の標準誤差率（%）	8.37	11.12	10.01	15.59	27.04	18.10

私立高等学校（全日制）

区　分	400万円 未満	400万円～599万円	600万円～799万円	800万円～999万円	1,000万円～1,199万円	1,200万円以上
構成比（%）	12.2	16.1	21.4	19.5	12.9	17.9
平均額（千円）	43	36	39	55	104	80
平均額の標準誤差（千円）	6	3	4	7	25	17
平均額の標準誤差率（%）	14.57	9.35	10.41	12.71	23.72	20.94
支出者平均額（千円）	65	52	58	79	134	105
支出者平均額の標準誤差（千円）	9	5	6	9	32	22
支出者平均額の標準誤差率（%）	13.69	8.89	9.77	11.53	23.62	20.57

6 主たる生計維持者の

（1）幼 稚 園

区　　分	公　　立					
	主たる生計維持者の最終卒業学校					
	中学校	高等学校	専門学校	短大・高専	大学	大学院
学　習　費　総　額	**127,060**	**140,321**	**135,759**	**169,136**	**180,650**	**258,201**
学校教育費	**68,353**	**62,427**	**57,412**	**72,065**	**59,093**	**66,117**
入学金・入園料	131	285	252	161	298	221
入学時に納付した施設整備費等	35	49	60	65	95	152
入学検定料	—	5	153	60	12	107
授業料	7,068	6,485	3,854	7,594	4,898	6,248
施設整備費等	…	…	…	…	…	…
修学旅行費	—	79	118	—	5	—
校外学習費	504	607	885	682	755	1,222
学級・児童会・生徒会費	3,227	1,852	2,249	2,910	2,293	1,397
その他の学校納付金	3,377	1,821	1,733	1,681	1,841	2,328
ＰＴＡ会費	4,251	4,039	3,753	4,010	4,209	4,956
後援会等会費	10	28	76	51	89	39
寄附金	7	16	34	4	401	6
教科書費・教科書以外の図書費	2,553	3,278	2,737	2,406	2,979	2,898
学用品・実験実習材料費	7,790	8,153	7,704	9,441	7,527	10,715
教科外活動費	545	324	536	523	506	844
通学費	5,520	6,924	4,904	7,699	6,161	7,302
制服	3,462	3,145	3,124	3,465	3,230	3,311
通学用品費	17,091	13,874	11,617	19,801	11,921	9,895
その他	12,782	11,463	13,623	11,512	11,873	14,476
学校給食費	**9,124**	**12,745**	**13,152**	**15,703**	**14,090**	**13,920**
学校外活動費	**49,583**	**65,149**	**65,195**	**81,368**	**107,467**	**178,164**
補助学習費	13,171	21,343	19,890	31,261	33,844	70,978
家庭内学習費	5,161	7,448	7,473	13,870	9,874	13,211
通信教育・家庭教師費	4,418	6,852	7,386	7,145	9,314	14,874
学習塾費	3,434	6,808	4,617	10,041	13,518	39,146
その他	158	235	414	205	1,138	3,747
その他の学校外活動費	36,412	43,806	45,305	50,107	73,623	107,186
体験活動・地域活動	8,991	730	1,388	563	2,866	3,636
芸術文化活動	7,229	8,757	8,460	17,165	19,422	28,704
ｽﾎﾟｰﾂ･ﾚｸﾘｴｰｼｮﾝ活動	7,470	19,201	21,461	23,318	29,689	37,570
国際交流体験活動	—	195	375	210	346	131
教養・その他	12,722	14,923	13,621	8,851	21,300	37,145

（注）学習費総額の標準誤差率は公立幼稚園では　4.78％ ～15.31％
学校教育費　〃　3.97％ ～17.76％
学校給食費　〃　7.61％ ～16.26％
学校外活動費　〃　7.24％ ～30.60％

最終卒業学校別 学習費

(単位:円)

私立						区分
主たる生計維持者の最終卒業学校						
中学校	高等学校	専門学校	短大・高専	大学	大学院	
X	267,734	254,314	317,298	322,358	381,225	**学習費総額**
X	124,042	124,410	139,153	137,510	152,018	**学校教育費**
X	9,926	12,071	23,314	13,157	14,585	入学金・入園料
X	1,823	1,683	2,561	2,164	2,808	入学時に納付した施設整備費等
X	348	702	1,075	733	1,039	入学検定料
X	24,960	24,942	12,581	29,549	36,000	授業料
X	9,941	8,025	8,870	8,563	10,751	施設整備費等
X	68	69	66	60	71	修学旅行費
X	1,678	1,746	1,290	1,423	1,718	校外学習費
X	860	620	1,036	866	850	学級・児童会・生徒会費
X	3,310	3,046	1,674	3,439	2,931	その他の学校納付金
X	2,843	3,584	3,025	3,550	3,478	ＰＴＡ会費
X	494	371	86	368	452	後援会等会費
X	371	579	445	701	218	寄附金
X	4,812	3,776	4,934	4,467	4,591	教科書費・教科書以外の図書費
X	11,948	11,780	14,882	10,983	11,635	学用品・実験実習材料費
X	2,754	2,795	5,245	3,797	9,274	教科外活動費
X	18,743	18,576	18,408	22,474	22,578	通学費
X	5,955	5,937	10,149	7,022	5,873	制服
X	12,286	11,097	17,519	10,919	9,688	通学用品費
X	10,922	13,011	11,993	13,275	13,478	その他
X	33,137	27,788	27,144	29,352	30,730	**学校給食費**
X	110,555	102,116	151,001	155,496	198,477	**学校外活動費**
X	30,571	30,222	62,462	45,265	50,423	補助学習費
X	9,613	9,994	9,265	12,711	15,598	家庭内学習費
X	11,576	9,237	12,267	11,880	14,893	通信教育・家庭教師費
X	9,183	10,457	39,501	20,037	19,061	学習塾費
X	199	534	1,429	637	871	その他
X	79,984	71,894	88,539	110,231	148,054	その他の学校外活動費
X	2,203	1,577	4,344	6,000	4,176	体験活動・地域活動
X	20,531	14,688	14,765	26,042	47,784	芸術文化活動
X	36,464	39,588	42,234	50,718	57,491	ｽﾎﾟｰﾂ・ﾚｸﾘｴｰｼｮﾝ活動
X	101	15	15	490	7,311	国際交流体験活動
X	20,685	16,026	27,181	26,981	31,292	教養・その他

(注) 学習費総額の標準誤差率は私立幼稚園では 3.24% ～13.65%
学校教育費 〃 3.66% ～11.50%
学校給食費 〃 4.54% ～ 8.49%
学校外活動費 〃 5.62% ～21.32%

（2）小 学 校

区　　分	公　立					
	主たる生計維持者の最終卒業学校					
	中学校	高等学校	専門学校	短大・高専	大学	大学院
学　習　費　総　額	**223,709**	**273,040**	**298,795**	**309,286**	**399,012**	**521,110**
学校教育費	**66,541**	**65,244**	**69,555**	**70,925**	**65,009**	**64,174**
入学金・入園料	233	160	129	197	45	47
入学時に納付した施設整備費等	14	20	64	31	49	116
入学検定料	13	5	7	1	9	42
授業料	…	…	…	…	…	…
施設整備費等	…	…	…	…	…	…
修学旅行費	2,697	3,058	3,669	3,637	2,948	3,525
校外学習費	1,894	2,043	2,129	1,690	2,261	2,123
学級・児童会・生徒会費	3,230	3,926	3,685	3,272	3,357	2,538
その他の学校納付金	2,128	2,367	2,080	2,925	1,490	1,773
ＰＴＡ会費	2,126	2,653	2,485	2,478	2,572	2,625
後援会等会費	43	48	41	54	59	444
寄附金	130	155	20	20	50	151
教科書費・教科書以外の図書費	4,852	4,342	4,880	4,800	5,036	5,621
学用品・実験実習材料費	19,715	19,384	19,528	20,581	19,543	18,022
教科外活動費	2,331	2,331	2,860	2,854	2,109	1,851
通学費	1,982	1,227	1,550	1,636	919	550
制服	2,845	3,086	3,416	3,146	2,322	1,774
通学用品費	17,415	15,461	17,791	17,793	16,717	16,871
その他	4,893	4,978	5,221	5,810	5,523	6,101
学校給食費	**32,420**	**38,120**	**37,912**	**35,327**	**40,386**	**40,929**
学校外活動費	**124,748**	**169,676**	**191,328**	**203,034**	**293,617**	**416,007**
補助学習費	42,991	73,869	82,988	92,391	148,017	230,982
家庭内学習費	8,398	11,434	12,813	14,257	15,951	20,557
通信教育・家庭教師費	13,739	18,293	21,080	22,148	26,559	28,847
学習塾費	20,073	43,143	47,565	55,147	103,707	176,920
その他	781	999	1,530	839	1,800	4,658
その他の学校外活動費	81,757	95,807	108,340	110,643	145,600	185,025
体験活動・地域活動	3,732	2,291	3,030	3,727	3,932	7,280
芸術文化活動	9,912	20,574	25,902	21,741	40,052	49,253
ｽﾎﾟｰﾂ・ﾚｸﾘｴｰｼｮﾝ活動	48,151	46,949	49,169	53,301	63,611	69,428
国際交流体験活動	426	362	333	104	560	365
教養・その他	19,536	25,631	29,906	31,770	37,445	58,699

（注）学習費総額の標準誤差率は公立小学校では　1.96%　～　4.73%
学校教育費　〃　1.37%　～　5.13%
学校給食費　〃　1.51%　～　5.25%
学校外活動費　〃　2.62%　～　7.15%

（単位：円）

私立						区分
主たる生計維持者の最終卒業学校						
中学校	高等学校	専門学校	短大・高専	大学	大学院	
X	1,353,475	1,220,920	X	1,711,465	1,781,991	**学習費総額**
X	756,322	788,239	X	983,938	1,019,895	**学校教育費**
X	20,422	13,287	X	46,326	50,335	入学金・入園料
X	11,609	3,183	X	19,238	20,992	入学時に納付した施設整備費等
X	2,050	1,141	X	6,284	5,830	入学検定料
X	407,414	489,614	X	540,013	583,000	授業料
X	60,332	71,741	X	95,864	96,625	施設整備費等
X	2,760	5,245	X	4,154	3,201	修学旅行費
X	9,684	8,546	X	16,345	12,989	校外学習費
X	7,020	4,340	X	9,703	10,753	学級・児童会・生徒会費
X	17,941	33,338	X	27,921	25,331	その他の学校納付金
X	5,963	6,631	X	5,724	5,888	ＰＴＡ会費
X	5,500	4,156	X	5,578	4,694	後援会等会費
X	33,765	6,043	X	25,891	23,898	寄附金
X	19,284	13,872	X	19,284	17,877	教科書費・教科書以外の図書費
X	33,237	29,804	X	31,614	29,221	学用品・実験実習材料費
X	7,435	4,761	X	9,089	8,631	教科外活動費
X	47,724	33,833	X	48,340	47,545	通学費
X	33,287	31,224	X	35,569	38,598	制服
X	21,225	18,440	X	22,089	21,032	通学用品費
X	9,670	9,040	X	14,912	13,455	その他
X	42,330	37,746	X	43,826	51,806	**学校給食費**
X	554,823	394,935	X	683,701	710,290	**学校外活動費**
X	310,390	218,743	X	380,618	427,380	補助学習費
X	53,787	37,137	X	40,059	47,883	家庭内学習費
X	32,898	19,182	X	60,910	43,901	通信教育・家庭教師費
X	216,919	159,276	X	270,885	326,280	学習塾費
X	6,786	3,148	X	8,764	9,316	その他
X	244,433	176,192	X	303,083	282,910	その他の学校外活動費
X	6,333	7,937	X	16,677	14,392	体験活動・地域活動
X	66,286	57,405	X	101,539	90,968	芸術文化活動
X	77,451	62,867	X	91,300	92,182	ｽﾎﾟｰﾂ・ﾚｸﾘｴｰｼｮﾝ活動
X	3,382	5	X	3,145	3,824	国際交流体験活動
X	90,981	47,978	X	90,422	81,544	教養・その他

（注）学習費総額の標準誤差率は私立小学校では　2.42% ～ 6.02%
学校教育費　〃　3.52% ～ 7.43%
学校給食費　〃　12.16% ～16.71%
学校外活動費　〃　3.68% ～10.01%

(3) 中 学 校

区分	公立					
	主たる生計維持者の最終卒業学校					
	中学校	高等学校	専門学校	短大・高専	大学	大学院
学習費総額	**499,383**	**484,354**	**504,125**	**525,492**	**575,026**	**673,365**
学校教育費	**145,235**	**134,589**	**129,221**	**127,775**	**133,312**	**119,547**
入学金・入園料	1,076	290	0	—	312	46
入学時に納付した施設整備費等	133	287	13	—	70	28
入学検定料	13	89	0	—	202	422
授業料	…	…	…	…	…	…
施設整備費等	…	…	…	…	…	…
修学旅行費	10,963	10,317	12,095	11,712	12,974	11,847
校外学習費	4,168	3,470	3,555	4,188	4,137	5,822
学級・児童会・生徒会費	4,820	5,800	5,718	6,271	5,031	5,151
その他の学校納付金	2,495	6,368	3,081	2,923	4,214	2,719
ＰＴＡ会費	2,991	3,109	3,937	3,364	3,692	3,004
後援会等会費	305	974	955	557	787	813
寄附金	76	308	227	43	579	68
教科書費・教科書以外の図書費	11,851	8,133	9,326	8,057	10,801	9,394
学用品・実験実習材料費	28,763	24,244	22,415	22,424	22,025	18,602
教科外活動費	18,818	23,495	22,860	25,582	24,965	26,215
通学費	6,281	9,879	5,669	6,529	6,637	3,702
制服	36,975	22,012	21,979	20,594	20,053	15,396
通学用品費	11,711	10,819	11,462	10,228	10,833	12,642
その他	3,796	4,995	5,929	5,303	6,000	3,676
学校給食費	**32,872**	**37,855**	**34,783**	**33,643**	**38,027**	**48,332**
学校外活動費	**321,276**	**311,910**	**340,121**	**364,074**	**403,687**	**505,486**
補助学習費	206,065	253,517	285,608	291,294	334,930	438,692
家庭内学習費	11,552	15,655	15,953	16,111	16,188	23,646
通信教育・家庭教師費	22,517	26,741	29,708	28,783	28,857	48,465
学習塾費	165,664	206,430	233,309	240,682	280,797	355,122
その他	6,332	4,691	6,638	5,718	9,088	11,459
その他の学校外活動費	115,211	58,393	54,513	72,780	68,757	66,794
体験活動・地域活動	110	1,331	1,229	643	930	242
芸術文化活動	15,354	14,734	19,904	26,100	23,134	13,453
ｽﾎﾟｰﾂ・ﾚｸﾘｴｰｼｮﾝ活動	77,687	31,309	21,572	30,617	28,637	26,429
国際交流体験活動	—	46	4	101	106	25
教養・その他	22,060	10,973	11,804	15,319	15,950	26,645

(注) 学習費総額の標準誤差率は公立中学校では 2.72% ～17.95%
学校教育費 〃 3.24% ～ 9.19%
学校給食費 〃 4.70% ～10.96%
学校外活動費 〃 3.87% ～24.62%

(単位:円)

私立						区分
主たる生計維持者の最終卒業学校						
中学校	高等学校	専門学校	短大・高専	大学	大学院	
X	**1,256,562**	**1,241,326**	**X**	**1,466,346**	**1,609,540**	**学習費総額**
X	**930,246**	**958,561**	**X**	**1,088,000**	**1,155,370**	**学校教育費**
X	46,871	66,342	X	75,970	91,676	入学金・入園料
X	21,504	36,510	X	29,843	37,151	入学時に納付した施設整備費等
X	12,655	13,709	X	20,594	27,412	入学検定料
X	393,166	423,160	X	493,673	502,553	授業料
X	80,561	82,177	X	100,268	111,123	施設整備費等
X	18,498	13,802	X	12,319	10,434	修学旅行費
X	12,820	9,466	X	19,398	17,387	校外学習費
X	8,036	8,764	X	13,712	12,400	学級・児童会・生徒会費
X	26,241	25,588	X	25,271	21,598	その他の学校納付金
X	7,483	7,002	X	8,899	8,761	ＰＴＡ会費
X	7,543	9,448	X	7,360	6,536	後援会等会費
X	16,695	13,262	X	13,729	17,631	寄附金
X	35,595	32,684	X	31,187	36,309	教科書費・教科書以外の図書費
X	39,940	33,104	X	35,063	37,450	学用品・実験実習材料費
X	40,251	35,121	X	39,455	29,037	教科外活動費
X	84,003	87,184	X	84,676	85,712	通学費
X	48,054	39,643	X	50,206	65,176	制服
X	15,864	13,886	X	16,537	25,900	通学用品費
X	14,466	7,709	X	9,840	11,124	その他
X	**8,942**	**7,537**	**X**	**6,619**	**8,467**	**学校給食費**
X	**317,374**	**275,228**	**X**	**371,727**	**445,703**	**学校外活動費**
X	249,270	199,229	X	259,065	320,696	補助学習費
X	31,523	28,951	X	36,965	67,670	家庭内学習費
X	46,050	19,628	X	33,193	50,057	通信教育・家庭教師費
X	161,278	143,881	X	180,868	184,041	学習塾費
X	10,419	6,769	X	8,039	18,928	その他
X	68,104	75,999	X	112,662	125,007	その他の学校外活動費
X	1,146	2,163	X	4,693	14,844	体験活動・地域活動
X	16,896	37,019	X	35,690	36,284	芸術文化活動
X	21,670	7,197	X	33,996	27,829	ｽﾎﾟｰﾂ・ﾚｸﾘｴｰｼｮﾝ活動
X	1,619	2,646	X	7,780	3,426	国際交流体験活動
X	26,773	26,974	X	30,503	42,624	教養・その他

(注) 学習費総額の標準誤差率は私立中学校では　2.23% ～ 4.77%
学校教育費　〃　2.24% ～ 4.68%
学校給食費　〃　35.10% ～43.39%
学校外活動費　〃　5.30% ～15.17%

(4) 高 等 学 校 (全日制)

区　　分	公　　立					
	主たる生計維持者の最終卒業学校					
	中学校	高等学校	専門学校	短大・高専	大学	大学院
学　習　費　総　額	**348,568**	**433,628**	**490,594**	**519,954**	**611,387**	**721,472**
学校教育費	**259,008**	**302,168**	**300,683**	**307,970**	**326,172**	**328,922**
入学金・入園料	5,674	7,887	7,048	5,952	7,123	5,269
入学時に納付した施設整備費等	5,909	3,797	4,040	3,077	3,958	3,407
入学検定料	5,445	4,156	4,385	4,449	5,879	8,520
授業料	29,470	45,979	47,480	45,777	61,735	86,255
施設整備費等	…	…	…	…	…	…
修学旅行費	13,169	15,884	16,000	10,898	16,004	19,825
校外学習費	3,824	3,677	4,112	3,444	4,153	4,186
学級・児童会・生徒会費	7,515	8,397	9,900	7,941	9,182	8,441
その他の学校納付金	10,319	12,236	13,701	15,028	12,340	12,199
ＰＴＡ会費	7,045	5,842	5,641	5,401	6,209	4,831
後援会等会費	4,771	4,896	3,902	4,790	5,461	3,220
寄附金	433	545	623	19	915	106
教科書費・教科書以外の図書費	29,492	30,964	29,886	31,756	32,544	29,071
学用品・実験実習材料費	20,598	22,783	22,826	25,826	19,860	22,194
教科外活動費	25,189	39,157	37,386	43,467	43,068	28,015
通学費	41,677	51,112	50,276	56,120	55,240	52,483
制服	30,199	27,210	25,843	24,624	24,828	24,287
通学用品費	12,802	12,774	13,119	13,408	12,630	11,724
その他	5,477	4,872	4,515	5,993	5,043	4,889
学校給食費	**…**	**…**	**…**	**…**	**…**	**…**
学校外活動費	**89,560**	**131,460**	**189,911**	**211,984**	**285,215**	**392,550**
補助学習費	72,608	101,385	157,374	182,633	248,360	354,200
家庭内学習費	11,680	21,487	21,071	23,499	25,311	29,205
通信教育・家庭教師費	2,600	9,306	12,723	28,498	20,181	64,559
学習塾費	51,588	62,951	112,549	112,964	186,166	244,003
その他	6,740	7,641	11,031	17,672	16,702	16,433
その他の学校外活動費	16,952	30,075	32,537	29,351	36,855	38,350
体験活動・地域活動	556	977	2,206	2,482	1,200	2,171
芸術文化活動	1,790	8,326	11,723	4,520	11,124	14,811
ｽﾎﾟｰﾂ・ﾚｸﾘｴｰｼｮﾝ活動	7,090	7,424	6,143	6,205	6,612	4,790
国際交流体験活動	7	716	644	44	4,839	1,428
教養・その他	7,509	12,632	11,821	16,100	13,080	15,150

(注) 学習費総額の標準誤差率は公立高等学校では 2.63% ～ 7.57%
学校教育費 〃 1.97% ～ 6.85%
学校外活動費 〃 5.97% ～16.63%

（単位：円）

私立						区分
主たる生計維持者の最終卒業学校						
中学校	高等学校	専門学校	短大・高専	大学	大学院	
748,139	**882,251**	**872,976**	**914,247**	**1,200,734**	**1,478,036**	**学習費総額**
567,321	**692,595**	**683,783**	**706,146**	**811,229**	**861,123**	**学校教育費**
40,600	41,334	43,075	49,831	43,382	50,752	入学金・入園料
9,528	22,792	25,820	18,117	23,864	20,164	入学時に納付した施設整備費等
5,373	5,751	5,261	5,637	5,458	5,077	入学検定料
184,287	248,023	224,400	252,060	330,995	393,188	授業料
40,924	51,043	57,746	50,192	68,435	72,125	施設整備費等
6,743	16,239	14,302	23,433	16,871	18,902	修学旅行費
5,205	8,768	11,000	9,061	11,183	7,985	校外学習費
13,868	12,780	12,299	14,885	13,125	13,086	学級・児童会・生徒会費
12,070	18,484	18,790	22,295	22,441	19,177	その他の学校納付金
8,731	9,878	9,039	8,869	9,257	8,663	ＰＴＡ会費
6,802	7,279	6,633	9,115	9,371	10,177	後援会等会費
3,173	3,135	4,742	2,981	4,860	8,296	寄附金
27,045	36,117	35,118	39,963	41,241	40,916	教科書費・教科書以外の図書費
20,289	28,149	24,662	26,750	24,617	26,740	学用品・実験実習材料費
49,077	47,385	52,282	38,258	48,502	33,681	教科外活動費
78,270	78,318	81,319	80,311	83,127	81,928	通学費
39,963	38,413	37,702	35,815	34,642	30,561	制服
10,831	11,601	10,938	11,617	12,710	11,716	通学用品費
4,542	7,106	8,655	6,956	7,148	7,989	その他
…	…	…	…	…	…	**学校給食費**
180,818	**189,656**	**189,193**	**208,101**	**389,505**	**616,913**	**学校外活動費**
142,990	149,286	144,817	172,259	315,404	537,785	補助学習費
22,127	27,767	27,866	24,958	35,451	44,140	家庭内学習費
14,777	21,330	14,846	15,254	31,469	55,548	通信教育・家庭教師費
97,895	88,872	88,805	117,200	226,647	411,829	学習塾費
8,191	11,317	13,300	14,847	21,837	26,268	その他
37,828	40,370	44,376	35,842	74,101	79,128	その他の学校外活動費
1,240	1,651	1,822	1,085	1,842	4,623	体験活動・地域活動
8,136	12,069	8,026	10,722	23,184	18,238	芸術文化活動
9,146	13,590	13,919	11,434	13,096	10,773	ｽﾎﾟｰﾂ・ﾚｸﾘｴｰｼｮﾝ活動
2,470	1,448	505	266	13,578	26,418	国際交流体験活動
16,836	11,612	20,104	12,335	22,401	19,076	教養・その他

（注）学習費総額の標準誤差率は私立高等学校では　2.77％ ～ 7.39％
学校教育費　〃　2.09％ ～ 5.99％
学校外活動費　〃　6.60％ ～19.58％

7 保護者が希望する子供の進路

（1）幼 稚 園

区　　分	公　　立							
	希望進路（子供をどの学校段階まで進ませたいか）							
	中学校まで	高等学校まで	専門学校まで	短大・高専まで	大学まで	大学院まで	その他	まだ分からない
学　習　費　総　額	**X**	**90,462**	**141,411**	**X**	**187,554**	**X**	**X**	**141,306**
学校教育費	**X**	**48,187**	**67,030**	**X**	**65,625**	**X**	**X**	**54,770**
入学金・入園料	X	115	347	X	288	X	X	258
入学時に納付した施設整備費等	X	11	38	X	109	X	X	25
入学検定料	X	0	—	X	49	X	X	20
授業料	X	4,887	4,546	X	6,138	X	X	4,854
施設整備費等	…	…	…	…	…	…	…	…
修学旅行費	X	290	11	X	46	X	X	2
校外学習費	X	577	760	X	820	X	X	654
学級・児童会・生徒会費	X	1,678	2,360	X	2,197	X	X	2,034
その他の学校納付金	X	1,562	1,790	X	1,980	X	X	1,868
ＰＴＡ会費	X	3,403	3,221	X	4,217	X	X	4,312
後援会等会費	X	50	85	X	57	X	X	52
寄附金	X	34	0	X	109	X	X	363
教科書費・教科書以外の図書費	X	2,401	4,525	X	3,070	X	X	2,732
学用品・実験実習材料費	X	5,905	9,709	X	8,683	X	X	6,945
教科外活動費	X	165	648	X	594	X	X	337
通学費	X	3,641	5,600	X	7,198	X	X	5,670
制服	X	2,820	2,835	X	3,250	X	X	3,304
通学用品費	X	11,537	16,064	X	13,936	X	X	10,012
その他	X	9,111	14,491	X	12,884	X	X	11,328
学校給食費	**X**	**12,762**	**13,151**	**X**	**13,723**	**X**	**X**	**12,960**
学校外活動費	**X**	**29,513**	**61,230**	**X**	**108,206**	**X**	**X**	**73,576**
補助学習費	X	9,659	14,892	X	37,944	X	X	20,991
家庭内学習費	X	3,681	8,685	X	10,552	X	X	6,736
通信教育・家庭教師費	X	4,423	2,881	X	9,618	X	X	7,377
学習塾費	X	1,443	3,058	X	16,764	X	X	5,909
その他	X	112	268	X	1,010	X	X	969
その他の学校外活動費	X	19,854	46,338	X	70,262	X	X	52,585
体験活動・地域活動	X	422	1,237	X	2,844	X	X	1,637
芸術文化活動	X	1,082	8,970	X	16,975	X	X	14,496
ｽﾎﾟｰﾂ・ﾚｸﾘｴｰｼｮﾝ活動	X	12,486	20,842	X	28,156	X	X	20,842
国際交流体験活動	X	0	4	X	357	X	X	210
教養・その他	X	5,864	15,285	X	21,930	X	X	15,400

（注）学習費総額の標準誤差率は公立幼稚園では　3.87%　～　9.30%
学校教育費　〃　3.27%　～10.39%
学校給食費　〃　6.60%　～17.72%
学校外活動費　〃　6.26%　～19.34%

（子供をどの学校段階まで進ませたいか）別 学習費

（単位：円）

私立								区分
希望進路（子供をどの学校段階まで進ませたいか）								
中学校まで	高等学校まで	専門学校まで	短大・高専まで	大学まで	大学院まで	その他	まだ分からない	
X	X	X	X	**315,782**	X	X	**295,997**	**学習費総額**
X	X	X	X	**137,896**	X	X	**129,442**	**学校教育費**
X	X	X	X	13,655	X	X	12,245	入学金・入園料
X	X	X	X	2,421	X	X	1,421	入学時に納付した施設整備費等
X	X	X	X	776	X	X	455	入学検定料
X	X	X	X	28,709	X	X	26,430	授業料
X	X	X	X	9,164	X	X	9,017	施設整備費等
X	X	X	X	70	X	X	40	修学旅行費
X	X	X	X	1,537	X	X	1,443	校外学習費
X	X	X	X	853	X	X	820	学級・児童会・生徒会費
X	X	X	X	3,072	X	X	3,386	その他の学校納付金
X	X	X	X	3,442	X	X	3,293	ＰＴＡ会費
X	X	X	X	393	X	X	352	後援会等会費
X	X	X	X	563	X	X	603	寄附金
X	X	X	X	4,586	X	X	4,304	教科書費・教科書以外の図書費
X	X	X	X	11,582	X	X	11,410	学用品・実験実習材料費
X	X	X	X	3,995	X	X	3,686	教科外活動費
X	X	X	X	21,506	X	X	21,317	通学費
X	X	X	X	6,807	X	X	6,375	制服
X	X	X	X	11,459	X	X	10,772	通学用品費
X	X	X	X	13,306	X	X	12,073	その他
X	X	X	X	**30,313**	X	X	**29,203**	**学校給食費**
X	X	X	X	**147,573**	X	X	**137,352**	**学校外活動費**
X	X	X	X	45,839	X	X	33,465	補助学習費
X	X	X	X	13,079	X	X	8,707	家庭内学習費
X	X	X	X	13,148	X	X	9,542	通信教育・家庭教師費
X	X	X	X	18,861	X	X	14,893	学習塾費
X	X	X	X	751	X	X	323	その他
X	X	X	X	101,734	X	X	103,887	その他の学校外活動費
X	X	X	X	3,202	X	X	8,116	体験活動・地域活動
X	X	X	X	23,444	X	X	30,936	芸術文化活動
X	X	X	X	49,754	X	X	40,046	ｽﾎﾟｰﾂ・ﾚｸﾘｴｰｼｮﾝ活動
X	X	X	X	398	X	X	255	国際交流体験活動
X	X	X	X	24,936	X	X	24,534	教養・その他

(注) 学習費総額の標準誤差率は私立幼稚園では　2.57% ～ 7.04%
学校教育費　〃　3.18% ～ 4.75%
学校給食費　〃　4.07% ～ 4.84%
学校外活動費　〃　3.55% ～12.28%

（2）小 学 校

区　　分	公　　立							
	希望進路（子供をどの学校段階まで進ませたいか）							
	中学校まで	高等学校まで	専門学校まで	短大・高専まで	大学まで	大学院まで	その他	まだ分からない
学　習　費　総　額	X	172,602	212,265	244,928	393,448	673,894	X	261,307
学校教育費	X	58,585	65,114	71,714	67,113	71,448	X	62,311
入学金・入園料	X	75	742	44	71	0	X	106
入学時に納付した施設整備費等	X	46	22	44	43	258	X	46
入学検定料	X	11	22	31	10	0	X	8
授業料	…	…	…	…	…	…	…	…
施設整備費等	…	…	…	…	…	…	…	…
修学旅行費	X	4,093	3,384	4,105	3,271	2,611	X	2,506
校外学習費	X	1,381	2,084	2,189	2,307	2,094	X	1,766
学級・児童会・生徒会費	X	5,259	3,172	4,416	3,336	2,379	X	3,608
その他の学校納付金	X	1,785	1,858	4,021	1,735	1,755	X	2,153
ＰＴＡ会費	X	2,536	2,355	2,983	2,604	2,688	X	2,418
後援会等会費	X	47	46	62	100	106	X	55
寄附金	X	127	52	114	105	18	X	14
教科書費・教科書以外の図書費	X	4,002	5,319	4,364	4,952	6,209	X	4,555
学用品・実験実習材料費	X	16,555	19,431	19,907	19,844	22,868	X	18,135
教科外活動費	X	2,154	1,533	3,817	2,414	1,964	X	1,908
通学費	X	1,452	1,680	892	1,098	437	X	1,172
制服	X	2,554	3,792	4,576	2,563	2,395	X	2,626
通学用品費	X	12,475	14,651	15,314	17,000	19,247	X	16,473
その他	X	4,033	4,971	4,835	5,660	6,419	X	4,762
学校給食費	X	34,218	34,868	38,893	40,176	38,789	X	37,054
学校外活動費	X	79,799	112,283	134,321	286,159	563,657	X	161,942
補助学習費	X	26,791	43,998	47,684	142,409	366,712	X	65,094
家庭内学習費	X	6,029	7,649	8,270	16,075	31,432	X	10,809
通信教育・家庭教師費	X	9,584	12,717	18,903	26,517	38,077	X	16,414
学習塾費	X	10,785	23,145	20,253	97,844	291,074	X	36,863
その他	X	393	487	258	1,973	6,129	X	1,008
その他の学校外活動費	X	53,008	68,285	86,637	143,750	196,945	X	96,848
体験活動・地域活動	X	1,103	1,711	3,788	4,116	6,448	X	2,590
芸術文化活動	X	8,169	10,537	28,847	36,842	57,462	X	22,011
ｽﾎﾟｰﾂ・ﾚｸﾘｴｰｼｮﾝ活動	X	31,299	38,596	30,275	63,884	68,184	X	45,323
国際交流体験活動	X	37	838	196	446	406	X	449
教養・その他	X	12,400	16,603	23,531	38,462	64,445	X	26,475

（注）学習費総額の標準誤差率は公立小学校では　1.67% ～ 6.35%
学校教育費　〃　1.25% ～ 5.96%
学校給食費　〃　1.57% ～ 6.01%
学校外活動費　〃　2.23% ～ 7.87%

（単位:円）

私立								区分
希望進路（子供をどの学校段階まで進ませたいか）								
中学校まで	高等学校まで	専門学校まで	短大・高専まで	大学まで	大学院まで	その他	まだ分からない	
X	**X**	**X**	**X**	**1,657,031**	**1,796,117**	**X**	**1,559,612**	**学習費総額**
X	**X**	**X**	**X**	**963,428**	**986,456**	**X**	**920,227**	**学校教育費**
X	X	X	X	43,094	47,952	X	33,422	入学金・入園料
X	X	X	X	18,216	20,390	X	9,939	入学時に納付した施設整備費等
X	X	X	X	6,058	4,198	X	2,987	入学検定料
X	X	X	X	536,793	539,810	X	536,396	授業料
X	X	X	X	91,064	99,571	X	82,687	施設整備費等
X	X	X	X	3,995	3,445	X	4,863	修学旅行費
X	X	X	X	15,467	13,140	X	13,122	校外学習費
X	X	X	X	9,641	8,572	X	9,275	学級・児童会・生徒会費
X	X	X	X	26,395	24,906	X	31,894	その他の学校納付金
X	X	X	X	6,101	4,766	X	5,832	ＰＴＡ会費
X	X	X	X	5,095	6,240	X	5,629	後援会等会費
X	X	X	X	25,363	20,916	X	21,327	寄附金
X	X	X	X	18,385	22,525	X	16,633	教科書費・教科書以外の図書費
X	X	X	X	31,715	31,243	X	26,283	学用品・実験実習材料費
X	X	X	X	9,094	10,380	X	3,129	教科外活動費
X	X	X	X	44,604	56,451	X	55,829	通学費
X	X	X	X	36,385	34,236	X	32,508	制服
X	X	X	X	21,856	20,256	X	19,318	通学用品費
X	X	X	X	14,107	17,459	X	9,154	その他
X	**X**	**X**	**X**	**43,944**	**49,270**	**X**	**50,322**	**学校給食費**
X	**X**	**X**	**X**	**649,659**	**760,391**	**X**	**589,063**	**学校外活動費**
X	X	X	X	370,006	466,857	X	305,178	補助学習費
X	X	X	X	42,018	52,916	X	31,625	家庭内学習費
X	X	X	X	48,706	80,563	X	42,849	通信教育・家庭教師費
X	X	X	X	271,255	322,328	X	223,347	学習塾費
X	X	X	X	8,027	11,050	X	7,357	その他
X	X	X	X	279,653	293,534	X	283,885	その他の学校外活動費
X	X	X	X	14,978	13,048	X	16,407	体験活動・地域活動
X	X	X	X	90,926	91,222	X	88,041	芸術文化活動
X	X	X	X	89,600	86,790	X	77,414	ｽﾎﾟｰﾂ･ﾚｸﾘｴｰｼｮﾝ活動
X	X	X	X	2,820	4,141	X	3,422	国際交流体験活動
X	X	X	X	81,329	98,333	X	98,601	教養・その他

（注）学習費総額の標準誤差率は私立小学校では　2.60% ～ 5.55%
学校教育費　〃　3.43% ～ 6.16%
学校給食費　〃　12.54% ～14.30%
学校外活動費　〃　3.79% ～ 8.24%

(3) 中学校

区分	公立							
	希望進路（子供をどの学校段階まで進ませたいか）							
	中学校まで	高等学校まで	専門学校まで	短大・高専まで	大学まで	大学院まで	その他	まだ分からない
学習費総額	X	**323,387**	**424,690**	**442,919**	**584,181**	X	X	**434,871**
学校教育費	X	**107,268**	**120,574**	**119,724**	**135,173**	X	X	**136,256**
入学金・入園料	X	336	745	—	142	X	X	695
入学時に納付した施設整備費等	X	—	—	—	105	X	X	316
入学検定料	X	—	—	—	116	X	X	290
授業料	…	…	…	…	…	…	…	…
施設整備費等	…	…	…	…	…	…	…	…
修学旅行費	X	12,605	11,716	11,453	12,744	X	X	7,872
校外学習費	X	2,415	3,391	4,809	3,843	X	X	4,651
学級・児童会・生徒会費	X	14,179	7,342	3,314	5,014	X	X	4,903
その他の学校納付金	X	2,852	3,880	3,436	4,689	X	X	4,850
ＰＴＡ会費	X	4,379	2,758	4,550	3,386	X	X	3,543
後援会等会費	X	582	367	1,012	858	X	X	880
寄附金	X	2	60	216	356	X	X	734
教科書費・教科書以外の図書費	X	5,962	9,018	6,348	10,048	X	X	9,517
学用品・実験実習材料費	X	18,195	19,043	24,969	23,259	X	X	22,816
教科外活動費	X	13,965	17,729	17,045	25,388	X	X	26,280
通学費	X	6,051	6,934	4,072	7,829	X	X	7,208
制服	X	14,383	20,977	22,849	20,884	X	X	25,275
通学用品費	X	7,793	11,558	10,666	11,255	X	X	10,936
その他	X	3,569	5,056	4,985	5,257	X	X	5,490
学校給食費	X	**36,489**	**35,382**	**39,370**	**38,094**	X	X	**34,300**
学校外活動費	X	**179,630**	**268,734**	**283,825**	**410,914**	X	X	**264,315**
補助学習費	X	150,793	227,893	213,175	342,043	X	X	206,329
家庭内学習費	X	19,266	6,364	14,348	17,345	X	X	10,994
通信教育・家庭教師費	X	29,260	40,155	24,888	27,450	X	X	31,418
学習塾費	X	101,295	176,788	171,212	288,311	X	X	160,609
その他	X	972	4,586	2,727	8,937	X	X	3,308
その他の学校外活動費	X	28,837	40,841	70,650	68,871	X	X	57,986
体験活動・地域活動	X	198	965	192	1,080	X	X	1,239
芸術文化活動	X	2,348	6,275	16,430	22,522	X	X	15,446
ｽﾎﾟｰﾂ・ﾚｸﾘｴｰｼｮﾝ活動	X	21,922	20,833	44,088	30,161	X	X	29,054
国際交流体験活動	X	—	—	193	82	X	X	—
教養・その他	X	4,369	12,768	9,747	15,026	X	X	12,247

(注) 学習費総額の標準誤差率は公立中学校では　2.38% ～ 9.65%
学校教育費　〃　2.50% ～ 7.96%
学校給食費　〃　4.31% ～11.18%
学校外活動費　〃　3.18% ～14.26%

（単位：円）

私立								区分
希望進路（子供をどの学校段階まで進ませたいか）								
中学校まで	高等学校まで	専門学校まで	短大・高専まで	大学まで	大学院まで	その他	まだ分からない	
X	X	X	X	**1,425,694**	**1,545,848**	X	**1,399,510**	**学習費総額**
X	X	X	X	**1,060,706**	**1,081,306**	X	**1,066,870**	**学校教育費**
X	X	X	X	74,184	65,099	X	72,370	入学金・入園料
X	X	X	X	28,793	36,554	X	35,816	入学時に納付した施設整備費等
X	X	X	X	19,938	19,616	X	18,617	入学検定料
X	X	X	X	474,325	482,103	X	488,632	授業料
X	X	X	X	96,307	101,416	X	99,462	施設整備費等
X	X	X	X	13,777	10,467	X	4,736	修学旅行費
X	X	X	X	17,761	19,378	X	21,923	校外学習費
X	X	X	X	13,098	8,099	X	11,213	学級・児童会・生徒会費
X	X	X	X	24,769	21,214	X	20,305	その他の学校納付金
X	X	X	X	8,477	8,530	X	10,329	ＰＴＡ会費
X	X	X	X	7,542	6,290	X	6,730	後援会等会費
X	X	X	X	14,266	11,147	X	16,081	寄附金
X	X	X	X	32,033	37,861	X	41,653	教科書費・教科書以外の図書費
X	X	X	X	34,842	41,564	X	33,088	学用品・実験実習材料費
X	X	X	X	39,706	29,459	X	24,185	教科外活動費
X	X	X	X	83,316	90,967	X	88,945	通学費
X	X	X	X	50,238	56,279	X	48,240	制服
X	X	X	X	16,606	25,687	X	16,032	通学用品費
X	X	X	X	10,728	9,576	X	8,513	その他
X	X	X	X	**7,710**	**4,724**	X	**6,662**	**学校給食費**
X	X	X	X	**357,278**	**459,818**	X	**325,978**	**学校外活動費**
X	X	X	X	255,356	332,741	X	219,332	補助学習費
X	X	X	X	37,795	62,301	X	29,917	家庭内学習費
X	X	X	X	34,769	53,017	X	39,715	通信教育・家庭教師費
X	X	X	X	174,265	199,748	X	138,034	学習塾費
X	X	X	X	8,527	17,675	X	11,666	その他
X	X	X	X	101,922	127,077	X	106,646	その他の学校外活動費
X	X	X	X	4,793	11,639	X	5,674	体験活動・地域活動
X	X	X	X	33,419	33,608	X	25,668	芸術文化活動
X	X	X	X	28,944	25,566	X	35,926	ｽﾎﾟｰﾂ・ﾚｸﾘｴｰｼｮﾝ活動
X	X	X	X	5,903	4,205	X	8,790	国際交流体験活動
X	X	X	X	28,863	52,059	X	30,588	教養・その他

（注）学習費総額の標準誤差率は私立中学校では　2.09%　～　6.29%
学校教育費　〃　2.15%　～　5.15%
学校給食費　〃　33.29%　～55.17%
学校外活動費　〃　4.95%　～17.77%

（4）高 等 学 校（全日制）

区　　分	公立							
	希望進路（子供をどの学校段階まで進ませたいか）							
	中学校まで	高等学校まで	専門学校まで	短大・高専まで	大学まで	大学院まで	その他	まだ分からない
学　習　費　総　額	…	**311,430**	**327,490**	**324,341**	**592,559**	X	X	**439,308**
学校教育費	…	**260,457**	**265,569**	**259,198**	**321,061**	X	X	**347,662**
入学金・入園料	…	5,422	4,575	10,718	7,141	X	X	11,832
入学時に納付した施設整備費等	…	2,564	3,548	2,595	3,762	X	X	8,158
入学検定料	…	2,585	2,293	5,295	5,193	X	X	7,822
授業料	…	36,917	44,172	39,464	58,483	X	X	40,547
施設整備費等	…	…	…	…	…	…	…	…
修学旅行費	…	15,309	16,377	13,574	15,675	X	X	15,688
校外学習費	…	2,453	4,914	2,543	4,120	X	X	3,101
学級・児童会・生徒会費	…	7,802	9,417	7,791	9,122	X	X	8,126
その他の学校納付金	…	8,986	10,006	12,420	13,244	X	X	13,834
ＰＴＡ会費	…	5,750	5,306	4,580	6,324	X	X	5,407
後援会等会費	…	4,242	3,702	3,911	5,120	X	X	5,616
寄附金	…	54	52	1,074	801	X	X	576
教科書費・教科書以外の図書費	…	22,223	24,188	25,868	33,365	X	X	34,970
学用品・実験実習材料費	…	22,124	21,339	22,577	20,606	X	X	30,169
教科外活動費	…	34,442	27,678	22,348	43,006	X	X	40,547
通学費	…	50,435	49,511	41,892	52,742	X	X	57,548
制服	…	23,911	22,590	25,381	24,533	X	X	43,474
通学用品費	…	11,017	10,637	11,392	12,960	X	X	15,378
その他	…	4,221	5,264	5,775	4,864	X	X	4,869
学校給食費	…	…	…	…	…	…	…	…
学校外活動費	…	**50,973**	**61,921**	**65,143**	**271,498**	X	X	**91,646**
補助学習費	…	26,404	39,458	35,384	235,774	X	X	67,617
家庭内学習費	…	12,571	16,386	16,341	26,318	X	X	18,816
通信教育・家庭教師費	…	2,885	2,744	4,282	21,082	X	X	5,746
学習塾費	…	7,947	17,811	10,763	171,749	X	X	39,044
その他	…	3,001	2,517	3,998	16,625	X	X	4,011
その他の学校外活動費	…	24,569	22,463	29,759	35,724	X	X	24,029
体験活動・地域活動	…	626	1,086	784	1,580	X	X	667
芸術文化活動	…	4,576	5,880	9,592	10,406	X	X	7,186
ｽﾎﾟｰﾂ・ﾚｸﾘｴｰｼｮﾝ活動	…	4,154	7,251	6,544	7,197	X	X	6,275
国際交流体験活動	…	114	258	—	3,172	X	X	58
教養・その他	…	15,099	7,988	12,839	13,369	X	X	9,843

（注）学習費総額の標準誤差率は公立高等学校では　2.59% ～ 5.32%
学校教育費　〃　1.58% ～ 5.64%
学校外活動費　〃　5.09% ～12.80%

（単位：円）

私立								区分
希望進路（子供をどの学校段階まで進ませたいか）								
中学校まで	高等学校まで	専門学校まで	短大・高専まで	大学まで	大学院まで	その他	まだ分からない	
…	485,664	645,377	682,248	1,081,856	1,582,311	X	1,034,558	学習費総額
…	445,262	569,709	599,863	770,597	846,879	X	796,858	学校教育費
…	17,696	29,294	33,160	45,170	35,240	X	61,244	入学金・入園料
…	9,909	18,990	14,981	23,545	13,581	X	33,277	入学時に納付した施設整備費等
…	2,548	4,266	4,081	5,648	2,926	X	8,727	入学検定料
…	171,480	202,981	239,127	290,562	396,213	X	298,869	授業料
…	26,268	34,081	30,784	66,134	72,077	X	47,437	施設整備費等
…	12,503	5,813	4,099	18,801	21,766	X	9,405	修学旅行費
…	2,662	11,506	4,473	10,424	9,936	X	8,571	校外学習費
…	9,352	9,666	9,159	13,296	17,117	X	12,677	学級・児童会・生徒会費
…	15,794	17,812	9,490	21,742	21,276	X	16,381	その他の学校納付金
…	6,845	6,720	7,071	9,988	8,649	X	8,388	ＰＴＡ会費
…	6,096	7,335	6,250	8,425	10,778	X	8,785	後援会等会費
…	1,945	1,517	629	4,144	9,992	X	5,610	寄附金
…	21,130	28,765	36,883	40,153	39,749	X	38,616	教科書費・教科書以外の図書費
…	22,408	27,128	27,495	24,372	22,597	X	39,064	学用品・実験実習材料費
…	29,134	38,749	35,148	50,629	31,119	X	47,083	教科外活動費
…	50,382	67,824	79,773	83,374	89,126	X	77,227	通学費
…	24,967	40,706	35,652	35,362	23,083	X	52,522	制服
…	8,369	11,109	14,523	11,737	12,283	X	14,801	通学用品費
…	5,774	5,447	7,085	7,091	9,371	X	8,174	その他
…	…	…	…	…	…	…	…	学校給食費
…	40,402	75,668	82,385	311,259	735,432	X	237,700	学校外活動費
…	19,686	41,502	39,976	256,118	642,683	X	154,330	補助学習費
…	5,930	15,210	15,273	31,896	58,045	X	35,858	家庭内学習費
…	4,457	3,497	11,294	25,762	78,675	X	20,057	通信教育・家庭教師費
…	6,120	18,903	10,560	180,041	470,268	X	88,941	学習塾費
…	3,179	3,892	2,849	18,419	35,695	X	9,474	その他
…	20,716	34,166	42,409	55,141	92,749	X	83,370	その他の学校外活動費
…	1,426	634	1,367	1,887	3,106	X	2,441	体験活動・地域活動
…	3,267	7,389	9,925	15,152	35,971	X	24,369	芸術文化活動
…	3,558	8,723	20,381	12,657	12,661	X	19,576	ｽﾎﾟｰﾂ・ﾚｸﾘｴｰｼｮﾝ活動
…	－	345	61	8,383	4,585	X	20,191	国際交流体験活動
…	12,465	17,075	10,675	17,062	36,426	X	16,793	教養・その他

（注）学習費総額の標準誤差率は私立高等学校では　2.23% ～ 8.47%
学校教育費　〃　1.85% ～ 8.59%
学校外活動費　〃　5.38% ～19.42%

8　兄弟姉妹の数及び調査対象者の

（1）幼稚園

区　分	公立						
	兄弟姉妹の数				調査対象者の出生順位		
	兄弟姉妹はいない	1人	2人	3人以上	第一子（兄弟姉妹はいない者を含まない）	第二子	第三子以降
学　習　費　総　額	**214,994**	**167,592**	**136,459**	**127,528**	**189,139**	**153,207**	**129,760**
学校教育費	**73,856**	**59,332**	**55,738**	**63,533**	**65,868**	**57,624**	**54,250**
入学金・入園料	567	190	155	108	358	125	188
入学時に納付した施設整備費等	80	61	115	52	89	53	114
入学検定料	18	17	97	1	14	62	12
授業料	4,642	5,723	4,789	9,343	4,440	6,376	5,482
施設整備費等	…	…	…	…	…	…	…
修学旅行費	3	19	61	267	2	22	152
校外学習費	725	742	746	788	813	708	766
学級・児童会・生徒会費	2,090	2,068	2,441	1,540	2,001	2,171	2,204
その他の学校納付金	2,041	1,813	2,106	1,666	1,801	1,854	2,040
ＰＴＡ会費	4,298	4,200	3,856	4,474	4,223	4,264	3,696
後援会等会費	66	42	98	50	75	30	107
寄附金	699	89	15	252	13	102	90
教科書費・教科書以外の図書費	3,066	2,939	2,978	3,407	3,336	2,911	2,798
学用品・実験実習材料費	8,853	8,118	7,486	7,242	9,061	7,632	7,348
教科外活動費	483	424	575	626	578	445	474
通学費	9,315	5,917	5,559	3,710	8,991	4,862	4,564
制服	4,385	3,423	2,306	1,837	4,568	2,611	2,303
通学用品費	16,399	11,374	12,080	18,894	11,941	12,189	12,079
その他	16,126	12,173	10,275	9,276	13,564	11,207	9,833
学校給食費	**15,192**	**14,063**	**12,076**	**8,932**	**14,814**	**13,678**	**10,274**
学校外活動費	**125,946**	**94,197**	**68,645**	**55,063**	**108,457**	**81,905**	**65,236**
補助学習費	51,219	29,411	18,572	24,481	35,434	24,492	20,013
家庭内学習費	14,342	8,002	8,211	6,887	10,567	6,110	9,587
通信教育・家庭教師費	13,680	8,878	4,846	5,288	10,532	7,069	5,274
学習塾費	20,675	11,747	5,320	12,075	13,838	10,537	4,956
その他	2,522	784	195	231	497	776	196
その他の学校外活動費	74,727	64,786	50,073	30,582	73,023	57,413	45,223
体験活動・地域活動	3,542	2,491	1,264	438	4,138	1,430	1,158
芸術文化活動	18,532	16,163	11,735	4,629	21,165	12,200	11,248
ｽﾎﾟｰﾂ・ﾚｸﾘｴｰｼｮﾝ活動	19,376	28,143	22,149	19,400	27,539	27,693	19,968
国際交流体験活動	261	370	92	106	450	274	86
教養・その他	33,016	17,619	14,833	6,009	19,731	15,816	12,763

（注）学習費総額の標準誤差率は公立幼稚園の兄弟姉妹の数別では　3.38% ～10.81%,　調査対象者の出生順位別では　3.70% ～ 6.85%
学校教育費　〃　2.84% ～18.34%,　〃　4.02% ～ 4.98%
学校給食費　〃　6.85% ～21.39%,　〃　7.37% ～12.08%
学校外活動費　〃　5.08% ～14.61%,　〃　5.68% ～ 9.52%

出生順位別 学習費

(単位:円)

私立							区分
兄弟姉妹の数				調査対象者の出生順位			
兄弟姉妹はいない	1人	2人	3人以上	第一子（兄弟姉妹はいない者を含まない）	第二子	第三子以降	
402,405	**300,694**	**251,431**	**235,856**	**320,707**	**282,524**	**245,372**	**学習費総額**
155,582	**133,689**	**119,651**	**121,948**	**138,226**	**126,318**	**128,282**	**学校教育費**
15,050	12,594	12,554	9,358	9,730	12,693	15,735	入学金・入園料
2,612	2,323	1,236	1,037	2,489	1,933	1,503	入学時に納付した施設整備費等
974	731	462	242	437	754	570	入学検定料
28,362	29,092	23,556	34,205	28,383	27,269	28,976	授業料
11,141	8,642	8,227	8,076	9,374	8,009	8,941	施設整備費等
139	51	39	—	56	51	17	修学旅行費
1,481	1,600	1,404	1,145	2,004	1,420	1,229	校外学習費
648	687	1,255	2,121	746	787	1,400	学級・児童会・生徒会費
4,884	2,806	2,957	1,290	2,289	2,963	2,932	その他の学校納付金
3,598	3,365	3,051	3,938	2,953	3,425	3,396	ＰＴＡ会費
454	391	318	360	412	372	308	後援会等会費
597	448	814	135	447	394	1,087	寄附金
4,313	4,752	4,261	2,991	4,747	4,678	3,920	教科書費・教科書以外の図書費
13,453	11,598	9,883	9,482	12,504	10,709	10,242	学用品・実験実習材料費
5,762	4,259	2,542	1,728	4,893	3,495	2,807	教科外活動費
23,192	21,050	18,937	21,531	21,870	20,570	18,440	通学費
9,472	6,061	6,238	3,505	7,725	5,475	5,341	制服
11,644	11,021	12,064	10,980	13,709	9,994	12,049	通学用品費
17,806	12,218	9,853	9,824	13,458	11,327	9,389	その他
28,774	**30,589**	**29,325**	**29,971**	**31,973**	**29,689**	**29,517**	**学校給食費**
218,049	**136,416**	**102,455**	**83,937**	**150,508**	**126,517**	**87,573**	**学校外活動費**
60,305	41,861	27,878	22,137	47,468	36,822	25,620	補助学習費
16,230	11,768	8,479	6,792	12,378	10,285	9,836	家庭内学習費
18,604	11,667	7,219	5,881	15,975	9,212	5,827	通信教育・家庭教師費
24,393	17,851	11,749	9,357	18,569	16,715	9,767	学習塾費
1,078	575	431	107	546	610	190	その他
157,744	94,555	74,577	61,800	103,040	89,695	61,953	その他の学校外活動費
9,717	3,310	1,987	2,619	4,138	2,770	1,811	体験活動・地域活動
54,136	19,739	14,413	13,923	20,453	19,551	10,254	芸術文化活動
44,162	49,997	41,382	31,124	53,230	47,320	37,385	ｽﾎﾟｰﾂ･ﾚｸﾘｴｰｼｮﾝ活動
4,445	422	172	51	580	331	51	国際交流体験活動
45,284	21,087	16,623	14,083	24,639	19,723	12,452	教養・その他

(注) 学習費総額の標準誤差率は私立幼稚園の兄弟姉妹の数別では 2.83% ～ 7.98%, 調査対象者の出生順位別では 2.97% ～ 4.07%
学校教育費 〃 3.47% ～ 9.87%, 〃 3.47% ～ 5.38%
学校給食費 〃 4.19% ～ 9.18%, 〃 4.64% ～ 5.77%
学校外活動費 〃 3.81% ～14.56%, 〃 4.09% ～ 7.33%

(2) 小 学 校

区分	公立						
	兄弟姉妹の数				調査対象者の出生順位		
	兄弟姉妹はいない	1人	2人	3人以上	第一子（兄弟姉妹はいない者を含まない）	第二子	第三子以降
学習費総額	**445,760**	**355,835**	**302,858**	**243,837**	**366,946**	**326,854**	**265,432**
学校教育費	**69,749**	**66,418**	**63,156**	**61,275**	**68,051**	**63,954**	**61,325**
入学金・入園料	126	103	68	139	96	84	119
入学時に納付した施設整備費等	5	62	58	1	57	62	45
入学検定料	9	15	3	1	21	3	2
授業料	…	…	…	…	…	…	…
施設整備費等	…	…	…	…	…	…	…
修学旅行費	3,101	3,236	3,035	3,078	3,028	3,354	2,956
校外学習費	2,294	2,121	2,012	2,448	2,089	2,101	2,149
学級・児童会・生徒会費	3,350	3,366	3,824	3,298	3,464	3,454	3,754
その他の学校納付金	1,442	1,880	2,039	3,145	1,985	1,944	2,251
ＰＴＡ会費	2,589	2,515	2,681	2,330	2,612	2,502	2,599
後援会等会費	50	62	163	60	57	62	286
寄附金	85	50	148	77	130	50	42
教科書費・教科書以外の図書費	5,305	4,826	4,608	4,982	4,784	4,695	5,013
学用品・実験実習材料費	21,379	19,632	18,108	16,514	20,539	18,444	16,627
教科外活動費	2,169	2,427	2,051	2,431	2,719	2,072	1,995
通学費	1,218	1,034	1,308	792	1,237	1,036	976
制服	3,003	2,615	2,524	3,586	3,131	2,325	2,194
通学用品費	17,026	16,998	15,913	14,327	16,510	16,731	16,103
その他	6,598	5,476	4,613	4,066	5,592	5,035	4,214
学校給食費	**39,787**	**39,331**	**38,702**	**34,211**	**39,191**	**39,121**	**37,289**
学校外活動費	**336,224**	**250,086**	**201,000**	**148,351**	**259,704**	**223,779**	**166,818**
補助学習費	172,940	122,205	91,974	62,233	129,853	105,115	69,967
家庭内学習費	18,778	14,973	11,126	8,377	16,244	12,790	8,152
通信教育・家庭教師費	31,355	24,437	16,671	14,983	24,157	21,558	14,889
学習塾費	120,400	80,973	63,124	37,386	87,692	69,142	46,063
その他	2,407	1,822	1,053	1,487	1,760	1,625	863
その他の学校外活動費	163,284	127,881	109,026	86,118	129,851	118,664	96,851
体験活動・地域活動	5,171	3,384	3,188	3,018	3,817	3,020	2,938
芸術文化活動	44,832	32,448	24,798	19,875	33,747	27,792	22,761
ｽﾎﾟｰﾂ･ﾚｸﾘｴｰｼｮﾝ活動	59,889	57,509	55,184	45,303	55,967	58,538	49,519
国際交流体験活動	544	430	442	23	425	314	693
教養・その他	52,848	34,110	25,414	17,899	35,895	29,000	20,940

(注) 学習費総額の標準誤差率は公立小学校の兄弟姉妹の数別では 1.77% ～ 5.12%, 調査対象者の出生順位別では 2.01% ～ 2.91%
学校教育費 〃 1.55% ～ 4.93%, 〃 1.89% ～ 3.38%
学校給食費 〃 1.64% ～ 5.20%, 〃 1.89% ～ 2.77%
学校外活動費 〃 2.44% ～ 7.43%, 〃 2.73% ～ 4.35%

(単位:円)

私立							区分
兄弟姉妹の数				調査対象者の出生順位			
兄弟姉妹はいない	1人	2人	3人以上	第一子（兄弟姉妹はいない者を含まない）	第二子	第三子以降	
1,780,717	**1,623,372**	**1,510,559**	X	**1,627,308**	**1,578,042**	**1,509,536**	**学習費総額**
972,510	**965,863**	**924,694**	X	**946,920**	**956,078**	**960,137**	**学校教育費**
43,692	49,667	24,592	X	43,491	42,556	33,386	入学金・入園料
17,322	21,520	9,683	X	16,464	20,011	14,634	入学時に納付した施設整備費等
6,391	5,759	2,847	X	4,496	5,422	4,059	入学検定料
529,160	537,934	547,870	X	540,688	538,996	554,622	授業料
94,437	91,090	84,995	X	93,173	86,098	85,254	施設整備費等
2,475	3,321	9,472	X	5,043	4,097	7,943	修学旅行費
14,396	16,234	13,421	X	18,102	12,471	14,530	校外学習費
9,210	9,816	9,667	X	9,331	11,136	4,491	学級・児童会・生徒会費
30,701	24,289	24,476	X	24,787	23,214	22,864	その他の学校納付金
6,130	5,839	5,492	X	5,954	5,575	5,505	ＰＴＡ会費
6,540	4,988	3,318	X	5,035	4,018	4,242	後援会等会費
28,005	22,204	17,612	X	16,755	26,772	19,837	寄附金
18,354	18,302	21,631	X	17,870	19,131	22,745	教科書費・教科書以外の図書費
31,597	31,116	30,269	X	30,407	30,805	30,630	学用品・実験実習材料費
9,096	8,879	7,857	X	9,107	8,423	6,371	教科外活動費
47,759	45,778	48,775	X	41,519	50,357	53,745	通学費
38,356	34,784	32,162	X	33,664	33,335	36,678	制服
21,848	21,791	18,602	X	19,951	22,010	20,059	通学用品費
17,041	12,552	11,953	X	11,083	11,651	18,542	その他
43,172	**47,756**	**43,643**	X	**48,208**	**46,268**	**41,445**	**学校給食費**
765,035	**609,753**	**542,222**	X	**632,180**	**575,696**	**507,954**	**学校外活動費**
432,646	346,660	320,849	X	368,807	325,901	299,099	補助学習費
51,636	39,274	32,123	X	40,772	33,323	35,570	家庭内学習費
65,868	44,738	44,580	X	54,428	34,688	42,563	通信教育・家庭教師費
304,445	255,795	236,824	X	266,296	250,558	217,098	学習塾費
10,697	6,853	7,322	X	7,311	7,332	3,868	その他
332,389	263,093	221,373	X	263,373	249,795	208,855	その他の学校外活動費
16,048	14,993	10,703	X	14,875	13,115	14,281	体験活動・地域活動
114,365	85,394	60,972	X	84,095	77,536	58,759	芸術文化活動
96,480	85,689	72,771	X	83,812	82,975	72,918	ｽﾎﾟｰﾂ・ﾚｸﾘｴｰｼｮﾝ活動
4,402	2,154	1,612	X	2,042	1,713	4,411	国際交流体験活動
101,094	74,863	75,315	X	78,549	74,456	58,486	教養・その他

(注) 学習費総額の標準誤差率は私立小学校の兄弟姉妹の数別では 2.87% ～ 4.15%, 調査対象者の出生順位別では 3.36% ～ 6.31%
学校教育費 〃 3.61% ～ 5.30%, 〃 3.87% ～ 7.40%
学校給食費 〃 12.36% ～13.33%, 〃 12.26% ～17.69%
学校外活動費 〃 4.13% ～ 5.32%, 〃 4.78% ～ 7.61%

（3）中 学 校

区　分	公立						
	兄弟姉妹の数				調査対象者の出生順位		
	兄弟姉妹はいない	1人	2人	3人以上	第一子（兄弟姉妹はいない者を含まない）	第二子	第三子以降
学習費総額	**603,489**	**551,381**	**503,149**	**428,188**	**558,778**	**525,250**	**456,684**
学校教育費	**147,040**	**133,919**	**126,121**	**112,941**	**131,532**	**134,479**	**113,163**
入学金・入園料	173	220	430	－	224	392	11
入学時に納付した施設整備費等	12	70	100	895	37	130	422
入学検定料	306	66	206	58	88	120	118
授業料	…	…	…	…	…	…	…
施設整備費等	…	…	…	…	…	…	…
修学旅行費	16,679	11,999	9,377	9,767	11,786	10,673	10,332
校外学習費	3,771	4,084	4,160	2,352	4,382	3,721	3,817
学級・児童会・生徒会費	3,892	6,205	4,506	6,075	4,706	6,725	5,152
その他の学校納付金	3,739	4,892	4,094	3,450	3,455	6,050	2,962
ＰＴＡ会費	3,290	3,441	3,745	2,887	3,641	3,133	4,178
後援会等会費	729	920	829	347	857	924	610
寄附金	486	504	97	29	742	92	55
教科書費・教科書以外の図書費	9,792	9,178	10,260	9,794	8,756	9,824	10,825
学用品・実験実習材料費	25,945	21,853	23,009	23,232	22,688	22,244	21,399
教科外活動費	24,757	24,206	25,557	16,831	24,567	25,314	19,354
通学費	8,592	7,331	6,437	7,319	5,984	8,143	6,594
制服	27,172	22,364	17,649	14,368	23,367	20,124	12,941
通学用品費	11,155	11,149	10,767	10,552	11,141	11,099	10,331
その他	6,550	5,437	4,898	4,985	5,111	5,771	4,062
学校給食費	**38,601**	**37,503**	**37,038**	**40,663**	**36,895**	**38,567**	**36,318**
学校外活動費	**417,848**	**379,959**	**339,990**	**274,584**	**390,351**	**352,204**	**307,203**
補助学習費	317,922	318,776	276,852	232,958	331,943	290,479	246,600
家庭内学習費	25,374	16,503	11,413	11,383	17,559	13,845	10,653
通信教育・家庭教師費	35,526	29,881	27,992	14,074	37,691	23,671	17,698
学習塾費	250,656	264,104	231,159	202,693	266,052	247,273	214,103
その他	6,366	8,288	6,288	4,808	10,641	5,690	4,146
その他の学校外活動費	99,926	61,183	63,138	41,626	58,408	61,725	60,603
体験活動・地域活動	1,018	1,175	608	1,026	1,201	935	602
芸術文化活動	40,788	16,814	17,844	4,330	14,956	20,131	7,826
ｽﾎﾟｰﾂ・ﾚｸﾘｴｰｼｮﾝ活動	39,899	28,175	31,789	21,924	26,849	26,600	40,055
国際交流体験活動	150	53	62	－	24	93	3
教養・その他	18,071	14,966	12,835	14,346	15,378	13,966	12,117

（注）学習費総額の標準誤差率は公立中学校の兄弟姉妹の数別では　2.28% ～ 8.02%，調査対象者の出生順位別では　2.78% ～ 5.77%
学校教育費　〃　2.15% ～ 8.20%，　〃　2.64% ～ 4.88%
学校給食費　〃　4.38% ～ 9.10%，　〃　4.11% ～ 7.13%
学校外活動費　〃　3.24% ～14.72%，　〃　3.82% ～ 8.37%

（単位:円）

私立							区分
兄弟姉妹の数				調査対象者の出生順位			
兄弟姉妹はいない	1人	2人	3人以上	第一子（兄弟姉妹はいない者を含まない）	第二子	第三子以降	
1,531,870	**1,397,030**	**1,413,492**	**X**	**1,450,315**	**1,361,338**	**1,346,017**	**学習費総額**
1,085,452	**1,066,263**	**1,015,009**	**X**	**1,086,951**	**1,024,007**	**1,013,533**	**学校教育費**
82,297	72,416	57,463	X	77,011	63,697	53,794	入学金・入園料
35,866	30,511	20,615	X	34,225	24,029	15,134	入学時に納付した施設整備費等
24,032	19,556	14,350	X	21,990	15,991	9,703	入学検定料
471,200	479,429	469,021	X	473,528	477,945	499,595	授業料
101,580	95,567	93,910	X	96,763	92,164	100,769	施設整備費等
13,120	13,552	11,166	X	10,044	15,179	14,887	修学旅行費
18,509	19,368	14,614	X	19,327	16,746	17,373	校外学習費
9,133	13,807	13,247	X	12,524	14,768	12,459	学級・児童会・生徒会費
23,780	25,027	21,360	X	24,144	25,281	18,632	その他の学校納付金
9,176	8,667	8,005	X	8,692	8,180	7,849	ＰＴＡ会費
6,983	7,169	8,653	X	7,947	6,912	7,079	後援会等会費
18,845	13,237	9,424	X	16,801	8,939	6,543	寄附金
34,956	32,458	32,687	X	32,186	32,607	34,152	教科書費・教科書以外の図書費
38,093	35,202	32,162	X	38,205	31,054	30,847	学用品・実験実習材料費
31,670	37,401	48,511	X	37,884	41,316	35,792	教科外活動費
78,738	84,743	94,019	X	90,229	82,092	85,237	通学費
52,270	51,562	45,115	X	57,179	43,978	43,307	制服
20,223	16,981	15,074	X	18,232	15,099	15,295	通学用品費
14,981	9,610	5,613	X	10,040	8,030	5,086	その他
5,783	**7,238**	**9,705**	**X**	**8,615**	**7,000**	**6,899**	**学校給食費**
440,635	**323,529**	**388,778**	**X**	**354,749**	**330,331**	**325,585**	**学校外活動費**
320,994	223,714	282,185	X	249,373	234,977	227,747	補助学習費
54,309	35,403	33,936	X	38,766	30,919	33,392	家庭内学習費
38,925	29,997	41,330	X	41,653	31,937	29,275	通信教育・家庭教師費
217,584	148,586	197,067	X	158,202	163,123	156,387	学習塾費
10,176	9,728	9,852	X	10,752	8,998	8,693	その他
119,641	99,815	106,593	X	105,376	95,354	97,838	その他の学校外活動費
7,510	4,095	8,236	X	5,274	4,939	3,773	体験活動・地域活動
37,954	31,732	35,288	X	32,301	30,509	37,311	芸術文化活動
30,096	25,579	40,053	X	29,898	25,986	31,124	ｽﾎﾟｰﾂ・ﾚｸﾘｴｰｼｮﾝ活動
5,533	7,194	2,785	X	9,828	2,841	1,236	国際交流体験活動
38,548	31,215	20,231	X	28,075	31,079	24,394	教養・その他

（注）学習費総額の標準誤差率は私立中学校の兄弟姉妹の数別では 2.46% ～ 4.36%, 調査対象者の出生順位別では 2.76% ～ 6.09%
学校教育費 〃 2.40% ～ 3.63%, 〃 2.52% ～ 5.15%
学校給食費 〃 35.01% ～40.48%, 〃 35.10% ～49.20%
学校外活動費 〃 5.74% ～11.30%, 〃 6.94% ～13.49%

（4）高 等 学 校（全日制）

区　分	公　立						
	兄弟姉妹の数				調査対象者の出生順位		
	兄弟姉妹はいない	1人	2人	3人以上	第一子（兄弟姉妹はいない者を含まない）	第二子	第三子以降
学　習　費　総　額	**526,724**	**531,004**	**473,985**	**490,997**	**543,684**	**483,403**	**493,395**
学校教育費	**293,409**	**317,313**	**306,042**	**311,638**	**313,646**	**311,335**	**316,506**
入学金・入園料	5,749	8,254	6,265	6,183	8,004	7,340	6,285
入学時に納付した施設整備費等	3,841	3,853	3,704	6,854	4,335	3,458	4,635
入学検定料	3,710	6,002	4,070	3,845	5,870	4,964	4,204
授業料	49,635	53,858	50,243	56,476	54,867	51,334	49,792
施設整備費等	…	…	…	…	…	…	…
修学旅行費	14,910	16,441	14,916	14,856	16,449	15,633	14,287
校外学習費	4,066	4,044	3,524	4,133	4,318	3,753	2,584
学級・児童会・生徒会費	9,710	8,862	8,499	7,046	7,986	9,181	8,960
その他の学校納付金	12,627	12,344	12,513	16,548	11,252	13,170	15,782
ＰＴＡ会費	6,075	6,097	5,698	5,140	5,562	6,171	6,273
後援会等会費	4,637	4,999	4,451	6,191	4,450	5,424	4,350
寄附金	188	697	866	261	362	1,190	126
教科書費・教科書以外の図書費	31,736	31,195	31,096	32,155	32,164	29,656	33,943
学用品・実験実習材料費	21,093	20,544	24,463	27,115	21,726	21,389	26,426
教科外活動費	33,318	41,381	41,126	32,577	37,349	43,450	42,823
通学費	51,171	53,767	50,509	50,096	55,000	50,420	50,960
制服	22,906	27,132	26,265	26,094	25,929	27,505	26,824
通学用品費	12,573	12,841	12,917	12,825	12,832	12,664	13,662
その他	5,464	5,002	4,917	3,243	5,191	4,633	4,590
学校給食費	**…**	**…**	**…**	**…**	**…**	**…**	**…**
学校外活動費	**233,315**	**213,691**	**167,943**	**179,359**	**230,038**	**172,068**	**176,889**
補助学習費	202,628	180,973	134,992	145,801	190,423	143,840	153,643
家庭内学習費	28,448	24,033	15,170	26,946	24,465	19,662	16,321
通信教育・家庭教師費	27,737	16,922	8,859	9,190	16,802	12,720	7,720
学習塾費	132,581	128,107	101,110	89,598	136,106	101,488	115,863
その他	13,862	11,911	9,853	20,067	13,050	9,970	13,739
その他の学校外活動費	30,687	32,718	32,951	33,558	39,615	28,228	23,246
体験活動・地域活動	2,011	1,377	888	930	1,246	1,270	715
芸術文化活動	8,329	10,277	7,989	13,730	12,043	7,811	8,440
ｽﾎﾟｰﾂ・ﾚｸﾘｴｰｼｮﾝ活動	4,167	7,079	7,572	9,439	7,465	7,893	4,010
国際交流体験活動	1,001	1,399	4,526	104	4,719	420	5
教養・その他	15,179	12,586	11,976	9,355	14,142	10,834	10,076

（注）学習費総額の標準誤差率は公立高等学校の兄弟姉妹の数別では　2.77% ～10.89%,　調査対象者の出生順位別では　2.81% ～ 6.98%
学校教育費　〃　1.75% ～ 6.38%,　〃　1.87% ～ 4.12%
学校外活動費　〃　5.85% ～27.07%,　〃　7.03% ～18.33%

（単位：円）

私立							区分
兄弟姉妹の数				調査対象者の出生順位			
兄弟姉妹はいない	1人	2人	3人以上	第一子（兄弟姉妹はいない者を含まない）	第二子	第三子以降	
1,161,033	**1,064,818**	**934,213**	**844,457**	**1,026,124**	**1,021,795**	**989,191**	**学習費総額**
767,510	**765,820**	**703,311**	**671,689**	**745,209**	**747,017**	**736,698**	**学校教育費**
44,816	44,743	40,687	33,103	45,641	40,529	45,099	入学金・入園料
22,588	24,186	19,702	21,918	21,307	24,049	24,525	入学時に納付した施設整備費等
5,555	5,591	5,330	4,839	5,704	5,319	5,320	入学検定料
297,902	295,055	265,409	262,666	277,764	297,455	266,148	授業料
62,514	63,693	52,964	37,451	61,698	59,481	51,615	施設整備費等
18,143	17,350	13,877	11,154	16,312	14,951	21,472	修学旅行費
9,765	10,731	8,124	9,930	9,383	10,973	8,170	校外学習費
13,188	13,761	11,114	12,921	13,827	12,570	11,440	学級・児童会・生徒会費
19,027	20,929	20,188	20,837	20,936	21,942	14,273	その他の学校納付金
9,658	9,576	8,735	6,757	9,326	8,912	10,388	ＰＴＡ会費
8,605	8,741	7,180	8,534	7,909	9,012	6,943	後援会等会費
5,736	4,061	4,041	2,479	3,511	4,267	4,797	寄附金
39,424	38,087	38,544	36,967	38,858	37,028	40,419	教科書費・教科書以外の図書費
24,593	26,251	26,410	22,685	27,399	24,362	29,127	学用品・実験実習材料費
47,871	46,485	48,134	44,529	43,982	46,239	63,025	教科外活動費
82,779	80,678	79,231	80,143	84,041	77,429	76,505	通学費
35,755	36,347	35,185	37,162	37,981	33,556	39,376	制服
11,868	12,102	11,929	11,100	12,462	11,330	13,188	通学用品費
7,723	7,453	6,527	6,514	7,168	7,613	4,868	その他
…	**…**	**…**	**…**	**…**	**…**	**…**	**学校給食費**
393,523	**298,998**	**230,902**	**172,768**	**280,915**	**274,778**	**252,493**	**学校外活動費**
313,060	247,470	186,995	113,858	226,167	226,722	215,664	補助学習費
35,819	32,769	26,530	18,221	37,874	25,279	20,470	家庭内学習費
43,608	26,294	10,027	3,430	21,504	23,063	8,283	通信教育・家庭教師費
213,594	171,438	137,100	69,290	148,353	163,751	173,405	学習塾費
20,039	16,969	13,338	22,917	18,436	14,629	13,506	その他
80,463	51,528	43,907	58,910	54,748	48,056	36,829	その他の学校外活動費
2,222	1,828	1,734	1,652	1,938	1,701	1,667	体験活動・地域活動
18,923	15,538	17,039	11,802	20,176	13,581	5,351	芸術文化活動
15,713	13,623	8,162	5,872	12,710	11,732	10,923	ｽﾎﾟｰﾂ・ﾚｸﾘｴｰｼｮﾝ活動
20,293	4,009	2,556	16,832	2,336	5,091	8,195	国際交流体験活動
23,312	16,530	14,416	22,752	17,588	15,951	10,693	教養・その他

（注）学習費総額の標準誤差率は私立高等学校の兄弟姉妹の数別では　2.54% ～ 5.78%，調査対象者の出生順位別では　2.94% ～ 4.92%
学校教育費　〃　2.06% ～ 6.01%，　〃　2.38% ～ 4.85%
学校外活動費　〃　6.56% ～17.52%，　〃　6.69% ～13.78%

9 兄弟姉妹の性別・

(1) 幼 稚 園

区 分	公					
	調査対象者は男					
	兄弟姉妹はいない	調査対象者は第一子（兄弟姉妹はいない者を含まない）			調査対象者は第二子以降	
		弟妹は同性のみ	弟妹は異性のみ	その他	第一子は同性	第一子は異性
学習費総額	**201,876**	**170,665**	**189,763**	**X**	**145,968**	**129,773**
学校教育費	**69,871**	**58,852**	**70,050**	**X**	**59,365**	**54,857**
入学金・入園料	792	18	74	X	116	107
入学時に納付した施設整備費等	5	43	143	X	32	80
入学検定料	22	50	2	X	34	121
授業料	3,086	5,902	4,804	X	8,460	5,283
施設整備費等	…	…	…	…	…	…
修学旅行費	—	—	—	X	6	—
校外学習費	792	714	706	X	755	678
学級・児童会・生徒会費	1,997	2,677	1,580	X	2,123	2,311
その他の学校納付金	1,735	1,190	2,513	X	1,818	1,785
ＰＴＡ会費	4,331	4,019	3,808	X	4,279	4,370
後援会等会費	96	187	33	X	52	38
寄附金	1,276	1	48	X	66	52
教科書費・教科書以外の図書費	3,585	2,985	2,828	X	3,508	2,481
学用品・実験実習材料費	8,907	7,403	8,808	X	7,161	7,966
教科外活動費	462	768	140	X	668	299
通学費	5,809	6,575	11,285	X	3,917	4,603
制服	4,097	3,968	5,824	X	2,305	2,678
通学用品費	17,842	10,746	12,278	X	14,035	10,883
その他	15,037	11,606	15,176	X	10,030	11,122
学校給食費	**17,093**	**14,736**	**15,511**	**X**	**12,491**	**11,438**
学校外活動費	**114,912**	**97,077**	**104,202**	**X**	**74,112**	**63,478**
補助学習費	44,313	35,600	37,498	X	26,429	19,677
家庭内学習費	14,123	9,840	11,013	X	6,637	6,482
通信教育・家庭教師費	13,261	9,470	13,157	X	5,520	6,827
学習塾費	12,662	16,031	13,043	X	12,647	6,169
その他	4,267	259	285	X	1,625	199
その他の学校外活動費	70,599	61,477	66,704	X	47,683	43,801
体験活動・地域活動	5,437	2,096	13,514	X	1,744	1,899
芸術文化活動	7,964	7,067	5,522	X	5,949	6,121
ｽﾎﾟｰﾂ・ﾚｸﾘｴｰｼｮﾝ活動	20,805	30,015	26,394	X	27,732	24,717
国際交流体験活動	346	916	125	X	121	71
教養・その他	36,047	21,383	21,149	X	12,137	10,993

(注) 学習費総額の標準誤差率は公立幼稚園の調査対象者は男では 4.56% ～14.30%
学校教育費 〃 4.08% ～ 8.12%
学校給食費 〃 9.31% ～12.84%
学校外活動費 〃 7.42% ～24.17%

構成別 学習費

(単位:円)

立						
調査対象者は女						区分
兄弟姉妹はいない	調査対象者は第一子（兄弟姉妹はいない者を含まない）			調査対象者は第二子以降		
	弟妹は同性のみ	弟妹は異性のみ	その他	第一子は同性	第一子は異性	
229,830	**188,595**	**213,434**	**X**	**143,046**	**165,063**	**学習費総額**
78,366	**61,109**	**71,654**	**X**	**49,739**	**62,240**	**学校教育費**
312	853	229	X	237	120	入学金・入園料
166	110	83	X	92	89	入学時に納付した施設整備費等
13	2	2	X	2	31	入学検定料
6,402	4,032	3,095	X	3,410	7,051	授業料
…	…	…	…	…	…	施設整備費等
6	—	9	X	1	253	修学旅行費
651	626	1,175	X	820	647	校外学習費
2,195	1,723	1,736	X	2,295	1,996	学級・児童会・生徒会費
2,387	2,441	1,449	X	2,198	1,850	その他の学校納付金
4,262	4,047	4,497	X	4,084	3,580	ＰＴＡ会費
31	9	64	X	34	94	後援会等会費
46	8	0	X	2	281	寄附金
2,480	4,005	3,565	X	2,665	2,786	教科書費・教科書以外の図書費
8,792	7,554	11,686	X	6,438	8,687	学用品・実験実習材料費
507	355	533	X	365	464	教科外活動費
13,279	5,415	12,127	X	5,071	5,582	通学費
4,710	5,453	3,582	X	1,836	3,285	制服
14,768	10,246	14,719	X	9,084	14,523	通学用品費
17,359	14,230	13,103	X	11,105	10,921	その他
13,043	**12,893**	**16,124**	**X**	**11,875**	**14,703**	**学校給食費**
138,421	**114,593**	**125,656**	**X**	**81,432**	**88,120**	**学校外活動費**
59,027	35,690	35,079	X	21,786	24,164	補助学習費
14,590	9,777	12,677	X	5,808	10,014	家庭内学習費
14,153	10,161	10,689	X	6,879	6,901	通信教育・家庭教師費
29,735	15,033	11,205	X	9,048	6,847	学習塾費
549	719	508	X	51	402	その他
79,394	78,903	90,577	X	59,646	63,956	その他の学校外活動費
1,399	1,157	1,251	X	867	825	体験活動・地域活動
30,479	31,591	42,668	X	16,995	19,224	芸術文化活動
17,761	24,033	30,447	X	23,196	25,213	ｽﾎﾟｰﾂ・ﾚｸﾘｴｰｼｮﾝ活動
166	753	62	X	539	134	国際交流体験活動
29,589	21,369	16,149	X	18,049	18,560	教養・その他

(注) 学習費総額の標準誤差率は公立幼稚園の調査対象者は女では 4.86% ～10.81%
学校教育費 〃 3.93% ～11.59%
学校給食費 〃 9.98% ～16.29%
学校外活動費 〃 7.47% ～16.74%

(1) 幼 稚 園

区　分	私					
	調査対象者は男					
	兄弟姉妹はいない	調査対象者は第一子（兄弟姉妹はいない者を含まない）			調査対象者は第二子以降	
		弟妹は同性のみ	弟妹は異性のみ	その他	第一子は同性	第一子は異性
学　習　費　総　額	**334,186**	**291,312**	**323,693**	**X**	**263,928**	**271,396**
学校教育費	**147,859**	**135,492**	**133,703**	**X**	**127,008**	**126,051**
入学金・入園料	14,645	8,946	7,715	X	14,672	11,591
入学時に納付した施設整備費等	1,574	1,942	1,685	X	2,697	1,474
入学検定料	832	624	394	X	738	522
授業料	23,569	32,331	27,791	X	25,868	28,324
施設整備費等	10,918	8,413	10,497	X	9,008	7,158
修学旅行費	275	11	12	X	19	29
校外学習費	1,675	1,294	3,236	X	1,158	1,534
学級・児童会・生徒会費	647	697	519	X	720	1,163
その他の学校納付金	4,000	1,493	1,932	X	2,483	4,176
ＰＴＡ会費	3,621	3,014	3,588	X	3,364	3,821
後援会等会費	265	417	338	X	225	381
寄附金	541	348	1,108	X	353	1,027
教科書費・教科書以外の図書費	4,370	4,410	4,001	X	4,549	4,458
学用品・実験実習材料費	12,348	13,751	11,670	X	10,987	10,302
教科外活動費	7,310	4,046	5,346	X	5,001	3,085
通学費	24,292	21,613	20,981	X	18,455	20,941
制服	8,313	6,975	7,058	X	5,932	5,549
通学用品費	11,656	11,318	12,920	X	10,465	9,630
その他	17,008	13,849	12,912	X	10,314	10,886
学校給食費	**27,828**	**32,277**	**36,057**	**X**	**30,084**	**29,481**
学校外活動費	**158,499**	**123,543**	**153,933**	**X**	**106,836**	**115,864**
補助学習費	49,693	43,300	51,381	X	34,047	31,340
家庭内学習費	14,084	11,937	13,375	X	6,924	10,490
通信教育・家庭教師費	17,406	16,994	13,772	X	7,384	8,820
学習塾費	17,513	13,922	23,999	X	19,162	11,281
その他	690	447	235	X	577	749
その他の学校外活動費	108,806	80,243	102,552	X	72,789	84,524
体験活動・地域活動	3,228	5,032	4,946	X	2,510	2,807
芸術文化活動	18,924	8,252	7,941	X	7,006	10,235
ｽﾎﾟｰﾂ・ﾚｸﾘｴｰｼｮﾝ活動	49,595	46,375	66,751	X	46,839	50,865
国際交流体験活動	1,984	741	673	X	113	787
教養・その他	35,075	19,843	22,241	X	16,321	19,830

(注) 学習費総額の標準誤差率は私立幼稚園の調査対象者は男では 3.59% ～ 6.56%
学校教育費 〃 4.86% ～ 9.77%
学校給食費 〃 4.98% ～ 6.34%
学校外活動費 〃 6.18% ～10.16%

(単位:円)

立						区分
調査対象者は女						
兄弟姉妹はいない	調査対象者は第一子(兄弟姉妹はいない者を含まない)			調査対象者は第二子以降		
	弟妹は同性のみ	弟妹は異性のみ	その他	第一子は同性	第一子は異性	
460,540	**354,662**	**325,681**	**X**	**271,165**	**288,908**	**学習費総額**
162,163	**155,133**	**132,732**	**X**	**121,460**	**132,406**	**学校教育費**
15,395	13,988	8,261	X	11,764	15,570	入学金・入園料
3,497	5,513	1,866	X	1,269	1,853	入学時に納付した施設整備費等
1,095	482	321	X	890	707	入学検定料
32,447	36,092	18,220	X	26,614	29,862	授業料
11,332	9,892	9,104	X	8,893	7,897	施設整備費等
22	211	34	X	52	73	修学旅行費
1,316	1,364	2,186	X	1,074	1,722	校外学習費
648	960	996	X	741	1,092	学級・児童会・生徒会費
5,637	3,313	2,982	X	2,344	2,765	その他の学校納付金
3,579	2,551	2,618	X	3,176	3,288	ＰＴＡ会費
615	522	439	X	461	369	後援会等会費
645	245	157	X	360	469	寄附金
4,265	5,026	6,079	X	4,736	4,266	教科書費・教科書以外の図書費
14,395	12,408	13,055	X	10,293	10,800	学用品・実験実習材料費
4,443	5,721	5,099	X	2,771	2,414	教科外活動費
22,255	17,837	24,698	X	19,541	21,335	通学費
10,459	7,829	9,989	X	5,696	4,588	制服
11,633	17,999	12,483	X	10,811	11,046	通学用品費
18,485	13,180	14,145	X	9,974	12,290	その他
29,580	**32,356**	**30,847**	**X**	**27,674**	**31,271**	**学校給食費**
268,797	**167,173**	**162,102**	**X**	**122,031**	**125,231**	**学校外活動費**
69,348	50,132	47,283	X	39,614	32,067	補助学習費
18,059	16,655	9,925	X	12,944	10,552	家庭内学習費
19,626	19,149	14,908	X	7,863	9,590	通信教育・家庭教師費
30,255	13,524	21,946	X	18,306	11,717	学習塾費
1,408	804	504	X	501	208	その他
199,449	117,041	114,819	X	82,417	93,164	その他の学校外活動費
15,247	1,715	4,531	X	2,170	2,667	体験活動・地域活動
84,143	33,353	33,324	X	23,800	29,219	芸術文化活動
39,533	50,144	51,799	X	38,518	43,193	ｽﾎﾟｰﾂ・ﾚｸﾘｴｰｼｮﾝ活動
6,543	381	254	X	119	20	国際交流体験活動
53,983	31,448	24,911	X	17,810	18,065	教養・その他

(注) 学習費総額の標準誤差率は私立幼稚園の調査対象者は女では 3.99% ～ 8.96%
学校教育費 〃 4.43% ～ 9.31%
学校給食費 〃 5.41% ～ 8.95%
学校外活動費 〃 5.77% ～12.97%

（2）小 学 校

区　　分	公					
	調査対象者は男					
	兄弟姉妹はいない	調査対象者は第一子（兄弟姉妹はいない者を含まない）			調査対象者は第二子以降	
		弟妹は同性のみ	弟妹は異性のみ	その他	第一子は同性	第一子は異性
学　習　費　総　額	**430,221**	**379,014**	**381,712**	**333,003**	**311,243**	**303,802**
学校教育費	**70,633**	**70,303**	**67,006**	**59,922**	**62,765**	**61,976**
入学金・入園料	132	232	69	20	92	100
入学時に納付した施設整備費等	5	24	153	12	83	111
入学検定料	4	24	63	18	5	1
授業料	…	…	…	…	…	…
施設整備費等	…	…	…	…	…	…
修学旅行費	3,172	2,480	3,511	2,794	3,186	3,356
校外学習費	2,412	2,576	1,786	1,955	2,321	2,344
学級・児童会・生徒会費	3,188	3,539	3,229	4,032	3,838	3,088
その他の学校納付金	1,642	1,899	1,516	2,832	1,714	2,250
ＰＴＡ会費	2,727	2,625	2,737	2,487	2,538	2,410
後援会等会費	45	63	58	53	29	57
寄附金	25	116	12	280	17	17
教科書費・教科書以外の図書費	5,275	5,473	4,526	4,532	5,237	4,426
学用品・実験実習材料費	20,259	20,124	20,161	17,908	17,326	17,355
教科外活動費	1,988	2,680	2,840	2,843	2,063	1,814
通学費	1,465	1,030	918	2,483	923	952
制服	3,555	2,852	2,961	1,577	2,076	1,902
通学用品費	18,067	19,158	16,722	11,045	16,766	16,712
その他	6,672	5,408	5,744	5,051	4,551	5,081
学校給食費	**40,206**	**39,723**	**39,623**	**36,163**	**38,588**	**38,606**
学校外活動費	**319,382**	**268,988**	**275,083**	**236,918**	**209,890**	**203,220**
補助学習費	165,460	131,870	146,740	137,028	106,374	97,093
家庭内学習費	17,464	15,959	17,411	15,135	11,255	13,030
通信教育・家庭教師費	26,195	22,302	30,008	17,001	20,720	16,530
学習塾費	119,420	91,814	97,326	103,592	72,236	66,159
その他	2,381	1,795	1,995	1,300	2,163	1,374
その他の学校外活動費	153,922	137,118	128,343	99,890	103,516	106,127
体験活動・地域活動	5,025	4,144	4,024	3,498	3,725	2,131
芸術文化活動	25,075	16,970	20,880	13,063	11,835	12,726
ｽﾎﾟｰﾂ・ﾚｸﾘｴｰｼｮﾝ活動	74,078	75,131	70,257	57,505	64,858	64,521
国際交流体験活動	379	531	714	―	134	690
教養・その他	49,365	40,342	32,468	25,824	22,964	26,059

(注) 学習費総額の標準誤差率は公立小学校の調査対象者は男では　2.95% ～11.02%
学校教育費　〃　2.94% ～ 6.44%
学校給食費　〃　2.39% ～ 5.56%
学校外活動費　〃　4.12% ～15.84%

（単位：円）

立						
調査対象者は女						区　分
兄弟姉妹はいない	調査対象者は第一子（兄弟姉妹はいない者を含まない）			調査対象者は第二子以降		
	弟妹は同性のみ	弟妹は異性のみ	その他	第一子は同性	第一子は異性	
460,602	**343,862**	**377,850**	**343,500**	**297,879**	**335,787**	**学習費総額**
68,908	**65,927**	**71,922**	**64,017**	**61,282**	**67,363**	**学校教育費**
121	26	64	163	98	82	入学金・入園料
6	58	21	8	18	16	入学時に納付した施設整備費等
14	0	3	―	2	4	入学検定料
…	…	…	…	…	…	授業料
…	…	…	…	…	…	施設整備費等
3,034	2,774	3,205	3,739	2,996	3,495	修学旅行費
2,181	1,623	2,481	1,803	1,735	2,015	校外学習費
3,505	3,326	3,726	2,932	3,810	3,337	学級・児童会・生徒会費
1,250	1,886	2,020	2,651	2,294	1,862	その他の学校納付金
2,458	2,596	2,472	2,695	2,533	2,620	ＰＴＡ会費
54	43	42	72	75	315	後援会等会費
143	57	151	602	27	137	寄附金
5,334	4,527	4,455	5,344	4,462	4,904	教科書費・教科書以外の図書費
22,448	20,966	22,329	17,895	17,678	19,755	学用品・実験実習材料費
2,343	2,366	2,801	2,711	1,586	2,748	教科外活動費
981	1,422	1,111	1,312	965	1,260	通学費
2,476	3,793	3,229	4,153	2,680	2,560	制服
16,033	14,860	17,809	13,120	15,757	17,068	通学用品費
6,527	5,604	6,003	4,817	4,566	5,185	その他
39,387	**39,128**	**39,243**	**39,716**	**38,727**	**38,802**	**学校給食費**
352,307	**238,807**	**266,685**	**239,767**	**197,870**	**229,622**	**学校外活動費**
180,084	107,277	132,753	112,798	82,901	98,953	補助学習費
20,032	13,345	18,104	15,045	11,107	11,345	家庭内学習費
36,283	24,458	23,991	15,437	21,159	21,383	通信教育・家庭教師費
121,336	68,456	88,870	78,593	49,643	65,083	学習塾費
2,433	1,018	1,788	3,723	992	1,142	その他
172,223	131,530	133,932	126,969	114,969	130,669	その他の学校外活動費
5,311	2,986	4,269	2,324	2,274	3,773	体験活動・地域活動
63,694	53,193	49,101	46,386	37,079	46,956	芸術文化活動
46,342	41,848	38,041	46,143	45,134	49,727	ｽﾎﾟｰﾂ・ﾚｸﾘｴｰｼｮﾝ活動
701	129	450	392	320	511	国際交流体験活動
56,175	33,374	42,071	31,724	30,162	29,702	教養・その他

（注）学習費総額の標準誤差率は公立小学校の調査対象者は女では　2.87％ ～ 6.25％
学校教育費　〃　2.89％ ～ 6.99％
学校給食費　〃　2.29％ ～ 6.43％
学校外活動費　〃　4.12％ ～ 8.97％

（2）小 学 校

区　分	私					
	調査対象者は男					
	兄弟姉妹はいない	調査対象者は第一子 （兄弟姉妹はいない者を含まない）			調査対象者は第二子以降	
		弟妹は同性のみ	弟妹は異性のみ	その他	第一子は同性	第一子は異性
学　習　費　総　額	**1,854,274**	**1,647,222**	**1,602,287**	**X**	**1,535,165**	**1,568,857**
学校教育費	**1,011,002**	**949,174**	**904,036**	**X**	**932,104**	**943,340**
入学金・入園料	47,241	38,671	37,369	X	33,649	36,407
入学時に納付した施設整備費等	24,206	6,901	20,692	X	12,921	20,398
入学検定料	8,541	3,562	4,521	X	3,669	4,684
授業料	548,452	556,713	537,692	X	551,044	525,295
施設整備費等	95,239	91,763	82,342	X	97,226	70,507
修学旅行費	1,720	2,774	3,889	X	3,495	1,731
校外学習費	10,032	18,825	16,497	X	7,010	14,979
学級・児童会・生徒会費	7,735	15,835	9,315	X	6,358	15,432
その他の学校納付金	30,917	29,706	30,327	X	20,457	17,866
ＰＴＡ会費	6,422	7,756	6,159	X	5,549	4,932
後援会等会費	4,877	3,996	4,450	X	1,945	5,024
寄附金	27,776	9,544	10,195	X	27,555	20,792
教科書費・教科書以外の図書費	18,710	27,351	12,056	X	14,395	24,947
学用品・実験実習材料費	34,291	30,901	29,767	X	31,686	28,477
教科外活動費	9,445	7,783	5,444	X	5,153	14,101
通学費	55,914	42,434	35,722	X	57,452	54,036
制服	41,610	27,654	25,765	X	21,564	40,852
通学用品費	22,856	17,988	19,456	X	19,733	24,233
その他	15,018	9,017	12,378	X	11,243	18,647
学校給食費	**50,467**	**48,092**	**47,765**	**X**	**51,194**	**48,104**
学校外活動費	**792,805**	**649,956**	**650,486**	**X**	**551,867**	**577,413**
補助学習費	484,931	436,975	386,010	X	318,654	347,032
家庭内学習費	52,405	37,431	60,678	X	33,803	28,077
通信教育・家庭教師費	57,024	57,012	47,329	X	30,178	40,117
学習塾費	368,366	335,731	272,505	X	246,755	275,595
その他	7,136	6,801	5,498	X	7,918	3,243
その他の学校外活動費	307,874	212,981	264,476	X	233,213	230,381
体験活動・地域活動	17,069	14,015	18,401	X	19,144	16,222
芸術文化活動	64,415	38,668	44,875	X	36,648	42,869
ｽﾎﾟｰﾂ･ﾚｸﾘｴｰｼｮﾝ活動	134,204	104,987	103,134	X	98,396	97,289
国際交流体験活動	2,192	0	5,771	X	2,041	674
教養・その他	89,994	55,311	92,295	X	76,984	73,327

(注) 学習費総額の標準誤差率は私立小学校の調査対象者は男では　4.21% ～ 5.04%
学校教育費　〃　4.53% ～ 6.90%
学校給食費　〃　12.68% ～17.93%
学校外活動費　〃　6.24% ～ 9.46%

(単位:円)

立						
調査対象者は女						区　分
兄弟姉妹はいない	調査対象者は第一子（兄弟姉妹はいない者を含まない）			調査対象者は第二子以降		
	弟妹は同性のみ	弟妹は異性のみ	その他	第一子は同性	第一子は異性	
1,727,554	**1,617,965**	**1,640,076**	X	**1,559,787**	**1,582,952**	**学習費総額**
944,690	**1,026,636**	**944,567**	X	**988,358**	**953,354**	**学校教育費**
41,127	70,918	40,055	X	51,077	37,754	入学金・入園料
12,347	22,838	18,118	X	28,063	11,884	入学時に納付した施設整備費等
4,837	6,126	4,795	X	6,593	4,938	入学検定料
515,218	525,837	535,939	X	554,302	539,619	授業料
93,858	103,187	102,267	X	89,871	87,510	施設整備費等
3,021	5,743	2,544	X	7,530	5,823	修学旅行費
17,550	26,175	15,150	X	16,887	10,923	校外学習費
10,275	9,541	5,138	X	7,888	9,014	学級・児童会・生徒会費
30,545	18,804	24,124	X	28,659	23,596	その他の学校納付金
5,919	5,104	5,454	X	5,707	5,948	ＰＴＡ会費
7,742	5,712	6,793	X	5,751	2,902	後援会等会費
28,170	38,231	13,991	X	20,804	32,265	寄附金
18,097	15,990	17,787	X	18,034	21,017	教科書費・教科書以外の図書費
29,650	30,486	31,053	X	34,100	28,581	学用品・実験実習材料費
8,843	13,843	10,080	X	6,051	6,733	教科外活動費
41,866	49,224	40,499	X	47,516	48,229	通学費
36,003	43,741	38,988	X	26,714	44,215	制服
21,119	23,113	20,129	X	21,599	20,628	通学用品費
18,503	12,023	11,663	X	11,212	11,775	その他
37,900	**42,999**	**49,373**	X	**30,655**	**54,183**	**学校給食費**
744,964	**548,330**	**646,136**	X	**540,774**	**575,415**	**学校外活動費**
394,859	245,400	352,684	X	297,828	322,229	補助学習費
51,081	32,580	33,402	X	42,959	29,132	家庭内学習費
72,259	29,665	64,174	X	41,788	31,460	通信教育・家庭教師費
258,248	178,342	248,559	X	208,626	250,888	学習塾費
13,271	4,813	6,549	X	4,455	10,749	その他
350,105	302,930	293,452	X	242,946	253,186	その他の学校外活動費
15,309	19,609	10,594	X	10,357	10,378	体験活動・地域活動
150,465	119,226	137,671	X	83,848	112,462	芸術文化活動
69,216	63,659	68,964	X	68,500	68,384	ｽﾎﾟｰﾂ・ﾚｸﾘｴｰｼｮﾝ活動
5,999	2,759	435	X	3,632	2,425	国際交流体験活動
109,116	97,677	75,788	X	76,609	59,537	教養・その他

(注) 学習費総額の標準誤差率は私立小学校の調査対象者は女では　3.18% ～ 5.90%
学校教育費　〃　3.69% ～ 7.69%
学校給食費　〃　14.32% ～24.13%
学校外活動費　〃　5.22% ～ 9.64%

（3）中 学 校

区分	公					
	調査対象者は男					
	兄弟姉妹はいない	調査対象者は第一子（兄弟姉妹はいない者を含まない）			調査対象者は第二子以降	
		弟妹は同性のみ	弟妹は異性のみ	その他	第一子は同性	第一子は異性
学習費総額	**620,906**	**605,345**	**606,627**	**X**	**494,145**	**499,661**
学校教育費	**153,721**	**145,100**	**132,564**	**X**	**126,419**	**136,829**
入学金・入園料	186	39	－	X	－	393
入学時に納付した施設整備費等	22	70	－	X	33	464
入学検定料	585	136	－	X	－	130
授業料	…	…	…	…	…	…
施設整備費等	…	…	…	…	…	…
修学旅行費	18,085	7,263	14,803	X	11,222	11,391
校外学習費	4,949	4,643	3,780	X	3,727	4,103
学級・児童会・生徒会費	4,349	4,602	5,392	X	6,903	6,174
その他の学校納付金	3,682	3,258	2,475	X	4,128	9,359
ＰＴＡ会費	3,173	5,187	3,250	X	3,053	3,741
後援会等会費	997	700	1,416	X	668	930
寄附金	239	27	1,654	X	132	103
教科書費・教科書以外の図書費	9,413	8,248	9,144	X	9,725	8,203
学用品・実験実習材料費	26,325	23,991	20,979	X	23,606	21,672
教科外活動費	27,394	34,545	22,221	X	25,389	25,691
通学費	9,026	7,048	7,473	X	7,109	7,577
制服	26,144	27,158	23,401	X	14,398	20,238
通学用品費	12,033	12,602	12,230	X	11,581	10,209
その他	7,119	5,583	4,346	X	4,745	6,451
学校給食費	**37,361**	**37,927**	**38,124**	**X**	**38,698**	**38,159**
学校外活動費	**429,824**	**422,318**	**435,939**	**X**	**329,028**	**324,673**
補助学習費	327,378	361,150	357,111	X	275,157	252,486
家庭内学習費	22,568	15,847	15,919	X	14,035	11,741
通信教育・家庭教師費	37,182	30,596	59,412	X	20,706	18,170
学習塾費	261,033	296,510	271,291	X	235,531	219,102
その他	6,595	18,197	10,489	X	4,885	3,473
その他の学校外活動費	102,446	61,168	78,828	X	53,871	72,187
体験活動・地域活動	445	753	3,408	X	832	883
芸術文化活動	27,714	7,494	11,601	X	7,362	2,287
ｽﾎﾟｰﾂ・ﾚｸﾘｴｰｼｮﾝ活動	62,755	36,418	47,440	X	33,336	62,615
国際交流体験活動	8	－	－	X	113	4
教養・その他	11,524	16,503	16,379	X	12,228	6,398

(注) 学習費総額の標準誤差率は公立中学校の調査対象者は男では　3.75% ～ 8.09%
学校教育費　〃　4.18% ～ 7.74%
学校給食費　〃　5.33% ～10.56%
学校外活動費　〃　5.50% ～11.76%

（単位:円）

立						区分
調査対象者は女						
兄弟姉妹はいない	調査対象者は第一子（兄弟姉妹はいない者を含まない）			調査対象者は第二子以降		
	弟妹は同性のみ	弟妹は異性のみ	その他	第一子は同性	第一子は異性	
584,727	**529,667**	**547,419**	X	**530,070**	**507,012**	**学習費総額**
139,842	**121,012**	**125,549**	X	**129,435**	**124,503**	**学校教育費**
159	576	504	X	533	286	入学金・入園料
0	2	104	X	165	200	入学時に納付した施設整備費等
5	26	260	X	305	43	入学検定料
…	…	…	…	…	…	授業料
…	…	…	…	…	…	施設整備費等
15,165	14,337	12,127	X	10,635	8,651	修学旅行費
2,502	2,923	5,855	X	3,825	3,342	校外学習費
3,400	7,794	3,214	X	6,780	5,290	学級・児童会・生徒会費
3,800	2,894	3,354	X	3,919	4,101	その他の学校納付金
3,416	2,799	3,735	X	3,037	3,917	ＰＴＡ会費
440	687	520	X	1,058	734	後援会等会費
753	2,020	70	X	18	76	寄附金
10,200	7,847	9,610	X	13,117	8,907	教科書費・教科書以外の図書費
25,536	21,728	23,198	X	21,126	21,621	学用品・実験実習材料費
21,917	16,122	21,349	X	24,131	19,692	教科外活動費
8,124	4,680	5,210	X	9,904	6,279	通学費
28,279	21,944	21,988	X	13,786	26,555	制服
10,208	9,236	9,674	X	11,596	10,040	通学用品費
5,938	5,397	4,777	X	5,500	4,769	その他
39,936	**37,153**	**33,205**	X	**37,859**	**37,013**	**学校給食費**
404,949	**371,502**	**388,665**	X	**362,776**	**345,496**	**学校外活動費**
307,737	309,777	333,309	X	312,943	272,967	補助学習費
28,395	24,519	18,119	X	13,456	12,739	家庭内学習費
33,742	27,952	32,532	X	28,446	20,896	通信教育・家庭教師費
239,481	249,189	276,145	X	263,623	234,076	学習塾費
6,119	8,117	6,513	X	7,418	5,256	その他
97,212	61,725	55,356	X	49,833	72,529	その他の学校外活動費
1,634	935	948	X	829	872	体験活動・地域活動
54,866	26,191	20,936	X	19,543	41,271	芸術文化活動
15,289	17,107	20,454	X	10,553	14,687	ｽﾎﾟｰﾂ・ﾚｸﾘｴｰｼｮﾝ活動
302	120	－	X	86	67	国際交流体験活動
25,121	17,372	13,018	X	18,822	15,632	教養・その他

（注）学習費総額の標準誤差率は公立中学校の調査対象者は女では　5.05％ ～ 5.88％
学校教育費　〃　4.48％ ～ 6.41％
学校給食費　〃　5.05％ ～10.45％
学校外活動費　〃　6.72％ ～ 8.09％

（3）中 学 校

区　　分	私					
	調査対象者は男					
	兄弟姉妹はいない	調査対象者は第一子（兄弟姉妹はいない者を含まない）			調査対象者は第二子以降	
		弟妹は同性のみ	弟妹は異性のみ	その他	第一子は同性	第一子は異性
学　習　費　総　額	**1,551,255**	**1,405,257**	**1,507,029**	X	**1,374,920**	**1,343,722**
学校教育費	**1,103,826**	**1,103,852**	**1,151,869**	X	**1,007,423**	**1,012,035**
入学金・入園料	87,764	79,028	97,157	X	43,909	80,136
入学時に納付した施設整備費等	40,778	33,158	50,565	X	17,409	18,865
入学検定料	28,827	24,011	27,677	X	10,350	15,856
授業料	501,484	469,713	486,607	X	509,132	466,819
施設整備費等	84,004	99,624	86,600	X	95,784	74,294
修学旅行費	12,256	8,622	11,867	X	9,674	14,629
校外学習費	23,451	27,776	16,551	X	19,020	13,821
学級・児童会・生徒会費	11,030	13,867	11,374	X	14,389	17,086
その他の学校納付金	21,884	16,826	26,326	X	18,850	22,973
ＰＴＡ会費	9,072	8,690	9,612	X	6,697	10,127
後援会等会費	5,913	5,844	7,030	X	7,064	3,640
寄附金	14,022	6,851	22,615	X	6,974	8,503
教科書費・教科書以外の図書費	32,091	34,179	33,882	X	30,876	34,921
学用品・実験実習材料費	40,214	39,295	37,697	X	29,167	33,490
教科外活動費	29,523	46,758	38,738	X	44,562	40,117
通学費	75,096	94,048	99,480	X	88,847	87,546
制服	48,962	67,625	59,315	X	33,774	44,968
通学用品費	16,252	18,519	20,280	X	15,440	16,257
その他	21,203	9,418	8,496	X	5,505	7,987
学校給食費	**2,393**	**9,725**	**11,276**	X	**2,518**	**5,150**
学校外活動費	**445,036**	**291,680**	**343,884**	X	**364,979**	**326,537**
補助学習費	325,646	191,454	274,704	X	260,540	242,131
家庭内学習費	49,253	44,393	32,799	X	37,593	25,846
通信教育・家庭教師費	32,168	33,195	34,544	X	25,803	52,176
学習塾費	234,077	102,680	199,972	X	186,870	155,138
その他	10,148	11,186	7,389	X	10,274	8,971
その他の学校外活動費	119,390	100,226	69,180	X	104,439	84,406
体験活動・地域活動	4,497	13,131	1,843	X	10,581	2,695
芸術文化活動	31,652	19,999	10,613	X	12,124	10,898
ｽﾎﾟｰﾂ・ﾚｸﾘｴｰｼｮﾝ活動	44,388	37,260	34,791	X	44,121	38,285
国際交流体験活動	6,321	2,837	393	X	2,082	2,387
教養・その他	32,532	26,999	21,540	X	35,531	30,141

(注) 学習費総額の標準誤差率は私立中学校の調査対象者は男では 4.26% ～ 6.76%
学校教育費 〃 3.92% ～ 6.82%
学校給食費 〃 43.94% ～75.61%
学校外活動費 〃 9.31% ～16.47%

（単位：円）

立							
調査対象者は女							区　　分
兄弟姉妹はいない	調査対象者は第一子（兄弟姉妹はいない者を含まない）			調査対象者は第二子以降			
	弟妹は同性のみ	弟妹は異性のみ	その他	第一子は同性	第一子は異性	
1,517,082	**1,457,655**	**1,421,748**	X	**1,381,081**	**1,340,665**	**学　習　費　総　額**
1,071,434	**1,107,341**	**1,003,529**	X	**1,036,321**	**1,035,668**	**学校教育費**
78,126	70,754	63,680	X	60,609	64,810	入学金・入園料
32,120	23,529	32,474	X	23,803	29,337	入学時に納付した施設整備費等
20,374	19,724	19,650	X	18,316	16,125	入学検定料
448,097	503,941	456,426	X	466,724	477,873	授業料
114,989	99,852	92,027	X	102,670	102,368	施設整備費等
13,779	9,178	10,033	X	17,922	19,040	修学旅行費
14,739	21,680	15,338	X	16,597	17,491	校外学習費
7,686	16,238	8,183	X	9,839	14,891	学級・児童会・生徒会費
25,226	28,599	26,474	X	34,751	23,202	その他の学校納付金
9,255	9,558	7,480	X	8,283	7,704	ＰＴＡ会費
7,800	7,938	10,398	X	9,163	8,179	後援会等会費
22,524	21,218	15,098	X	7,576	10,577	寄附金
37,141	32,690	25,426	X	31,803	33,828	教科書費・教科書以外の図書費
36,475	39,551	34,683	X	28,529	32,325	学用品・実験実習材料費
33,307	29,638	37,532	X	49,611	30,379	教科外活動費
81,517	89,267	70,247	X	74,860	77,569	通学費
54,793	54,461	49,633	X	50,997	48,123	制服
23,251	17,314	18,041	X	14,385	14,375	通学用品費
10,235	12,211	10,706	X	9,883	7,472	その他
8,369	**1,503**	**9,990**	X	**13,875**	**8,433**	**学校給食費**
437,279	**348,811**	**408,229**	X	**330,885**	**296,564**	**学校外活動費**
317,445	220,126	283,129	X	252,956	188,081	補助学習費
58,167	39,629	34,725	X	33,227	28,789	家庭内学習費
44,079	33,166	36,516	X	38,183	15,187	通信教育・家庭教師費
205,001	136,042	203,862	X	173,662	135,801	学習塾費
10,198	11,289	8,026	X	7,884	8,304	その他
119,834	128,685	125,100	X	77,929	108,483	その他の学校外活動費
9,809	2,684	2,777	X	1,992	2,508	体験活動・地域活動
42,762	57,368	35,961	X	34,384	66,641	芸術文化活動
19,193	32,625	21,584	X	12,502	9,926	ｽﾎﾟｰﾂ・ﾚｸﾘｴｰｼｮﾝ活動
4,931	2,730	37,182	X	2,788	2,982	国際交流体験活動
43,139	33,278	27,596	X	26,263	26,426	教養・その他

（注）学習費総額の標準誤差率は私立中学校の調査対象者は女では　3.79％ ～ 5.14％
学校教育費　〃　3.81％ ～ 5.34％
学校給食費　〃　36.82％ ～53.68％
学校外活動費　〃　7.24％ ～12.36％

（4）高 等 学 校（全日制）

区分	公					
	調査対象者は男					
	兄弟姉妹はいない	調査対象者は第一子（兄弟姉妹はいない者を含まない）			調査対象者は第二子以降	
		弟妹は同性のみ	弟妹は異性のみ	その他	第一子は同性	第一子は異性
学習費総額	**536,591**	**511,436**	**573,841**	**X**	**502,845**	**561,008**
学校教育費	**293,331**	**303,207**	**331,846**	**X**	**311,734**	**335,562**
入学金・入園料	7,544	7,275	9,716	X	5,167	8,331
入学時に納付した施設整備費等	2,160	4,057	6,875	X	2,710	3,544
入学検定料	3,871	4,934	7,622	X	4,098	4,887
授業料	48,547	51,009	60,085	X	52,519	53,390
施設整備費等	…	…	…	…	…	…
修学旅行費	14,385	12,905	19,724	X	17,108	14,235
校外学習費	4,072	5,075	3,857	X	4,356	3,967
学級・児童会・生徒会費	10,841	6,988	7,735	X	9,606	9,663
その他の学校納付金	11,061	11,014	11,100	X	12,242	13,671
ＰＴＡ会費	5,490	5,930	6,196	X	6,145	7,294
後援会等会費	3,950	4,615	5,363	X	5,076	6,452
寄附金	338	139	71	X	382	477
教科書費・教科書以外の図書費	30,070	28,959	31,113	X	28,693	31,911
学用品・実験実習材料費	20,197	22,740	20,663	X	21,802	22,883
教科外活動費	44,050	46,893	44,459	X	53,267	63,590
通学費	45,829	48,213	54,140	X	49,760	48,304
制服	22,242	23,988	23,601	X	21,061	23,260
通学用品費	13,504	13,237	14,000	X	12,212	14,812
その他	5,180	5,236	5,526	X	5,530	4,891
学校給食費	…	…	…	…	…	…
学校外活動費	**243,260**	**208,229**	**241,995**	**X**	**191,111**	**225,446**
補助学習費	215,060	179,773	215,370	X	165,573	198,095
家庭内学習費	24,036	30,904	23,091	X	19,516	21,861
通信教育・家庭教師費	28,600	13,359	19,335	X	17,238	7,744
学習塾費	148,674	124,050	155,124	X	117,055	154,094
その他	13,750	11,460	17,820	X	11,764	14,396
その他の学校外活動費	28,200	28,456	26,625	X	25,538	27,351
体験活動・地域活動	1,866	1,872	777	X	1,048	2,221
芸術文化活動	3,352	2,858	3,337	X	4,959	5,893
ｽﾎﾟｰﾂ・ﾚｸﾘｴｰｼｮﾝ活動	6,205	8,530	6,078	X	8,830	9,249
国際交流体験活動	—	36	1,413	X	279	87
教養・その他	16,777	15,160	15,020	X	10,422	9,901

(注) 学習費総額の標準誤差率は公立高等学校の調査対象者は男では　4.44% ～ 5.99%
学校教育費　〃　3.44% ～ 4.67%
学校外活動費　〃　9.13% ～14.26%

(単位:円)

立						区分
調査対象者は女						
兄弟姉妹はいない	調査対象者は第一子（兄弟姉妹はいない者を含まない）			調査対象者は第二子以降		
	弟妹は同性のみ	弟妹は異性のみ	その他	第一子は同性	第一子は異性	
516,951	**557,472**	**516,831**	**X**	**435,925**	**447,012**	**学習費総額**
293,494	**321,624**	**309,447**	**X**	**300,204**	**304,485**	**学校教育費**
3,970	11,554	5,846	X	7,821	7,975	入学金・入園料
5,508	3,370	3,697	X	3,594	4,582	入学時に納付した施設整備費等
3,551	8,273	3,968	X	5,555	5,097	入学検定料
50,714	49,222	56,377	X	51,416	48,144	授業料
…	…	…	…	…	…	施設整備費等
15,431	17,794	16,578	X	15,408	15,156	修学旅行費
4,060	3,342	3,803	X	2,591	3,395	校外学習費
8,590	9,970	8,183	X	9,850	7,743	学級・児童会・生徒会費
14,179	13,558	11,214	X	12,586	15,354	その他の学校納付金
6,656	5,559	5,178	X	5,863	5,513	ＰＴＡ会費
5,318	3,345	4,090	X	4,920	4,804	後援会等会費
41	1,253	19	X	2,013	1,210	寄附金
33,388	35,123	33,229	X	29,957	29,705	教科書費・教科書以外の図書費
21,981	20,686	20,729	X	21,596	22,267	学用品・実験実習材料費
22,681	23,140	39,295	X	27,468	30,507	教科外活動費
56,466	64,816	55,134	X	53,683	50,620	通学費
23,564	31,587	26,868	X	30,203	35,714	制服
11,650	12,900	11,662	X	11,576	12,659	通学用品費
5,746	6,132	3,577	X	4,104	4,040	その他
…	…	…	…	…	…	**学校給食費**
223,457	**235,848**	**207,384**	**X**	**135,721**	**142,527**	**学校外活動費**
190,305	198,058	150,673	X	108,315	112,815	補助学習費
32,821	23,122	23,906	X	21,750	13,196	家庭内学習費
26,881	18,817	18,054	X	9,335	12,800	通信教育・家庭教師費
116,631	142,268	100,263	X	67,723	79,552	学習塾費
13,972	13,851	8,450	X	9,507	7,267	その他
33,152	37,790	56,711	X	27,406	29,712	その他の学校外活動費
2,155	2,198	425	X	699	809	体験活動・地域活動
13,261	18,038	25,498	X	9,818	11,765	芸術文化活動
2,148	4,098	11,719	X	5,483	4,909	ｽﾎﾟｰﾂ･ﾚｸﾘｴｰｼｮﾝ活動
1,992	504	7,468	X	453	592	国際交流体験活動
13,596	12,952	11,601	X	10,953	11,637	教養・その他

(注) 学習費総額の標準誤差率は公立高等学校の調査対象者は女では　3.33% ～ 6.43%
学校教育費　〃　3.37% ～ 4.97%
学校外活動費　〃　7.62% ～14.46%

（4）高 等 学 校（全日制）

区　　分	私					
	調査対象者は男					
	兄弟姉妹はいない	調査対象者は第一子（兄弟姉妹はいない者を含まない）			調査対象者は第二子以降	
		弟妹は同性のみ	弟妹は異性のみ	その他	第一子は同性	第一子は異性
学　習　費　総　額	**1,211,345**	**1,091,758**	**1,092,489**	**975,774**	**1,089,899**	**1,068,677**
学校教育費	**783,999**	**788,483**	**781,351**	**691,245**	**788,812**	**765,087**
入学金・入園料	45,958	50,792	44,416	41,338	45,383	43,810
入学時に納付した施設整備費等	26,393	18,023	24,342	13,154	34,721	21,067
入学検定料	5,101	6,179	4,694	4,209	6,997	4,942
授業料	314,954	289,750	296,691	279,243	300,290	312,862
施設整備費等	57,573	65,959	59,200	56,254	55,610	53,255
修学旅行費	16,677	17,263	19,512	7,595	16,803	20,335
校外学習費	7,713	8,834	11,258	4,669	10,943	9,121
学級・児童会・生徒会費	13,325	15,141	14,676	15,424	13,216	10,583
その他の学校納付金	17,876	20,562	17,388	11,936	23,001	17,109
ＰＴＡ会費	9,994	10,255	9,616	8,200	9,475	8,782
後援会等会費	8,295	8,022	7,912	7,301	8,572	9,547
寄附金	6,054	1,003	7,466	4,355	5,136	4,570
教科書費・教科書以外の図書費	37,971	40,431	35,959	36,612	36,319	39,438
学用品・実験実習材料費	25,090	33,352	24,711	22,074	25,333	23,359
教科外活動費	56,840	51,708	66,122	45,711	63,368	61,447
通学費	79,271	88,832	80,226	83,975	80,309	74,558
制服	32,946	41,015	36,970	32,597	33,171	31,996
通学用品費	12,065	14,154	12,590	11,505	12,598	11,815
その他	9,903	7,208	7,602	5,093	7,567	6,491
学校給食費	…	…	…	…	…	…
学校外活動費	**427,346**	**303,275**	**311,138**	**284,529**	**301,087**	**303,590**
補助学習費	350,686	247,641	265,139	208,548	248,076	267,196
家庭内学習費	38,470	54,744	38,461	31,513	30,932	21,242
通信教育・家庭教師費	42,861	15,606	24,422	10,049	24,424	13,691
学習塾費	247,403	164,435	177,508	137,049	177,935	218,505
その他	21,952	12,856	24,748	29,937	14,785	13,758
その他の学校外活動費	76,660	55,634	45,999	75,981	53,011	36,394
体験活動・地域活動	3,046	1,983	3,254	651	2,416	1,515
芸術文化活動	12,652	9,450	12,730	26,865	5,002	4,281
ｽﾎﾟｰﾂ・ﾚｸﾘｴｰｼｮﾝ活動	22,954	26,891	13,958	7,963	19,155	14,727
国際交流体験活動	13,971	116	3,016	7,251	13,525	1,396
教養・その他	24,037	17,194	13,041	33,251	12,913	14,475

(注) 学習費総額の標準誤差率は私立高等学校の調査対象者は男では　3.89% ～ 8.43%
学校教育費　〃　3.55% ～ 7.89%
学校外活動費　〃　10.83% ～18.46%

（単位：円）

立						区分
調査対象者は女						
兄弟姉妹はいない	調査対象者は第一子（兄弟姉妹はいない者を含まない）			調査対象者は第二子以降		
	弟妹は同性のみ	弟妹は異性のみ	その他	第一子は同性	第一子は異性	
1,103,289	**997,166**	**965,844**	**941,861**	**884,734**	**1,014,781**	**学習費総額**
748,587	**691,750**	**731,392**	**746,476**	**688,394**	**736,820**	**学校教育費**
43,505	34,783	53,467	43,848	38,291	37,276	入学金・入園料
18,220	18,612	24,096	29,834	22,174	18,704	入学時に納付した施設整備費等
6,075	4,742	6,271	9,794	5,106	4,232	入学検定料
278,329	267,461	262,641	258,698	262,195	292,268	授業料
68,187	61,968	64,081	54,859	56,255	66,976	施設整備費等
19,827	13,201	17,075	18,293	11,165	15,176	修学旅行費
12,121	10,776	7,848	10,370	11,674	10,611	校外学習費
13,030	10,662	15,091	11,040	12,487	13,363	学級・児童会・生徒会費
20,349	26,047	18,442	32,792	17,871	24,396	その他の学校納付金
9,273	9,354	8,557	8,920	9,700	8,801	ＰＴＡ会費
8,962	6,852	8,671	8,562	9,070	7,652	後援会等会費
5,371	1,598	3,091	5,026	5,416	2,673	寄附金
41,093	34,878	42,413	45,930	38,310	37,006	教科書費・教科書以外の図書費
24,022	26,418	27,911	23,239	26,303	25,835	学用品・実験実習材料費
37,575	25,320	32,132	38,119	30,682	40,766	教科外活動費
86,806	83,164	80,112	94,830	74,940	79,042	通学費
38,980	36,007	40,322	35,752	38,166	34,061	制服
11,642	11,253	12,763	10,557	11,304	10,676	通学用品費
5,220	8,654	6,408	6,013	7,285	7,306	その他
…	…	…	…	…	…	**学校給食費**
354,702	**305,416**	**234,452**	**195,385**	**196,340**	**277,961**	**学校外活動費**
269,870	232,177	189,282	164,008	159,062	221,613	補助学習費
32,775	39,769	27,274	18,978	21,311	23,874	家庭内学習費
44,466	23,543	29,534	13,562	17,474	26,204	通信教育・家庭教師費
174,785	150,012	117,551	115,523	105,961	156,454	学習塾費
17,844	18,853	14,923	15,945	14,316	15,081	その他
84,832	73,239	45,170	31,377	37,278	56,348	その他の学校外活動費
1,276	1,322	1,761	913	1,087	1,518	体験活動・地域活動
26,123	39,916	20,679	14,076	12,338	25,944	芸術文化活動
7,402	6,559	4,876	2,962	7,096	5,769	ｽﾎﾟｰﾂ・ﾚｸﾘｴｰｼｮﾝ活動
27,551	3,454	942	3,712	1,485	5,676	国際交流体験活動
22,480	21,988	16,912	9,714	15,272	17,441	教養・その他

（注）学習費総額の標準誤差率は私立高等学校の調査対象者は女では　3.67％ ～ 5.23％
学校教育費　〃　3.69％ ～ 5.55％
学校外活動費　〃　9.31％ ～18.45％

10 兄弟姉妹の

(1) 幼稚園

区分	公立						
	兄弟姉妹はいない	兄弟姉妹がいる					
		就業中などの兄姉がいる	大学等に通う兄姉がいる	専門学校に通う兄姉がいる	高等学校に通う兄姉がいる	中学校に通う兄姉がいる	その他
学習費総額	**214,994**	X	X	X	X	**149,325**	**155,694**
学校教育費	**73,856**	X	X	X	X	**60,638**	**58,152**
入学金・入園料	567	X	X	X	X	78	203
入学時に納付した施設整備費等	80	X	X	X	X	20	78
入学検定料	18	X	X	X	X	—	41
授業料	4,642	X	X	X	X	6,022	5,561
施設整備費等	…	…	…	…	…	…	…
修学旅行費	3	X	X	X	X	194	50
校外学習費	725	X	X	X	X	673	761
学級・児童会・生徒会費	2,090	X	X	X	X	2,675	2,103
その他の学校納付金	2,041	X	X	X	X	2,194	1,857
ＰＴＡ会費	4,298	X	X	X	X	4,232	4,130
後援会等会費	66	X	X	X	X	133	58
寄附金	699	X	X	X	X	184	49
教科書費・教科書以外の図書費	3,066	X	X	X	X	2,950	2,997
学用品・実験実習材料費	8,853	X	X	X	X	8,307	7,735
教科外活動費	483	X	X	X	X	386	495
通学費	9,315	X	X	X	X	4,171	5,618
制服	4,385	X	X	X	X	2,308	3,000
通学用品費	16,399	X	X	X	X	14,599	12,122
その他	16,126	X	X	X	X	11,512	11,294
学校給食費	**15,192**	X	X	X	X	**14,330**	**13,004**
学校外活動費	**125,946**	X	X	X	X	**74,357**	**84,538**
補助学習費	51,219	X	X	X	X	24,003	25,907
家庭内学習費	14,342	X	X	X	X	9,686	8,062
通信教育・家庭教師費	13,680	X	X	X	X	7,091	7,292
学習塾費	20,675	X	X	X	X	7,119	9,963
その他	2,522	X	X	X	X	107	590
その他の学校外活動費	74,727	X	X	X	X	50,354	58,631
体験活動・地域活動	3,542	X	X	X	X	345	2,068
芸術文化活動	18,532	X	X	X	X	13,053	14,222
ｽﾎﾟｰﾂ・ﾚｸﾘｴｰｼｮﾝ活動	19,376	X	X	X	X	22,565	25,863
国際交流体験活動	261	X	X	X	X	153	280
教養・その他	33,016	X	X	X	X	14,238	16,198

(注) 学習費総額の標準誤差率は公立幼稚園では 3.29% ～12.58%
学校教育費 〃 3.28% ～ 8.74%
学校給食費 〃 6.28% ～16.41%
学校外活動費 〃 4.49% ～17.70%

学校段階別 学習費

(単位:円)

私立							区分
兄弟姉妹はいない	兄弟姉妹がいる						
	就業中などの兄姉がいる	大学等に通う兄姉がいる	専門学校に通う兄姉がいる	高等学校に通う兄姉がいる	中学校に通う兄姉がいる	その他	
402,405	X	X	X	X	**292,231**	**284,260**	**学習費総額**
155,582	X	X	X	X	**148,606**	**128,511**	**学校教育費**
15,050	X	X	X	X	19,702	12,050	入学金・入園料
2,612	X	X	X	X	1,560	2,020	入学時に納付した施設整備費等
974	X	X	X	X	471	653	入学検定料
28,362	X	X	X	X	34,748	27,704	授業料
11,141	X	X	X	X	11,864	8,318	施設整備費等
139	X	X	X	X	6	47	修学旅行費
1,481	X	X	X	X	1,595	1,549	校外学習費
648	X	X	X	X	1,779	870	学級・児童会・生徒会費
4,884	X	X	X	X	3,108	2,756	その他の学校納付金
3,598	X	X	X	X	3,461	3,303	ＰＴＡ会費
454	X	X	X	X	502	360	後援会等会費
597	X	X	X	X	710	544	寄附金
4,313	X	X	X	X	3,054	4,547	教科書費・教科書以外の図書費
13,453	X	X	X	X	12,017	10,922	学用品・実験実習材料費
5,762	X	X	X	X	4,531	3,704	教科外活動費
23,192	X	X	X	X	20,853	20,514	通学費
9,472	X	X	X	X	5,213	5,951	制服
11,644	X	X	X	X	12,187	11,258	通学用品費
17,806	X	X	X	X	11,245	11,441	その他
28,774	X	X	X	X	**30,370**	**30,411**	**学校給食費**
218,049	X	X	X	X	**113,255**	**125,338**	**学校外活動費**
60,305	X	X	X	X	38,125	37,439	補助学習費
16,230	X	X	X	X	14,433	10,748	家庭内学習費
18,604	X	X	X	X	9,149	10,256	通信教育・家庭教師費
24,393	X	X	X	X	14,273	15,913	学習塾費
1,078	X	X	X	X	270	522	その他
157,744	X	X	X	X	75,130	87,899	その他の学校外活動費
9,717	X	X	X	X	1,261	2,978	体験活動・地域活動
54,136	X	X	X	X	15,651	18,074	芸術文化活動
44,162	X	X	X	X	39,191	47,057	ｽﾎﾟｰﾂ・ﾚｸﾘｴｰｼｮﾝ活動
4,445	X	X	X	X	70	324	国際交流体験活動
45,284	X	X	X	X	18,957	19,466	教養・その他

(注) 学習費総額の標準誤差率は私立幼稚園では　2.51% ～ 7.88%
学校教育費　〃　3.15% ～ 9.94%
学校給食費　〃　3.89% ～ 7.79%
学校外活動費　〃　3.39% ～11.17%

（2）小 学 校

区　　分	公　　立						
	兄弟姉妹はいない	兄 弟 姉 妹 が い る					
		就業中などの兄姉がいる	大学等に通う兄姉がいる	専門学校に通う兄姉がいる	高等学校に通う兄姉がいる	中学校に通う兄姉がいる	その他
学　習　費　総　額	**445,760**	**330,097**	**326,442**	**X**	**291,358**	**311,665**	**335,193**
学校教育費	**69,749**	**64,499**	**60,777**	**X**	**62,016**	**57,011**	**67,716**
入学金・入園料	126	104	15	X	52	46	116
入学時に納付した施設整備費等	5	2	—	X	1	7	78
入学検定料	9	—	—	X	2	1	14
授業料	…	…	…	…	…	…	…
施設整備費等	…	…	…	…	…	…	…
修学旅行費	3,101	8,059	6,036	X	6,768	3,992	2,345
校外学習費	2,294	1,346	2,372	X	2,796	2,594	1,838
学級・児童会・生徒会費	3,350	2,805	4,386	X	3,831	3,690	3,473
その他の学校納付金	1,442	1,942	3,254	X	2,875	2,139	1,843
ＰＴＡ会費	2,589	2,360	2,603	X	2,903	2,612	2,505
後援会等会費	50	2,093	50	X	351	67	55
寄附金	85	72	16	X	51	31	102
教科書費・教科書以外の図書費	5,305	4,505	4,480	X	5,322	4,897	4,609
学用品・実験実習材料費	21,379	17,223	14,767	X	15,270	16,135	20,158
教科外活動費	2,169	2,299	2,256	X	2,890	2,524	2,084
通学費	1,218	1,751	1,596	X	1,416	1,022	1,073
制服	3,003	3,429	2,942	X	2,060	2,014	2,893
通学用品費	17,026	9,981	10,047	X	9,830	10,799	19,395
その他	6,598	6,528	5,957	X	5,598	4,441	5,135
学校給食費	**39,787**	**37,588**	**39,615**	**X**	**39,171**	**38,494**	**38,598**
学校外活動費	**336,224**	**228,010**	**226,050**	**X**	**190,171**	**216,160**	**228,879**
補助学習費	172,940	118,882	127,091	X	94,259	107,487	105,667
家庭内学習費	18,778	8,440	7,765	X	6,734	9,320	15,173
通信教育・家庭教師費	31,355	15,337	25,030	X	17,984	21,163	21,115
学習塾費	120,400	94,385	92,368	X	68,200	75,339	67,956
その他	2,407	720	1,928	X	1,341	1,665	1,423
その他の学校外活動費	163,284	109,128	98,959	X	95,912	108,673	123,212
体験活動・地域活動	5,171	7,008	2,739	X	2,754	2,956	3,443
芸術文化活動	44,832	23,069	26,505	X	23,302	25,569	30,041
ｽﾎﾟｰﾂ・ﾚｸﾘｴｰｼｮﾝ活動	59,889	45,374	43,344	X	47,091	53,907	57,846
国際交流体験活動	544	464	653	X	556	357	433
教養・その他	52,848	33,213	25,718	X	22,209	25,884	31,449

(注) 学習費総額の標準誤差率は公立小学校では　1.65% ～12.24%
学校教育費　〃　1.32% ～ 7.99%
学校給食費　〃　1.93% ～ 6.35%
学校外活動費　〃　2.33% ～17.44%

（単位：円）

私立							区分
兄弟姉妹はいない	兄弟姉妹がいる						
	就業中などの兄姉がいる	大学等に通う兄姉がいる	専門学校に通う兄姉がいる	高等学校に通う兄姉がいる	中学校に通う兄姉がいる	その他	
1,780,717	**X**	**X**	**X**	**1,480,299**	**1,506,060**	**1,604,998**	**学習費総額**
972,510	**X**	**X**	**X**	**892,166**	**878,852**	**972,231**	**学校教育費**
43,692	X	X	X	22,381	15,309	50,134	入学金・入園料
17,322	X	X	X	5,490	5,098	21,633	入学時に納付した施設整備費等
6,391	X	X	X	2,348	2,117	5,545	入学検定料
529,160	X	X	X	553,947	526,721	541,608	授業料
94,437	X	X	X	72,527	91,886	91,079	施設整備費等
2,475	X	X	X	11,812	6,713	4,329	修学旅行費
14,396	X	X	X	9,699	13,891	16,259	校外学習費
9,210	X	X	X	11,363	5,228	9,964	学級・児童会・生徒会費
30,701	X	X	X	21,637	24,912	24,403	その他の学校納付金
6,130	X	X	X	5,095	5,680	5,834	ＰＴＡ会費
6,540	X	X	X	3,499	3,423	4,783	後援会等会費
28,005	X	X	X	9,180	16,168	25,298	寄附金
18,354	X	X	X	18,520	15,143	19,311	教科書費・教科書以外の図書費
31,597	X	X	X	26,592	27,132	31,644	学用品・実験実習材料費
9,096	X	X	X	6,354	7,457	8,979	教科外活動費
47,759	X	X	X	51,928	54,416	43,159	通学費
38,356	X	X	X	28,036	26,853	34,980	制服
21,848	X	X	X	14,914	15,648	22,539	通学用品費
17,041	X	X	X	16,844	15,057	10,750	その他
43,172	**X**	**X**	**X**	**44,656**	**36,262**	**48,773**	**学校給食費**
765,035	**X**	**X**	**X**	**543,477**	**590,946**	**583,994**	**学校外活動費**
432,646	X	X	X	321,321	382,988	327,581	補助学習費
51,636	X	X	X	28,405	29,360	36,640	家庭内学習費
65,868	X	X	X	37,106	42,002	44,311	通信教育・家庭教師費
304,445	X	X	X	247,724	304,007	240,628	学習塾費
10,697	X	X	X	8,086	7,619	6,002	その他
332,389	X	X	X	222,156	207,958	256,413	その他の学校外活動費
16,048	X	X	X	10,307	9,684	16,104	体験活動・地域活動
114,365	X	X	X	68,654	68,862	79,736	芸術文化活動
96,480	X	X	X	74,869	68,164	85,392	ｽﾎﾟｰﾂ・ﾚｸﾘｴｰｼｮﾝ活動
4,402	X	X	X	3,941	3,608	1,805	国際交流体験活動
101,094	X	X	X	64,385	57,640	73,376	教養・その他

（注）学習費総額の標準誤差率は私立小学校では　3.01% ～ 6.10%
学校教育費　〃　3.61% ～ 6.57%
学校給食費　〃　12.36% ～18.04%
学校外活動費　〃　4.09% ～ 7.65%

（3）中 学 校

区分	公立						
	兄弟姉妹はいない	兄弟姉妹がいる					
		就業中などの兄姉がいる	大学等に通う兄姉がいる	専門学校に通う兄姉がいる	高等学校に通う兄姉がいる	中学校に通う兄姉がいる	その他
学習費総額	**603,489**	**490,993**	**524,574**	**X**	**468,267**	**547,924**	**538,392**
学校教育費	**147,040**	**128,003**	**116,370**	**X**	**117,852**	**151,265**	**130,763**
入学金・入園料	173	11	9	X	450	0	452
入学時に納付した施設整備費等	12	1,422	2	X	297	0	93
入学検定料	306	95	80	X	178	8	182
授業料	…	…	…	…	…	…	…
施設整備費等	…	…	…	…	…	…	…
修学旅行費	16,679	14,525	13,975	X	9,499	12,576	9,378
校外学習費	3,771	2,064	3,967	X	3,949	3,318	4,157
学級・児童会・生徒会費	3,892	4,549	6,283	X	5,995	6,286	4,980
その他の学校納付金	3,739	21,792	4,368	X	3,644	3,351	3,466
ＰＴＡ会費	3,290	4,757	3,117	X	3,620	3,267	3,519
後援会等会費	729	1,190	964	X	759	527	818
寄附金	486	492	79	X	46	490	505
教科書費・教科書以外の図書費	9,792	7,953	11,133	X	9,955	11,618	8,846
学用品・実験実習材料費	25,945	19,429	21,335	X	20,128	27,211	23,231
教科外活動費	24,757	17,688	18,291	X	23,602	24,916	25,306
通学費	8,592	3,593	4,672	X	7,233	11,398	6,718
制服	27,172	13,541	12,560	X	14,098	26,198	23,095
通学用品費	11,155	9,069	9,402	X	9,857	13,514	11,132
その他	6,550	5,833	6,133	X	4,542	6,587	4,885
学校給食費	**38,601**	**30,809**	**40,188**	**X**	**36,604**	**37,387**	**37,079**
学校外活動費	**417,848**	**332,181**	**368,016**	**X**	**313,811**	**359,272**	**370,550**
補助学習費	317,922	255,451	318,560	X	260,104	291,424	306,007
家庭内学習費	25,374	15,707	14,458	X	11,115	14,524	15,975
通信教育・家庭教師費	35,526	12,295	27,511	X	22,375	21,554	36,023
学習塾費	250,656	222,911	270,857	X	221,594	247,806	244,751
その他	6,366	4,538	5,734	X	5,020	7,540	9,258
その他の学校外活動費	99,926	76,730	49,456	X	53,707	67,848	64,543
体験活動・地域活動	1,018	1,669	414	X	965	1,025	1,203
芸術文化活動	40,788	4,271	8,283	X	15,011	19,810	20,410
ｽﾎﾟｰﾂ・ﾚｸﾘｴｰｼｮﾝ活動	39,899	57,914	30,693	X	24,224	34,710	27,991
国際交流体験活動	150	6	173	X	26	104	25
教養・その他	18,071	12,870	9,893	X	13,481	12,199	14,914

（注）学習費総額の標準誤差率は公立中学校では　2.97% ～ 9.96%
学校教育費　〃　2.76% ～14.63%
学校給食費　〃　4.82% ～16.48%
学校外活動費　〃　4.13% ～12.45%

（単位:円）

私立							区分
兄弟姉妹はいない	兄弟姉妹がいる						
	就業中などの兄姉がいる	大学等に通う兄姉がいる	専門学校に通う兄姉がいる	高等学校に通う兄姉がいる	中学校に通う兄姉がいる	その他	
1,531,870	**X**	**1,362,502**	**X**	**1,320,720**	**1,481,682**	**1,457,226**	**学習費総額**
1,085,452	**X**	**985,842**	**X**	**981,077**	**1,142,431**	**1,087,651**	**学校教育費**
82,297	X	41,452	X	45,217	102,535	78,338	入学金・入園料
35,866	X	12,800	X	19,979	28,759	34,397	入学時に納付した施設整備費等
24,032	X	8,464	X	11,630	22,319	22,471	入学検定料
471,200	X	491,639	X	482,503	473,451	480,684	授業料
101,580	X	90,561	X	99,801	88,119	95,496	施設整備費等
13,120	X	19,890	X	14,509	14,479	8,333	修学旅行費
18,509	X	19,624	X	17,233	15,908	18,214	校外学習費
9,133	X	11,693	X	12,902	19,496	12,593	学級・児童会・生徒会費
23,780	X	23,493	X	24,605	27,513	23,632	その他の学校納付金
9,176	X	8,103	X	8,063	7,823	8,576	ＰＴＡ会費
6,983	X	4,817	X	7,387	9,309	7,628	後援会等会費
18,845	X	12,114	X	6,463	9,078	16,166	寄附金
34,956	X	30,276	X	31,660	38,430	31,683	教科書費・教科書以外の図書費
38,093	X	33,128	X	26,176	40,637	37,619	学用品・実験実習材料費
31,670	X	38,841	X	33,770	49,318	41,594	教科外活動費
78,738	X	77,875	X	81,614	111,078	84,828	通学費
52,270	X	39,285	X	36,671	58,721	57,582	制服
20,223	X	14,679	X	13,866	18,889	18,116	通学用品費
14,981	X	7,108	X	7,028	6,569	9,701	その他
5,783	**X**	**5,089**	**X**	**7,345**	**8,456**	**8,416**	**学校給食費**
440,635	**X**	**371,571**	**X**	**332,298**	**330,795**	**361,159**	**学校外活動費**
320,994	X	241,957	X	238,774	262,476	251,990	補助学習費
54,309	X	33,704	X	31,081	42,685	37,028	家庭内学習費
38,925	X	26,123	X	33,165	40,198	43,289	通信教育・家庭教師費
217,584	X	170,625	X	166,343	167,938	161,642	学習塾費
10,176	X	11,505	X	8,185	11,655	10,031	その他
119,641	X	129,614	X	93,524	68,319	109,169	その他の学校外活動費
7,510	X	3,184	X	5,978	4,012	7,061	体験活動・地域活動
37,954	X	45,413	X	31,674	24,971	29,796	芸術文化活動
30,096	X	37,025	X	26,162	16,885	33,119	ｽﾎﾟｰﾂ・ﾚｸﾘｴｰｼｮﾝ活動
5,533	X	3,696	X	2,728	1,363	9,496	国際交流体験活動
38,548	X	40,296	X	26,982	21,088	29,697	教養・その他

（注）学習費総額の標準誤差率は私立中学校では　2.91% ～ 5.00%
学校教育費　〃　3.01% ～ 4.28%
学校給食費　〃　34.87% ～44.23%
学校外活動費　〃　5.74% ～14.30%

（4）高 等 学 校（全日制）

区　　分	公　　立						
	兄弟姉妹はいない	兄 弟 姉 妹 が い る					
		就業中などの兄姉がいる	大学等に通う兄姉がいる	専門学校に通う兄姉がいる	高等学校に通う兄姉がいる	中学校に通う兄姉がいる	その他
学　習　費　総　額	**526,724**	**417,400**	**526,957**	**439,848**	**507,460**	**505,979**	**535,707**
学校教育費	**293,409**	**282,906**	**304,877**	**322,239**	**313,625**	**309,793**	**337,892**
入学金・入園料	5,749	4,963	6,101	3,719	8,923	7,667	8,956
入学時に納付した施設整備費等	3,841	3,391	2,742	4,096	3,954	4,805	5,297
入学検定料	3,710	3,328	4,432	3,869	5,606	5,176	6,479
授業料	49,635	52,336	52,110	47,933	52,290	53,676	53,630
施設整備費等	…	…	…	…	…	…	…
修学旅行費	14,910	18,080	17,845	14,277	7,758	18,517	14,995
校外学習費	4,066	3,526	2,921	2,803	4,469	3,961	5,004
学級・児童会・生徒会費	9,710	7,428	9,622	9,506	9,731	7,642	8,524
その他の学校納付金	12,627	11,774	14,216	15,445	13,667	12,069	11,557
ＰＴＡ会費	6,075	5,316	6,482	4,489	6,178	5,650	5,211
後援会等会費	4,637	4,437	5,571	5,162	4,942	4,926	4,822
寄附金	188	1,383	900	425	425	478	1,054
教科書費・教科書以外の図書費	31,736	24,705	30,683	30,497	31,288	30,793	34,542
学用品・実験実習材料費	21,093	20,112	18,731	24,853	25,306	20,923	27,481
教科外活動費	33,318	37,052	45,600	52,299	38,102	37,449	41,097
通学費	51,171	49,427	47,507	58,594	50,300	53,983	55,995
制服	22,906	20,813	22,359	26,315	32,589	24,926	32,903
通学用品費	12,573	10,837	12,355	13,877	13,466	11,999	15,159
その他	5,464	3,998	4,700	4,080	4,631	5,153	5,186
学校給食費	**…**	**…**	**…**	**…**	**…**	**…**	**…**
学校外活動費	**233,315**	**134,494**	**222,080**	**117,609**	**193,835**	**196,186**	**197,815**
補助学習費	202,628	111,561	194,198	84,806	165,030	161,260	151,924
家庭内学習費	28,448	18,641	21,120	9,728	21,200	21,561	23,088
通信教育・家庭教師費	27,737	11,523	13,246	4,475	19,649	12,221	12,618
学習塾費	132,581	74,856	145,045	63,083	110,805	115,551	106,211
その他	13,862	6,541	14,787	7,520	13,376	11,927	10,007
その他の学校外活動費	30,687	22,933	27,882	32,803	28,805	34,926	45,891
体験活動・地域活動	2,011	813	1,528	498	731	787	1,726
芸術文化活動	8,329	6,412	8,207	10,990	5,126	10,982	13,359
ｽﾎﾟｰﾂ・ﾚｸﾘｴｰｼｮﾝ活動	4,167	4,963	7,348	4,791	10,454	7,439	8,869
国際交流体験活動	1,001	11	254	886	531	3,628	8,717
教養・その他	15,179	10,734	10,545	15,638	11,963	12,090	13,220

（注）学習費総額の標準誤差率は公立高等学校では　3.80%　～　6.39%
学校教育費　〃　2.46%　～　5.54%
学校外活動費　〃　7.97%　～15.90%

（単位:円）

私立							区分
兄弟姉妹はいない	兄弟姉妹がいる						
	就業中などの兄姉がいる	大学等に通う兄姉がいる	専門学校に通う兄姉がいる	高等学校に通う兄姉がいる	中学校に通う兄姉がいる	その他	
1,161,033	**886,629**	**1,057,979**	**795,078**	**1,037,390**	**956,789**	**1,007,139**	**学習費総額**
767,510	**656,880**	**750,944**	**678,734**	**741,216**	**711,116**	**786,308**	**学校教育費**
44,816	25,072	35,589	45,977	44,150	39,956	63,041	入学金・入園料
22,588	12,852	23,170	23,256	22,146	20,279	28,949	入学時に納付した施設整備費等
5,555	2,934	4,648	6,034	5,778	5,097	8,371	入学検定料
297,902	263,862	309,766	201,787	299,648	266,655	271,267	授業料
62,514	48,742	62,299	56,589	58,970	55,187	57,724	施設整備費等
18,143	15,797	18,287	12,077	9,933	17,145	9,387	修学旅行費
9,765	6,427	12,251	9,230	6,830	8,934	11,713	校外学習費
13,188	12,117	12,600	14,955	11,978	12,228	14,893	学級・児童会・生徒会費
19,027	16,749	22,205	15,323	20,547	20,753	21,239	その他の学校納付金
9,658	10,455	8,593	8,963	8,344	8,772	9,944	ＰＴＡ会費
8,605	6,793	8,694	10,050	8,303	7,727	8,165	後援会等会費
5,736	4,188	4,046	1,036	5,349	3,311	4,445	寄附金
39,424	40,002	35,777	29,619	38,450	38,707	40,853	教科書費・教科書以外の図書費
24,593	24,381	22,832	34,138	25,570	25,070	33,638	学用品・実験実習材料費
47,871	48,274	45,608	68,680	35,766	46,870	47,964	教科外活動費
82,779	73,808	78,569	78,349	77,981	82,015	82,271	通学費
35,755	28,056	28,445	41,083	40,390	34,119	50,590	制服
11,868	10,283	10,751	12,053	11,792	12,009	14,417	通学用品費
7,723	6,088	6,814	9,535	9,291	6,282	7,437	その他
…	**…**	**…**	**…**	**…**	**…**	**…**	**学校給食費**
393,523	**229,749**	**307,035**	**116,344**	**296,174**	**245,673**	**220,831**	**学校外活動費**
313,060	183,520	259,337	93,903	243,312	201,498	157,916	補助学習費
35,819	24,329	26,211	15,370	35,001	29,205	35,922	家庭内学習費
43,608	11,894	20,324	18,410	28,450	18,094	11,340	通信教育・家庭教師費
213,594	136,130	196,244	54,999	159,548	137,161	96,817	学習塾費
20,039	11,167	16,558	5,124	20,313	17,038	13,837	その他
80,463	46,229	47,698	22,441	52,862	44,175	62,915	その他の学校外活動費
2,222	1,176	1,675	1,006	2,445	1,639	2,000	体験活動・地域活動
18,923	16,530	11,119	3,671	16,950	17,207	22,445	芸術文化活動
15,713	10,196	11,774	7,993	8,663	8,539	15,409	ｽﾎﾟｰﾂ・ﾚｸﾘｴｰｼｮﾝ活動
20,293	821	7,396	—	6,661	2,003	4,274	国際交流体験活動
23,312	17,506	15,734	9,771	18,143	14,787	18,787	教養・その他

（注）学習費総額の標準誤差率は私立高等学校では　2.96% ～ 6.43%
学校教育費　〃　2.58% ～ 6.38%
学校外活動費　〃　7.21% ～17.45%

１１ 生計を一にする保護者

（1）幼 稚 園

区　　分	公　立					
	生計を一にする保護者等					
	父親のみ	母親のみ	父親と母親	父親又は母親のいずれかと祖父母	父親・母親の両方と祖父母	その他
学　習　費　総　額	**X**	**180,237**	**166,282**	**150,019**	**126,832**	**141,152**
学校教育費	**X**	**62,130**	**61,682**	**56,939**	**52,541**	**64,433**
入学金・入園料	X	281	252	234	229	407
入学時に納付した施設整備費等	X	48	99	147	43	6
入学検定料	X	0	52	34	－	1
授業料	X	4,667	6,268	2,174	4,616	5,212
施設整備費等	…	…	…	…	…	…
修学旅行費	X	61	3	515	－	145
校外学習費	X	668	744	546	848	1,153
学級・児童会・生徒会費	X	2,374	2,101	1,698	1,880	1,729
その他の学校納付金	X	2,250	1,761	2,750	1,152	1,548
ＰＴＡ会費	X	4,371	4,264	2,975	3,519	2,978
後援会等会費	X	47	62	2	97	65
寄附金	X	163	219	18	10	119
教科書費・教科書以外の図書費	X	2,779	3,130	2,645	2,844	3,122
学用品・実験実習材料費	X	7,106	8,260	8,905	7,763	10,564
教科外活動費	X	391	469	487	329	1,207
通学費	X	8,573	5,723	2,956	6,189	5,638
制服	X	3,045	3,249	3,782	3,403	2,566
通学用品費	X	12,291	13,001	12,172	10,114	17,042
その他	X	13,015	12,025	14,899	9,505	10,931
学校給食費	**X**	**12,412**	**13,755**	**11,336**	**16,047**	**14,914**
学校外活動費	**X**	**105,695**	**90,845**	**81,744**	**58,244**	**61,805**
補助学習費	X	32,243	30,975	21,113	21,542	26,482
家庭内学習費	X	10,188	9,115	4,649	6,056	7,208
通信教育・家庭教師費	X	7,618	9,326	3,169	6,722	9,927
学習塾費	X	14,030	11,278	13,207	8,489	8,654
その他	X	407	1,256	88	275	693
その他の学校外活動費	X	73,452	59,870	60,631	36,702	35,323
体験活動・地域活動	X	1,124	3,038	486	1,172	1,366
芸術文化活動	X	25,952	11,081	19,042	6,757	6,668
ｽﾎﾟｰﾂ・ﾚｸﾘｴｰｼｮﾝ活動	X	23,593	26,818	16,318	18,139	18,490
国際交流体験活動	X	356	288	167	3	40
教養・その他	X	22,427	18,645	24,618	10,631	8,759

（注）学習費総額の標準誤差率は公立幼稚園では　3.55% ～11.29%
学校教育費　〃　3.53% ～ 8.18%
学校給食費　〃　6.77% ～21.69%
学校外活動費　〃　5.52% ～17.67%

等の類型別 学習費

（単位:円）

私立						区分
生計を一にする保護者等						
父親のみ	母親のみ	父親と母親	父親又は母親のいずれかと祖父母	父親・母親の両方と祖父母	その他	
263,045	**X**	**313,130**	**X**	**292,474**	**288,408**	**学習費総額**
128,428	**X**	**135,762**	**X**	**123,451**	**147,461**	**学校教育費**
11,329	X	13,300	X	7,567	19,101	入学金・入園料
2,744	X	2,094	X	1,203	3,259	入学時に納付した施設整備費等
445	X	741	X	532	739	入学検定料
27,077	X	27,640	X	29,185	39,252	授業料
5,571	X	9,349	X	7,276	7,469	施設整備費等
125	X	56	X	85	159	修学旅行費
1,243	X	1,590	X	1,077	1,271	校外学習費
593	X	868	X	700	841	学級・児童会・生徒会費
1,441	X	3,364	X	3,187	1,445	その他の学校納付金
2,258	X	3,412	X	3,655	3,230	ＰＴＡ会費
420	X	407	X	244	245	後援会等会費
250	X	515	X	1,433	442	寄附金
3,963	X	4,473	X	4,507	4,735	教科書費・教科書以外の図書費
13,138	X	11,497	X	12,618	10,978	学用品・実験実習材料費
4,262	X	4,367	X	3,015	2,262	教科外活動費
18,953	X	21,300	X	15,994	24,656	通学費
9,390	X	6,706	X	5,774	6,329	制服
16,479	X	10,933	X	12,715	10,454	通学用品費
8,747	X	13,150	X	12,684	10,594	その他
23,580	**X**	**30,317**	**X**	**31,608**	**27,608**	**学校給食費**
111,037	**X**	**147,051**	**X**	**137,415**	**113,339**	**学校外活動費**
38,251	X	42,213	X	46,572	34,180	補助学習費
13,252	X	11,706	X	13,542	10,918	家庭内学習費
10,193	X	12,319	X	9,032	8,514	通信教育・家庭教師費
14,558	X	17,526	X	23,729	13,733	学習塾費
248	X	662	X	269	1,015	その他
72,786	X	104,838	X	90,843	79,159	その他の学校外活動費
1,316	X	4,843	X	1,662	1,902	体験活動・地域活動
17,874	X	25,262	X	23,914	14,859	芸術文化活動
35,842	X	47,914	X	42,113	39,400	ｽﾎﾟｰﾂ･ﾚｸﾘｴｰｼｮﾝ活動
—	X	1,360	X	87	152	国際交流体験活動
17,754	X	25,459	X	23,067	22,846	教養・その他

(注) 学習費総額の標準誤差率は私立幼稚園では 3.28% ～ 6.49%
学校教育費 〃 3.24% ～ 7.34%
学校給食費 〃 4.02% ～10.64%
学校外活動費 〃 4.75% ～12.63%

（2）小 学 校

区　分	公　立					
	生計を一にする保護者等					
	父親のみ	母親のみ	父親と母親	父親又は母親のいずれかと祖父母	父親・母親の両方と祖父母	その他
学習費総額	**318,462**	**324,752**	**370,791**	**296,668**	**308,864**	**353,340**
学校教育費	**68,554**	**65,633**	**65,651**	**68,199**	**66,365**	**68,260**
入学金・入園料	16	76	106	135	162	57
入学時に納付した施設整備費等	200	8	52	48	122	38
入学検定料	16	4	14	6	8	1
授業料	…	…	…	…	…	…
施設整備費等	…	…	…	…	…	…
修学旅行費	3,334	3,560	2,774	3,540	4,378	4,077
校外学習費	1,634	2,034	2,207	2,010	1,883	2,255
学級・児童会・生徒会費	2,271	3,694	3,377	4,160	3,665	3,606
その他の学校納付金	1,361	2,019	1,709	2,422	2,404	3,041
ＰＴＡ会費	2,613	2,490	2,611	2,084	2,766	2,419
後援会等会費	38	57	48	100	575	82
寄附金	29	199	42	49	12	181
教科書費・教科書以外の図書費	5,110	4,522	4,960	3,668	5,021	5,569
学用品・実験実習材料費	20,726	19,832	19,144	20,934	19,319	19,601
教科外活動費	1,739	2,163	2,216	2,583	2,310	3,684
通学費	2,267	1,080	951	2,087	1,863	1,383
制服	2,384	3,148	2,402	4,933	2,351	3,445
通学用品費	19,203	15,802	17,400	14,660	14,539	13,901
その他	5,613	4,945	5,638	4,780	4,987	4,920
学校給食費	**31,207**	**37,270**	**40,306**	**32,989**	**39,152**	**38,126**
学校外活動費	**218,701**	**221,849**	**264,834**	**195,480**	**203,347**	**246,954**
補助学習費	130,900	103,592	127,862	92,992	102,785	134,961
家庭内学習費	20,745	13,900	14,560	14,400	11,153	15,388
通信教育・家庭教師費	17,827	20,999	24,705	22,465	19,036	22,993
学習塾費	90,765	67,509	86,663	54,679	71,871	94,129
その他	1,563	1,184	1,934	1,448	725	2,451
その他の学校外活動費	87,801	118,257	136,972	102,488	100,562	111,993
体験活動・地域活動	6,178	2,488	3,833	2,850	6,211	2,490
芸術文化活動	14,435	39,497	31,704	34,164	20,211	25,418
ｽﾎﾟｰﾂ・ﾚｸﾘｴｰｼｮﾝ活動	45,848	42,233	63,989	38,345	49,319	56,029
国際交流体験活動	—	333	426	164	213	1,460
教養・その他	21,340	33,706	37,020	26,965	24,608	26,596

(注) 学習費総額の標準誤差率は公立小学校では 1.85% ～ 9.04%
学校教育費 〃 1.40% ～ 6.11%
学校給食費 〃 1.57% ～ 6.55%
学校外活動費 〃 2.52% ～12.42%

（単位:円）

私立						区分
生計を一にする保護者等						
父親のみ	母親のみ	父親と母親	父親又は母親のいずれかと祖父母	父親・母親の両方と祖父母	その他	
X	**1,520,346**	**1,703,090**	X	**1,511,838**	**1,367,705**	**学習費総額**
X	**847,406**	**985,058**	X	**821,313**	**829,561**	**学校教育費**
X	20,911	47,028	X	9,753	24,717	入学金・入園料
X	11,294	18,337	X	10,986	18,914	入学時に納付した施設整備費等
X	8,963	5,850	X	1,206	2,155	入学検定料
X	483,018	547,101	X	480,948	476,026	授業料
X	65,921	95,264	X	76,014	79,475	施設整備費等
X	6,777	3,683	X	8,846	984	修学旅行費
X	4,733	15,309	X	19,348	8,079	校外学習費
X	3,749	9,272	X	13,958	7,255	学級・児童会・生徒会費
X	14,764	26,969	X	36,099	20,503	その他の学校納付金
X	4,372	5,880	X	7,274	5,240	ＰＴＡ会費
X	2,757	5,455	X	4,160	4,625	後援会等会費
X	22,925	26,130	X	8,767	7,897	寄附金
X	24,887	18,946	X	11,162	22,617	教科書費・教科書以外の図書費
X	34,213	31,229	X	27,749	29,591	学用品・実験実習材料費
X	10,250	9,194	X	7,035	4,018	教科外活動費
X	59,371	47,511	X	41,778	44,635	通学費
X	29,535	36,016	X	27,409	40,615	制服
X	16,958	21,770	X	20,238	16,738	通学用品費
X	22,008	14,114	X	8,583	15,477	その他
X	**41,209**	**45,207**	X	**51,185**	**43,514**	**学校給食費**
X	**631,731**	**672,825**	X	**639,340**	**494,630**	**学校外活動費**
X	352,741	380,405	X	388,413	308,330	補助学習費
X	47,784	43,492	X	41,121	26,501	家庭内学習費
X	58,094	54,931	X	32,983	46,468	通信教育・家庭教師費
X	236,117	273,487	X	307,350	229,612	学習塾費
X	10,746	8,495	X	6,959	5,749	その他
X	278,990	292,420	X	250,927	186,300	その他の学校外活動費
X	30,977	14,847	X	10,467	7,756	体験活動・地域活動
X	116,139	93,631	X	61,079	91,066	芸術文化活動
X	63,216	91,739	X	88,647	53,723	ｽﾎﾟｰﾂ・ﾚｸﾘｴｰｼｮﾝ活動
X	153	3,391	X	3,010	806	国際交流体験活動
X	68,505	88,812	X	87,724	32,949	教養・その他

（注）学習費総額の標準誤差率は私立小学校では　2.68% ～ 8.74%
学校教育費　〃　3.66% ～ 9.75%
学校給食費　〃　11.19% ～28.94%
学校外活動費　〃　3.84% ～13.52%

（3）中 学 校

区分	公立					
	生計を一にする保護者等					
	父親のみ	母親のみ	父親と母親	父親又は母親のいずれかと祖父母	父親・母親の両方と祖父母	その他
学習費総額	X	**520,546**	**548,307**	**535,224**	**501,751**	**593,048**
学校教育費	X	**124,593**	**131,487**	**145,047**	**139,222**	**146,201**
入学金・入園料	X	53	248	—	706	548
入学時に納付した施設整備費等	X	—	63	—	742	304
入学検定料	X	7	113	—	749	51
授業料	…	…	…	…	…	…
施設整備費等	…	…	…	…	…	…
修学旅行費	X	12,895	10,859	22,866	12,311	10,955
校外学習費	X	2,839	4,499	3,293	2,985	4,786
学級・児童会・生徒会費	X	6,272	4,781	6,735	7,685	4,829
その他の学校納付金	X	4,429	4,706	3,950	2,376	5,839
ＰＴＡ会費	X	2,598	3,641	4,227	4,626	2,928
後援会等会費	X	750	778	993	937	1,264
寄附金	X	632	269	219	19	957
教科書費･教科書以外の図書費	X	8,410	9,500	9,540	10,413	11,745
学用品・実験実習材料費	X	20,888	23,195	23,740	20,555	24,999
教科外活動費	X	20,751	25,365	23,560	25,986	21,941
通学費	X	6,911	6,113	11,337	13,141	9,108
制服	X	21,374	21,314	17,472	19,528	24,724
通学用品費	X	10,381	11,104	9,287	11,387	12,606
その他	X	5,403	4,939	7,828	5,076	8,617
学校給食費	X	**35,111**	**40,078**	**32,627**	**34,417**	**35,867**
学校外活動費	X	**360,842**	**376,742**	**357,550**	**328,112**	**410,980**
補助学習費	X	298,543	306,043	300,038	274,824	354,228
家庭内学習費	X	20,003	15,312	18,425	10,305	20,801
通信教育・家庭教師費	X	26,997	27,275	36,516	34,060	45,934
学習塾費	X	245,429	256,981	237,892	223,664	269,250
その他	X	6,114	6,475	7,205	6,795	18,243
その他の学校外活動費	X	62,299	70,699	57,512	53,288	56,752
体験活動・地域活動	X	618	1,122	1,392	428	1,634
芸術文化活動	X	28,212	18,768	10,533	22,649	7,804
ｽﾎﾟｰﾂ･ﾚｸﾘｴｰｼｮﾝ活動	X	17,164	35,369	29,083	21,397	33,245
国際交流体験活動	X	67	54	172	—	161
教養・その他	X	16,238	15,386	16,332	8,814	13,908

(注) 学習費総額の標準誤差率は公立中学校では 2.79% ～ 9.73%
学校教育費 〃 2.32% ～10.76%
学校給食費 〃 3.99% ～14.72%
学校外活動費 〃 3.88% ～12.61%

（単位:円）

私立						区分
生計を一にする保護者等						
父親のみ	母親のみ	父親と母親	父親又は母親のいずれかと祖父母	父親・母親の両方と祖父母	その他	
X	**X**	**1,428,791**	**X**	**1,500,921**	**1,494,160**	**学習費総額**
X	**X**	**1,065,313**	**X**	**1,077,745**	**1,012,685**	**学校教育費**
X	X	77,033	X	53,240	22,427	入学金・入園料
X	X	31,657	X	23,522	9,321	入学時に納付した施設整備費等
X	X	21,412	X	8,368	4,465	入学検定料
X	X	474,066	X	500,087	502,957	授業料
X	X	98,006	X	101,393	94,891	施設整備費等
X	X	12,654	X	10,808	22,316	修学旅行費
X	X	18,866	X	14,987	17,452	校外学習費
X	X	12,760	X	9,309	8,686	学級・児童会・生徒会費
X	X	24,145	X	31,314	22,505	その他の学校納付金
X	X	8,498	X	9,436	9,488	ＰＴＡ会費
X	X	7,351	X	6,838	8,668	後援会等会費
X	X	12,378	X	40,491	9,744	寄附金
X	X	32,377	X	33,318	37,239	教科書費・教科書以外の図書費
X	X	35,127	X	37,752	31,802	学用品・実験実習材料費
X	X	36,828	X	34,987	45,834	教科外活動費
X	X	82,805	X	95,096	90,923	通学費
X	X	51,240	X	42,523	43,847	制服
X	X	17,722	X	16,051	16,832	通学用品費
X	X	10,388	X	8,225	13,288	その他
X	**X**	**7,331**	**X**	**10,452**	**5,321**	**学校給食費**
X	**X**	**356,147**	**X**	**412,724**	**476,154**	**学校外活動費**
X	X	249,712	X	322,979	347,574	補助学習費
X	X	40,011	X	31,126	46,788	家庭内学習費
X	X	34,143	X	80,178	31,842	通信教育・家庭教師費
X	X	166,171	X	197,645	257,621	学習塾費
X	X	9,387	X	14,030	11,323	その他
X	X	106,435	X	89,745	128,580	その他の学校外活動費
X	X	5,655	X	5,117	7,565	体験活動・地域活動
X	X	33,484	X	29,290	41,888	芸術文化活動
X	X	29,257	X	16,604	49,656	ｽﾎﾟｰﾂ･ﾚｸﾘｴｰｼｮﾝ活動
X	X	5,909	X	4,701	2,811	国際交流体験活動
X	X	32,130	X	34,033	26,660	教養・その他

（注）学習費総額の標準誤差率は私立中学校では　2.23% ～ 6.06%
学校教育費　〃　2.22% ～ 5.30%
学校給食費　〃　34.99% ～82.82%
学校外活動費　〃　5.30% ～17.58%

（4）高 等 学 校（全日制）

区　　分	公　立					
	生計を一にする保護者等					
	父親のみ	母親のみ	父親と母親	父親又は母親のいずれかと祖父母	父親・母親の両方と祖父母	その他
学習費総額	**388,833**	**468,777**	**548,804**	**404,072**	**515,101**	**495,958**
学校教育費	**287,135**	**290,630**	**321,145**	**281,123**	**288,018**	**328,679**
入学金・入園料	8,566	7,556	7,215	7,897	6,110	6,617
入学時に納付した施設整備費等	1,366	4,895	4,015	1,004	2,385	5,001
入学検定料	1,911	4,572	5,390	5,949	3,182	6,189
授業料	29,657	40,348	60,704	38,394	42,658	52,825
施設整備費等	…	…	…	…	…	…
修学旅行費	15,712	14,775	15,584	17,455	13,557	19,882
校外学習費	5,217	3,319	3,986	4,001	3,914	4,522
学級・児童会・生徒会費	8,431	7,928	9,342	8,245	9,195	7,790
その他の学校納付金	12,973	11,639	12,305	21,745	11,410	12,665
ＰＴＡ会費	6,928	5,289	6,072	5,806	5,799	6,654
後援会等会費	4,168	5,066	4,916	4,043	4,859	4,698
寄附金	300	2,036	289	84	63	101
教科書費・教科書以外の図書費	27,023	31,924	31,361	27,716	30,845	32,638
学用品・実験実習材料費	26,216	21,213	21,701	19,598	21,686	24,722
教科外活動費	51,390	29,727	44,905	22,856	38,636	35,063
通学費	49,396	54,713	50,819	52,069	51,981	57,046
制服	21,417	28,560	24,405	29,900	24,319	32,484
通学用品費	12,532	12,333	13,069	9,801	12,561	14,093
その他	3,932	4,737	5,067	4,560	4,858	5,689
学校給食費	**…**	**…**	**…**	**…**	**…**	**…**
学校外活動費	**101,698**	**178,147**	**227,659**	**122,949**	**227,083**	**167,279**
補助学習費	79,034	142,048	195,698	95,108	191,304	140,863
家庭内学習費	21,844	19,143	23,416	18,594	30,834	20,402
通信教育・家庭教師費	7,005	15,626	16,757	13,611	20,550	15,044
学習塾費	41,123	97,757	142,421	54,017	122,275	97,160
その他	9,062	9,522	13,104	8,886	17,645	8,257
その他の学校外活動費	22,664	36,099	31,961	27,841	35,779	26,416
体験活動・地域活動	3,240	1,149	1,224	1,522	1,327	1,943
芸術文化活動	1,619	10,921	9,182	8,931	13,656	5,520
ｽﾎﾟｰﾂ・ﾚｸﾘｴｰｼｮﾝ活動	8,838	7,519	6,576	3,464	5,942	8,270
国際交流体験活動	93	4,804	1,526	46	1,407	452
教養・その他	8,874	11,706	13,453	13,878	13,447	10,231

（注）学習費総額の標準誤差率は公立高等学校では　3.06% 〜 8.39%
学校教育費　〃　1.66% 〜 7.97%
学校外活動費　〃　6.39% 〜18.78%

（単位:円）

私立						区分
生計を一にする保護者等						
父親のみ	母親のみ	父親と母親	父親又は母親のいずれかと祖父母	父親・母親の両方と祖父母	その他	
X	**899,712**	**1,078,870**	**X**	**945,241**	**1,110,899**	**学習費総額**
X	**632,435**	**760,994**	**X**	**703,920**	**830,208**	**学校教育費**
X	38,648	43,157	X	43,356	51,707	入学金・入園料
X	22,009	22,689	X	20,417	24,056	入学時に納付した施設整備費等
X	5,956	5,267	X	5,561	6,448	入学検定料
X	163,607	303,286	X	254,823	311,550	授業料
X	54,028	63,577	X	44,369	55,891	施設整備費等
X	27,032	16,434	X	11,381	15,833	修学旅行費
X	7,904	10,066	X	10,091	12,179	校外学習費
X	15,049	12,504	X	14,619	15,417	学級・児童会・生徒会費
X	19,595	20,826	X	18,808	20,384	その他の学校納付金
X	8,246	9,308	X	8,715	11,232	ＰＴＡ会費
X	7,630	8,531	X	8,660	7,705	後援会等会費
X	3,687	4,133	X	8,108	4,548	寄附金
X	38,149	37,829	X	41,115	43,481	教科書費・教科書以外の図書費
X	28,206	23,859	X	27,905	36,664	学用品・実験実習材料費
X	35,141	47,099	X	43,730	63,226	教科外活動費
X	94,420	79,652	X	84,308	81,962	通学費
X	40,874	33,984	X	38,011	45,946	制服
X	13,562	11,587	X	12,417	14,111	通学用品費
X	8,692	7,206	X	7,526	7,868	その他
…	…	…	…	…	…	**学校給食費**
X	**267,277**	**317,876**	**X**	**241,321**	**280,691**	**学校外活動費**
X	220,537	259,236	X	184,116	209,842	補助学習費
X	33,157	30,331	X	31,661	41,363	家庭内学習費
X	17,779	28,954	X	22,193	17,126	通信教育・家庭教師費
X	158,501	182,116	X	114,959	132,248	学習塾費
X	11,100	17,835	X	15,303	19,105	その他
X	46,740	58,640	X	57,205	70,849	その他の学校外活動費
X	1,121	2,090	X	1,077	1,404	体験活動・地域活動
X	10,188	18,675	X	12,415	8,575	芸術文化活動
X	13,066	10,756	X	24,577	26,726	ｽﾎﾟｰﾂ・ﾚｸﾘｴｰｼｮﾝ活動
X	578	8,542	X	569	23,598	国際交流体験活動
X	21,787	18,577	X	18,567	10,546	教養・その他

（注）学習費総額の標準誤差率は私立高等学校では　2.52% ～ 6.30%
学校教育費　〃　1.94% ～ 6.01%
学校外活動費　〃　6.46% ～12.93%

4　　年 次 統 計

学　校　種　別　支　出

区分	幼									稚				
	公立													
	平成 ６年度	８年度	10年度	12年度	14年度	16年度	18年度	20年度	22年度	24年度	26年度	28年度	30年度	令和 ３年度
学習費総額	**249,603**	**242,735**	**243,893**	**237,708**	**232,952**	**238,178**	**251,324**	**229,624**	**231,920**	**230,100**	**222,264**	**233,947**	**223,647**	**165,126**
学校教育費	**119,728**	**123,329**	**129,546**	**124,787**	**124,112**	**128,667**	**133,346**	**131,678**	**129,581**	**131,624**	**119,175**	**120,546**	**120,738**	**61,156**
授業料	66,312	68,300	79,158	71,447	73,863	75,916	74,446	76,848	73,043	74,428	64,357	62,049	66,206	5,533
修学旅行・遠足・見学費	2,503	3,173	3,646	2,889	3,033	2,620	2,515	2,346	2,673	2,054	2,022	2,031	2,492	785
修学旅行費	…	…	…	…	…	…	…	…	…	…	…	…	…	41
校外活動費	…	…	…	…	…	…	…	…	…	…	…	…	…	744
学級・児童会・生徒会費	3,273	3,243	3,220	5,096	3,479	3,383	3,799	3,497	4,298	3,168	3,258	4,705	5,627	2,144
学校納付金等	3,008	4,324	4,315	3,225	3,314	3,825	6,546	3,111	3,899	6,369	3,818	4,412	2,118	2,349
入学金・入園料	…	…	…	…	…	…	…	…	…	…	…	…	…	270
入学時に納付した施設整備費等	…	…	…	…	…	…	…	…	…	…	…	…	…	76
入学検定料	…	…	…	…	…	…	…	…	…	…	…	…	…	36
施設整備費等	…	…	…	…	…	…	…	…	…	…	…	…	…	…
その他の学校納付金	…	…	…	…	…	…	…	…	…	…	…	…	…	1,907
後援会等会費	…	…	…	…	…	…	…	…	…	…	…	…	…	60
ＰＴＡ会費	4,656	4,626	4,601	4,680	5,668	5,149	5,105	5,032	4,285	4,806	4,014	4,622	4,962	4,146
寄附金	338	257	375	217	362	103	97	52	149	100	31	86	4	176
教科書費・教科書以外の図書費	2,542	2,146	1,345	2,040	1,596	1,562	1,567	1,622	1,138	913	745	1,092	1,370	2,991
学用品・実験実習材料費	9,582	9,908	8,279	8,949	8,172	8,410	9,623	8,913	9,172	9,029	7,820	7,484	7,203	8,049
教科外活動費	862	1,095	533	1,043	546	541	781	431	763	549	407	641	460	482
通学費	2,821	3,639	2,386	2,661	3,609	3,662	4,807	6,414	5,606	4,229	5,859	5,355	5,831	6,330
制服	4,860	4,242	3,509	3,558	3,420	3,602	4,540	4,275	3,043	3,005	3,370	3,657	3,113	3,216
通学用品費	10,835	10,724	11,142	10,684	10,142	12,147	11,133	11,338	13,844	15,168	14,564	14,388	11,745	12,800
その他	8,136	7,652	7,037	8,298	6,908	7,747	8,387	7,799	7,668	7,806	8,910	10,024	9,607	12,155
学校給食費	**13,398**	**15,157**	**14,636**	**16,514**	**14,871**	**16,630**	**14,390**	**14,932**	**18,834**	**17,920**	**19,382**	**20,418**	**19,014**	**13,415**
学校外活動費	**116,477**	**104,249**	**99,711**	**96,407**	**93,969**	**92,881**	**103,588**	**83,014**	**83,505**	**80,556**	**83,707**	**92,983**	**83,895**	**90,555**
補助学習費	43,933	39,321	37,468	35,783	31,168	32,826	36,752	28,243	26,847	27,609	21,709	22,777	22,564	29,885
家庭内学習費	30,606	28,928	27,610	25,219	19,630	23,000	21,278	16,958	15,716	14,984	12,170	12,536	11,340	8,982
物品費	19,952	18,767	17,427	15,713	13,236	16,089	13,911	10,794	10,041	10,230	7,440	7,110	6,175	…
図書費	10,654	10,161	10,183	9,506	6,394	6,911	7,367	6,164	5,675	4,754	4,730	5,426	5,165	…
通信教育・家庭教師費	2,069	2,440	2,177	1,684	2,042	2,133	4,171	2,715	3,269	4,223	3,577	2,514	3,036	8,404
学習塾費	10,913	7,651	7,374	8,267	9,145	7,550	10,640	8,246	7,437	8,008	5,520	7,216	7,788	11,621
その他	345	302	307	613	351	143	663	324	425	394	442	511	400	878
その他の学校外活動費	72,544	64,928	62,243	60,624	62,801	60,055	66,836	54,771	56,658	52,947	61,998	70,206	61,331	60,670
体験活動・地域活動	2,183	2,037	1,899	2,072	1,208	1,114	1,804	1,535	1,523	1,491	1,196	2,843	1,601	2,234
芸術文化活動	36,260	28,452	28,142	26,626	21,812	21,076	21,281	17,749	17,000	18,583	20,367	18,306	14,735	14,766
月謝等	21,475	19,435	17,876	16,849	15,215	13,182	15,571	12,343	11,193	12,730	13,011	11,380	10,635	…
その他	14,785	9,017	10,266	9,777	6,597	7,894	5,710	5,406	5,807	5,853	7,356	6,926	4,100	…
ｽﾎﾟｰﾂ･ﾚｸﾘｴｰｼｮﾝ活動	20,594	20,507	19,230	19,419	20,448	20,786	23,418	21,518	24,064	20,689	24,121	26,844	25,849	24,765
月謝等	17,763	18,446	16,804	16,666	18,259	18,473	20,417	18,379	21,213	18,493	21,495	23,144	23,365	…
その他	2,831	2,061	2,426	2,753	2,189	2,313	3,001	3,139	2,851	2,196	2,626	3,700	2,484	…
国際交流体験活動	…	…	…	…	…	…	…	…	…	…	…	…	…	267
教養・その他	13,507	13,932	12,972	12,507	19,333	17,079	20,333	13,969	14,071	12,184	16,314	22,213	19,146	18,638
月謝等	8,937	9,094	7,433	7,507	11,853	10,615	12,921	7,995	8,012	6,210	10,198	15,071	11,662	…
図書費	…	…	…	…	3,821	3,373	3,378	2,622	2,893	2,427	1,727	2,384	1,662	…
その他	4,570	4,838	5,539	5,000	3,659	3,091	4,034	3,352	3,166	3,547	4,389	4,758	5,822	…

(注)「修学旅行・遠足・見学費」は，令和３年度より「修学旅行費」と「校外活動費」に分割した。そのため，令和３年度以降の「修学旅行・遠足・見学費」は「修学旅行費」と「校外活動費」の合算額である。(以下の表において同じ。)

(注)「学校納付金等」は，平成３０年度までの「その他の学校納付金」から令和３年度より名称変更したものであり，「入学金・入園料」，「入学時に納付した施設整備費等」，「入学検定料」，「施設整備費等」，「その他の学校納付金」，「後援会等会費」の合算額である。(以下の表において同じ。)

(注)令和３年度調査以降の「入学金・入園料」，「入学時に納付した施設整備費等」，「入学検定料」は，入学した学校を含む全ての受験校にかかった費用である。(以下の表において同じ。)

(注)「その他の学校納付金」は令和３年度より単独費目で調査を行ったものであり，平成３０年度までの「その他の学校納付金」(現「学校納付金等」)とは定義が異なる。(以下の表において同じ。)

(注)「通信教育・家庭教師費」は平成３０年度までの「家庭教師費等」から令和３年度より名称変更した。(以下の表において同じ。)

(注)「教養・その他」の「図書費」は平成１４年度より，「国際交流体験活動」は令和３年度より調査項目とした。(以下の表において同じ。)

項 目 の 推 移

（単位：円）

園														
私立														区分
平成6年度	8年度	10年度	12年度	14年度	16年度	18年度	20年度	22年度	24年度	26年度	28年度	30年度	令和3年度	
485,371	**511,288**	**496,451**	**496,456**	**519,038**	**509,419**	**538,406**	**541,226**	**537,518**	**487,427**	**498,008**	**482,392**	**527,916**	**308,909**	**学習費総額**
297,466	**323,328**	**321,865**	**325,674**	**346,134**	**341,273**	**368,392**	**369,786**	**358,313**	**340,464**	**319,619**	**318,763**	**331,378**	**134,835**	**学校教育費**
198,357	223,068	221,285	228,597	234,094	233,700	243,267	246,029	242,986	236,526	209,277	215,933	211,076	27,972	授業料
4,447	5,316	5,844	5,216	3,892	2,787	3,569	3,382	3,474	3,474	2,983	3,895	3,494	1,584	修学旅行・遠足・見学費
…	…	…	…	…	…	…	…	…	…	…	…	…	64	修学旅行費
…	…	…	…	…	…	…	…	…	…	…	…	…	1,520	校外活動費
555	422	773	275	316	321	185	322	404	174	267	263	703	837	学級・児童会・生徒会費
32,672	31,213	33,707	29,559	41,667	39,746	48,424	48,813	44,752	39,449	39,872	37,398	46,820	28,452	学校納付金等
…	…	…	…	…	…	…	…	…	…	…	…	…	13,005	入学金・入園料
…	…	…	…	…	…	…	…	…	…	…	…	…	2,115	入学時に納付した施設整備費等
…	…	…	…	…	…	…	…	…	…	…	…	…	708	入学検定料
…	…	…	…	…	…	…	…	…	…	…	…	…	9,032	施設整備費等
…	…	…	…	…	…	…	…	…	…	…	…	…	3,204	その他の学校納付金
…	…	…	…	…	…	…	…	…	…	…	…	…	388	後援会等会費
4,990	5,200	5,115	5,770	5,077	5,233	4,640	5,484	5,741	5,677	3,898	5,061	6,885	3,359	ＰＴＡ会費
617	659	406	769	604	294	181	229	921	311	314	278	347	542	寄附金
3,034	2,268	2,661	1,835	2,335	3,016	2,046	1,749	2,044	1,922	2,020	2,051	2,360	4,509	教科書費・教科書以外の図書費
11,259	11,115	10,639	12,289	11,610	11,991	12,959	12,009	10,138	10,440	12,959	8,555	10,081	11,575	学用品・実験実習材料費
2,862	2,485	2,885	2,667	5,351	2,904	3,014	2,092	2,932	2,406	2,186	1,910	2,541	4,131	教科外活動費
14,410	15,000	13,877	14,270	15,982	14,764	19,209	20,059	18,556	12,830	15,823	13,486	18,052	21,052	通学費
4,790	4,574	4,635	4,878	6,316	6,750	8,318	7,385	6,247	6,760	6,226	5,245	8,075	6,713	制服
10,322	11,571	10,924	10,096	9,568	10,437	12,617	12,161	10,369	12,211	14,346	15,060	10,372	11,341	通学用品費
9,151	10,437	9,114	9,453	9,322	9,330	9,963	10,072	9,749	8,284	9,448	9,628	10,572	12,768	その他
20,020	**19,794**	**22,707**	**24,917**	**27,322**	**26,177**	**25,153**	**27,577**	**28,078**	**26,891**	**36,836**	**29,924**	**30,880**	**29,917**	**学校給食費**
167,885	**168,166**	**151,879**	**145,865**	**145,582**	**141,969**	**144,861**	**143,863**	**151,127**	**120,072**	**141,553**	**133,705**	**165,658**	**144,157**	**学校外活動費**
53,677	56,682	50,678	47,397	45,824	43,904	48,385	45,952	53,589	37,843	31,479	26,097	48,229	42,118	補助学習費
33,767	32,024	31,915	30,490	21,635	25,356	22,190	20,932	19,126	16,692	17,580	12,966	14,761	11,881	家庭内学習費
20,923	18,972	19,888	18,977	13,341	16,034	14,175	13,141	11,583	9,910	9,414	6,047	6,564	…	物品費
12,844	13,052	12,027	11,513	8,294	9,322	8,015	7,791	7,543	6,782	8,166	6,919	8,197	…	図書費
3,016	4,516	2,858	3,043	3,048	2,933	4,874	3,799	6,840	4,846	4,060	3,656	5,091	11,969	通信教育・家庭教師費
15,883	18,544	15,355	13,365	19,241	14,651	20,096	20,269	26,038	15,242	9,307	9,103	27,401	17,636	学習塾費
1,011	1,598	550	499	1,900	964	1,225	952	1,585	1,063	532	372	976	632	その他
114,208	111,484	101,201	98,468	99,758	98,065	96,476	97,911	97,538	82,229	110,074	107,608	117,429	102,039	その他の学校外活動費
4,711	5,434	4,008	2,828	3,323	2,682	4,347	3,741	2,534	2,868	4,630	3,805	4,901	4,311	体験活動・地域活動
54,026	47,830	46,630	43,828	36,848	31,007	31,169	30,190	28,125	24,950	30,385	27,524	28,514	25,355	芸術文化活動
32,917	30,960	29,717	29,369	24,501	22,583	19,497	22,204	19,611	16,197	20,182	18,531	20,090	…	月謝等
21,109	16,870	16,913	14,459	12,347	8,424	11,672	7,986	8,514	8,753	10,203	8,993	8,424	…	その他
35,946	42,037	35,847	36,411	31,618	36,592	35,836	38,593	43,049	35,112	46,349	47,402	49,120	46,424	ｽﾎﾟｰﾂ・ﾚｸﾘｴｰｼｮﾝ活動
31,682	37,923	32,109	32,493	28,018	32,972	31,687	34,670	38,117	31,705	41,728	42,816	45,101	…	月謝等
4,264	4,114	3,738	3,918	3,600	3,620	4,149	3,923	4,932	3,407	4,621	4,586	4,019	…	その他
…	…	…	…	…	…	…	…	…	…	…	…	…	1,163	国際交流体験活動
19,525	16,183	14,716	15,401	27,969	27,784	25,124	25,387	23,830	19,299	28,710	28,877	34,894	24,786	教養・その他
13,026	10,259	9,002	10,046	17,141	17,446	15,928	16,431	15,744	12,078	20,182	22,010	22,484	…	月謝等
…	…	…	…	5,919	5,319	4,864	4,559	4,409	2,552	2,885	2,642	3,281	…	図書費
6,499	5,924	5,714	5,355	4,909	5,019	4,332	4,397	3,677	4,669	5,643	4,225	9,129	…	その他

公立小学校

区　分	小　学										
	公　立										
	平成 ６年度	８年度	10年度	12年度	14年度	16年度	18年度	20年度	22年度	24年度	26年度
学　習　費　総　額	**311,948**	**307,312**	**302,019**	**290,106**	**292,278**	**314,161**	**334,134**	**307,723**	**304,093**	**305,807**	**321,708**
学校教育費	**58,799**	**59,234**	**62,011**	**56,213**	**53,448**	**54,515**	**56,655**	**56,019**	**54,929**	**55,197**	**59,228**
授業料	…	…	…	…	…	…	…	…	…	…	…
修学旅行・遠足・見学費	6,028	6,635	7,736	6,488	6,174	6,277	6,422	6,262	6,593	6,019	6,748
修学旅行費	…	…	…	…	…	…	…	…	…	…	…
校外活動費	…	…	…	…	…	…	…	…	…	…	…
学級・児童会・生徒会費	4,037	3,723	3,712	4,220	4,343	4,099	4,354	4,442	4,208	4,866	3,075
学校納付金等	699	898	998	1,373	1,321	1,287	1,240	1,478	1,520	1,008	1,974
入学金・入園料	…	…	…	…	…	…	…	…	…	…	…
入学時に納付した施設整備費等	…	…	…	…	…	…	…	…	…	…	…
入学検定料	…	…	…	…	…	…	…	…	…	…	…
施設整備費等	…	…	…	…	…	…	…	…	…	…	…
その他の学校納付金	…	…	…	…	…	…	…	…	…	…	…
後援会等会費	…	…	…	…	…	…	…	…	…	…	…
ＰＴＡ会費	2,781	2,894	2,985	3,026	2,987	3,179	3,041	3,292	2,966	3,252	3,155
寄附金	61	66	58	44	31	29	277	71	78	28	55
教科書費・教科書以外の図書費	3,136	3,094	2,984	1,833	1,631	1,851	1,459	1,598	1,939	1,693	2,586
学用品・実験実習材料費	19,350	18,196	18,244	17,171	16,657	16,628	17,181	16,221	16,272	16,264	16,898
教科外活動費	2,734	2,592	2,317	2,314	2,224	2,371	2,550	2,626	2,593	1,763	2,544
通学費	2,285	2,193	2,486	1,452	1,196	1,190	1,414	1,762	1,346	1,523	1,477
制服	4,432	4,050	4,445	3,525	3,088	3,200	3,188	3,571	2,837	3,365	3,436
通学用品費	9,737	11,384	12,122	11,024	10,366	11,089	11,367	11,301	11,241	12,090	13,187
その他	3,519	3,509	3,924	3,743	3,430	3,315	4,162	3,395	3,336	3,326	4,093
学校給食費	**38,213**	**38,447**	**40,486**	**40,278**	**39,302**	**40,798**	**40,937**	**41,536**	**42,227**	**42,035**	**43,176**
学校外活動費	**214,936**	**209,631**	**199,522**	**193,615**	**199,528**	**218,848**	**236,542**	**210,168**	**206,937**	**208,575**	**219,304**
補助学習費	91,612	90,935	86,499	80,792	82,999	96,621	102,178	88,601	85,649	87,418	86,865
家庭内学習費	28,110	26,843	26,418	25,855	22,659	23,611	23,795	20,420	16,833	13,752	16,871
物品費	13,225	13,259	14,160	14,116	12,745	14,238	13,870	12,761	9,566	7,452	10,891
図書費	14,885	13,584	12,258	11,739	9,914	9,373	9,925	7,659	7,267	6,300	5,980
通信教育・家庭教師費	9,991	10,541	11,222	10,174	8,270	12,235	14,702	13,180	14,468	14,998	16,032
学習塾費	51,738	52,347	47,714	43,593	50,634	57,947	61,622	52,950	52,245	57,176	52,183
その他	1,773	1,204	1,145	1,170	1,436	2,828	2,059	2,051	2,103	1,492	1,779
その他の学校外活動費	123,324	118,696	113,023	112,823	116,529	122,227	134,364	121,567	121,288	121,157	132,439
体験活動・地域活動	7,322	6,343	6,288	4,892	5,333	5,121	5,273	4,803	4,684	5,023	4,442
芸術文化活動	49,185	48,134	43,627	44,051	41,211	43,651	46,002	38,856	34,343	35,167	39,488
月謝等	35,985	36,367	33,085	34,505	31,839	34,121	33,308	28,950	27,181	26,622	24,963
その他	13,200	11,767	10,542	9,546	9,372	9,530	12,694	9,906	7,162	8,545	14,525
ｽﾎﾟｰﾂ・ﾚｸﾘｴｰｼｮﾝ活動	32,306	33,741	33,675	36,198	40,144	42,521	50,529	50,147	51,656	53,109	55,298
月謝等	24,492	26,583	26,772	27,706	31,612	32,743	38,529	38,978	39,347	41,330	41,463
その他	7,814	7,158	6,903	8,492	8,532	9,778	12,000	11,169	12,309	11,779	13,835
国際交流体験活動	…	…	…	…	…	…	…	…	…	…	…
教養・その他	34,511	30,478	29,433	27,682	29,841	30,934	32,560	27,761	30,605	27,858	33,211
月謝等	27,350	24,967	23,533	21,957	21,923	22,545	23,770	20,205	22,911	20,082	26,385
図書費	…	…	…	…	4,329	4,534	4,359	3,688	3,803	3,529	2,586
その他	7,161	5,511	5,900	5,725	3,589	3,855	4,431	3,868	3,891	4,247	4,240

(注)私立小学校は，平成１８年度より調査対象とした。

（単位：円）

校											区　分
			私　立								
28年度	30年度	令和 3年度	平成 18年度	20年度	22年度	24年度	26年度	28年度	30年度	令和 3年度	
322,310	**321,281**	**352,566**	**1,373,184**	**1,392,740**	**1,465,323**	**1,422,357**	**1,535,789**	**1,528,237**	**1,598,691**	**1,666,949**	**学　習　費　総　額**
60,043	**63,102**	**65,974**	**780,001**	**792,604**	**835,202**	**822,467**	**885,639**	**870,408**	**904,164**	**961,013**	**学校教育費**
…	…	…	396,119	392,298	429,643	450,437	469,173	461,194	485,337	536,232	授業料
6,738	6,951	5,283	32,684	51,372	37,714	38,321	43,098	41,797	44,816	18,864	修学旅行・遠足・見学費
…	…	3,149	…	…	…	…	…	…	…	3,981	修学旅行費
…	…	2,134	…	…	…	…	…	…	…	14,883	校外活動費
5,055	7,578	3,473	10,474	16,999	10,420	11,053	12,521	11,360	16,493	9,393	学級・児童会・生徒会費
1,628	1,585	2,150	174,896	169,053	187,029	163,313	190,144	187,129	188,525	189,207	学校納付金等
…	…	99	…	…	…	…	…	…	…	42,756	入学金・入園料
…	…	49	…	…	…	…	…	…	…	17,814	入学時に納付した施設整備費等
…	…	10	…	…	…	…	…	…	…	5,476	入学検定料
…	…	…	…	…	…	…	…	…	…	91,325	施設整備費等
…	…	1,907	…	…	…	…	…	…	…	26,542	その他の学校納付金
…	…	85	…	…	…	…	…	…	…	5,294	後援会等会費
3,405	3,058	2,566	11,538	12,368	13,753	13,111	12,820	12,243	11,485	5,880	ＰＴＡ会費
47	14	82	20,596	17,548	22,172	16,874	15,017	15,290	14,922	24,190	寄附金
2,049	2,546	4,866	3,828	4,245	5,375	5,407	4,839	4,512	6,880	18,804	教科書費・教科書以外の図書費
17,000	17,127	19,420	25,659	25,724	25,177	25,492	25,492	26,411	25,175	31,128	学用品・実験実習材料費
2,714	2,041	2,294	9,790	8,955	10,339	8,166	13,633	12,512	10,507	8,709	教科外活動費
1,197	1,391	1,125	37,680	39,244	39,730	38,265	42,271	40,638	39,283	47,210	通学費
2,724	2,554	2,698	29,803	29,008	28,476	27,392	29,623	29,917	31,991	35,859	制服
13,653	14,087	16,637	17,134	16,706	16,263	16,772	17,848	18,762	19,475	21,398	通学用品費
3,833	4,170	5,380	9,800	9,084	9,111	7,864	9,160	8,643	9,275	14,139	その他
44,441	**43,728**	**39,010**	**30,843**	**35,836**	**46,052**	**40,229**	**46,089**	**44,807**	**47,638**	**45,139**	**学校給食費**
217,826	**214,451**	**247,582**	**562,340**	**564,300**	**584,069**	**559,661**	**604,061**	**613,022**	**646,889**	**660,797**	**学校外活動費**
83,013	82,469	120,499	292,829	296,041	295,889	301,494	301,819	304,859	348,385	377,663	補助学習費
14,831	14,761	14,398	50,181	43,939	42,510	39,677	44,800	45,336	45,480	42,699	家庭内学習費
8,638	8,284	…	27,201	23,028	21,672	19,442	22,628	23,040	22,091	…	物品費
6,193	6,477	…	22,980	20,911	20,838	20,235	22,172	22,296	23,389	…	図書費
9,383	13,015	23,237	39,128	36,111	42,543	37,479	35,632	30,958	42,560	52,946	通信教育・家庭教師費
56,864	53,313	81,158	196,130	207,177	203,085	216,914	213,854	221,534	252,790	273,629	学習塾費
1,935	1,380	1,706	7,390	8,814	7,751	7,424	7,533	7,031	7,555	8,389	その他
134,813	131,982	127,083	269,511	268,259	288,180	258,167	302,242	308,163	298,504	283,134	その他の学校外活動費
4,851	4,342	3,635	22,954	21,298	22,194	22,640	25,431	25,591	22,789	14,803	体験活動・地域活動
34,279	35,402	31,986	110,260	113,261	123,107	96,691	103,797	103,590	95,712	92,380	芸術文化活動
25,284	25,621	…	80,567	77,616	81,985	69,394	72,218	70,974	70,469	…	月謝等
8,995	9,781	…	29,693	35,645	41,122	27,297	31,579	32,616	25,243	…	その他
60,762	55,002	56,751	70,955	70,875	77,947	75,085	88,661	87,086	82,902	87,705	ｽﾎﾟｰﾂ・ﾚｸﾘｴｰｼｮﾝ活動
47,415	42,388	…	56,653	56,569	64,412	61,975	71,263	70,330	68,793	…	月謝等
13,347	12,614	…	14,302	14,306	13,535	13,110	17,398	16,756	14,109	…	その他
…	…	434	…	…	…	…	…	…	…	3,052	国際交流体験活動
34,921	37,236	34,277	65,342	62,825	64,932	63,751	84,353	91,896	97,101	85,194	教養・その他
27,446	27,239	…	41,032	39,621	41,682	38,849	59,261	66,854	66,642	…	月謝等
3,012	3,362	…	14,953	14,415	14,169	13,001	12,697	12,557	13,335	…	図書費
4,463	6,635	…	9,357	8,789	9,081	11,901	12,395	12,485	17,124	…	その他

公立中学校

区分	中学													
	公立													
	平成6年度	8年度	10年度	12年度	14年度	16年度	18年度	20年度	22年度	24年度	26年度	28年度	30年度	令和3年度
学習費総額	**444,465**	**432,060**	**439,522**	**445,118**	**437,418**	**468,773**	**471,752**	**480,481**	**459,511**	**450,340**	**481,841**	**478,554**	**488,397**	**538,799**
学校教育費	**136,668**	**135,717**	**137,581**	**129,353**	**129,082**	**132,603**	**133,183**	**138,042**	**131,501**	**131,534**	**128,964**	**133,640**	**138,961**	**132,349**
授業料	…	…	…	…	…	…	…	…	…	…	…	…	…	…
修学旅行・遠足・見学費	25,121	24,291	25,730	24,763	26,656	25,863	25,317	25,300	24,797	24,108	22,918	25,038	26,217	15,824
修学旅行費	…	…	…	…	…	…	…	…	…	…	…	…	…	11,853
校外活動費	…	…	…	…	…	…	…	…	…	…	…	…	…	3,971
学級・児童会・生徒会費	3,058	3,876	4,378	4,409	4,915	4,515	4,942	5,299	5,547	5,263	4,241	3,957	6,834	5,434
学校納付金等	3,644	5,111	5,047	6,196	5,195	5,936	6,615	6,555	4,896	4,831	4,252	6,164	6,005	5,781
入学金・入園料	…	…	…	…	…	…	…	…	…	…	…	…	…	253
入学時に納付した施設整備費等	…	…	…	…	…	…	…	…	…	…	…	…	…	120
入学検定料	…	…	…	…	…	…	…	…	…	…	…	…	…	134
施設整備費等	…	…	…	…	…	…	…	…	…	…	…	…	…	…
その他の学校納付金	…	…	…	…	…	…	…	…	…	…	…	…	…	4,440
後援会等会費	…	…	…	…	…	…	…	…	…	…	…	…	…	834
ＰＴＡ会費	3,545	3,436	3,802	3,551	3,936	3,872	3,962	4,069	3,724	3,921	3,507	3,808	3,863	3,465
寄附金	154	209	92	24	157	51	92	54	487	61	55	65	56	365
教科書費・教科書以外の図書費	6,867	6,336	7,311	4,961	4,025	4,204	3,832	4,448	5,981	5,191	4,536	4,262	5,855	9,584
学用品・実験実習材料費	27,264	25,589	24,480	21,936	20,630	21,402	20,850	20,961	19,961	20,569	20,109	19,577	19,558	22,784
教科外活動費	20,625	19,435	18,861	22,243	25,011	25,357	26,497	28,778	27,717	27,916	32,468	31,319	29,308	24,172
通学費	9,552	8,447	7,889	6,844	5,802	6,467	6,918	8,520	7,795	8,282	7,121	7,365	8,411	7,245
制服	21,066	21,804	22,917	19,427	18,978	19,737	20,161	20,547	17,842	18,511	17,151	18,245	19,023	21,253
通学用品費	10,702	12,137	12,205	10,211	9,638	10,392	9,740	9,642	9,098	9,189	8,822	10,304	10,232	11,018
その他	5,070	5,046	4,869	4,788	4,139	4,807	4,257	3,869	3,656	3,692	3,784	3,536	3,599	5,424
学校給食費	**33,278**	**31,348**	**35,353**	**33,339**	**34,015**	**36,701**	**36,563**	**37,430**	**35,448**	**36,114**	**38,422**	**43,730**	**42,945**	**37,670**
学校外活動費	**274,519**	**264,995**	**266,588**	**282,426**	**274,321**	**299,469**	**302,006**	**305,009**	**292,562**	**282,692**	**314,455**	**301,184**	**306,491**	**368,780**
補助学習費	216,297	215,986	211,314	227,248	219,328	234,658	235,941	241,288	229,612	224,409	245,804	239,564	243,589	303,136
家庭内学習費	29,044	24,319	21,895	21,603	17,584	21,761	21,436	16,765	15,127	15,007	14,335	14,347	13,229	16,276
物品費	6,852	6,193	5,294	6,973	5,573	7,903	7,868	4,904	5,184	5,421	5,328	5,513	5,286	…
図書費	22,192	18,126	16,601	14,630	12,011	13,858	13,568	11,861	9,943	9,586	9,007	8,834	7,943	…
通信教育・家庭教師費	35,751	33,339	36,269	37,688	34,184	30,911	32,052	29,471	25,072	28,544	21,489	17,868	20,777	29,379
学習塾費	145,540	153,817	147,174	162,357	161,043	174,776	176,030	187,691	182,455	175,222	204,583	202,498	202,965	250,196
その他	5,962	4,511	5,976	5,600	6,517	7,210	6,423	7,361	6,958	5,636	5,397	4,851	6,618	7,285
その他の学校外活動費	58,222	49,009	55,274	55,178	54,993	64,811	66,065	63,721	62,950	58,283	68,651	61,620	62,902	65,644
体験活動・地域活動	5,061	4,393	4,949	4,746	4,233	4,468	3,999	2,579	2,437	2,384	2,488	3,167	1,484	995
芸術文化活動	29,418	21,997	24,981	25,655	21,680	21,542	27,924	22,685	27,103	18,273	19,991	19,133	15,865	19,567
月謝等	19,743	17,624	19,766	19,587	17,160	17,209	19,116	18,777	18,204	14,850	15,056	14,673	11,889	…
その他	9,675	4,373	5,215	6,068	4,520	4,333	8,808	3,908	8,899	3,423	4,935	4,460	3,976	…
ｽﾎﾟｰﾂ・ﾚｸﾘｴｰｼｮﾝ活動	10,297	10,919	12,100	11,533	12,801	21,342	19,227	22,626	19,463	23,147	29,859	23,075	29,167	30,247
月謝等	4,524	5,708	6,179	5,750	6,760	12,249	10,207	13,739	11,923	13,707	15,609	11,916	15,572	…
その他	5,773	5,211	5,921	5,783	6,041	9,093	9,020	8,887	7,540	9,440	14,250	11,159	13,595	…
国際交流体験活動	…	…	…	…	…	…	…	…	…	…	…	…	…	65
教養・その他	13,446	11,700	13,244	13,244	16,279	17,459	14,915	15,831	13,947	14,479	16,313	16,245	16,386	14,770
月謝等	8,324	7,958	8,622	8,335	7,214	9,051	7,477	8,324	7,841	6,447	10,537	10,050	9,676	…
図書費	…	…	…	…	4,172	4,410	4,039	4,590	3,386	4,099	2,834	2,163	2,481	…
その他	5,122	3,742	4,622	4,909	4,893	3,998	3,399	2,917	2,720	3,933	2,942	4,032	4,229	…

（単位：円）

校														
私立														区分
平成6年度	8年度	10年度	12年度	14年度	16年度	18年度	20年度	22年度	24年度	26年度	28年度	30年度	令和3年度	
1,108,143	**1,177,917**	**1,228,145**	**1,242,309**	**1,231,719**	**1,274,768**	**1,269,391**	**1,236,259**	**1,278,690**	**1,295,156**	**1,338,623**	**1,326,933**	**1,406,433**	**1,436,353**	**学習費総額**
813,289	**849,611**	**905,456**	**913,847**	**929,242**	**956,233**	**957,893**	**946,594**	**990,398**	**997,526**	**1,022,397**	**997,435**	**1,071,438**	**1,061,350**	**学校教育費**
350,223	350,247	377,427	398,962	390,494	417,161	410,918	412,279	418,476	440,394	435,917	425,251	428,574	476,159	授業料
45,772	42,155	56,498	49,202	60,365	50,325	65,462	54,972	70,001	57,490	63,707	74,169	82,578	30,988	修学旅行・遠足・見学費
…	…	…	…	…	…	…	…	…	…	…	…	…	12,837	修学旅行費
…	…	…	…	…	…	…	…	…	…	…	…	…	18,151	校外活動費
6,620	9,580	11,285	7,322	14,629	6,290	8,347	11,281	14,036	9,963	8,629	13,326	18,950	12,330	学級・児童会・生徒会費
178,134	197,840	196,186	211,653	225,650	222,651	223,592	219,619	237,315	234,131	244,007	231,232	255,578	250,553	学校納付金等
…	…	…	…	…	…	…	…	…	…	…	…	…	72,542	入学金・入園料
…	…	…	…	…	…	…	…	…	…	…	…	…	30,070	入学時に納付した施設整備費等
…	…	…	…	…	…	…	…	…	…	…	…	…	19,756	入学検定料
…	…	…	…	…	…	…	…	…	…	…	…	…	96,868	施設整備費等
…	…	…	…	…	…	…	…	…	…	…	…	…	24,017	その他の学校納付金
…	…	…	…	…	…	…	…	…	…	…	…	…	7,300	後援会等会費
11,058	11,098	11,975	12,272	15,533	12,421	12,242	13,340	13,364	11,893	14,023	12,479	13,290	8,598	ＰＴＡ会費
11,106	8,299	20,973	12,664	8,225	13,605	6,210	2,157	5,975	9,156	13,955	4,508	17,312	14,120	寄附金
10,379	10,318	12,106	7,562	8,888	11,795	11,711	10,891	12,745	14,502	13,459	11,143	22,550	33,196	教科書費・教科書以外の図書費
26,836	28,435	26,889	29,863	26,021	27,040	26,814	30,420	24,355	27,424	27,762	26,546	27,648	35,382	学用品・実験実習材料費
35,931	38,058	41,358	37,350	40,347	52,962	49,354	47,392	49,266	53,804	55,170	57,008	55,796	37,172	教科外活動費
73,083	82,983	79,704	81,954	74,041	75,953	75,969	78,585	82,211	78,468	80,817	77,975	80,656	84,233	通学費
41,588	46,135	46,867	43,126	44,433	45,474	45,771	46,765	42,237	39,134	42,993	43,263	43,478	50,696	制服
15,995	19,475	17,626	16,034	15,431	15,538	14,176	13,473	13,160	14,161	14,859	14,723	16,631	17,558	通学用品費
6,564	4,988	6,562	5,883	5,185	5,018	7,327	5,420	7,257	7,006	7,099	5,812	8,397	10,365	その他
3,683	**1,131**	**5,020**	**1,454**	**3,598**	**3,100**	**7,254**	**590**	**9,429**	**3,380**	**4,154**	**8,566**	**3,731**	**7,227**	**学校給食費**
291,171	**327,175**	**317,669**	**327,008**	**298,879**	**315,435**	**304,244**	**289,075**	**278,863**	**294,250**	**312,072**	**320,932**	**331,264**	**367,776**	**学校外活動費**
190,869	216,143	198,706	204,532	185,163	202,616	193,601	191,093	181,128	191,738	194,621	204,112	220,346	262,322	補助学習費
35,989	32,698	32,040	37,864	30,162	35,845	34,646	29,331	25,065	23,155	26,652	29,804	28,534	40,028	家庭内学習費
15,857	14,399	14,126	18,408	14,339	19,082	17,708	15,021	10,851	10,411	12,706	14,480	13,819	…	物品費
20,132	18,299	17,914	19,456	15,823	16,763	16,938	14,310	14,214	12,744	13,946	15,324	14,715	…	図書費
49,338	55,177	54,063	52,444	45,287	39,721	34,543	26,952	30,812	33,490	26,874	23,592	31,174	36,964	通信教育・家庭教師費
102,314	123,890	108,681	109,959	105,880	122,364	118,499	129,850	119,740	129,954	135,356	143,694	153,365	175,435	学習塾費
3,228	4,378	3,922	4,265	3,834	4,686	5,913	4,960	5,511	5,139	5,739	7,022	7,273	9,895	その他
100,302	111,032	118,963	122,476	113,716	112,819	110,643	97,982	97,735	102,512	117,451	116,820	110,918	105,454	その他の学校外活動費
12,792	17,233	14,193	12,290	13,522	9,886	10,654	9,324	7,984	13,664	17,542	17,560	10,040	5,656	体験活動・地域活動
46,618	51,602	59,788	65,076	50,363	51,324	47,170	47,279	42,364	41,411	47,757	43,747	45,181	33,591	芸術文化活動
33,341	37,906	41,791	44,280	32,406	32,725	32,305	35,390	29,308	30,168	29,639	28,108	27,393	…	月謝等
13,277	13,696	17,997	20,796	17,957	18,599	14,865	11,889	13,056	11,243	18,118	15,639	17,788	…	その他
19,673	18,479	19,857	20,485	23,825	21,356	21,872	22,242	23,814	22,362	22,796	27,866	24,358	28,795	ｽﾎﾟｰﾂ・ﾚｸﾘｴｰｼｮﾝ活動
9,573	9,847	12,113	11,506	14,208	12,440	13,155	12,069	14,629	12,924	14,249	16,999	15,392	…	月謝等
10,100	8,632	7,744	8,979	9,617	8,916	8,717	10,173	9,185	9,438	8,547	10,867	8,966	…	その他
…	…	…	…	…	…	…	…	…	…	…	…	…	5,857	国際交流体験活動
21,219	23,718	25,125	24,625	26,006	30,253	30,947	19,137	23,573	25,075	29,356	27,647	31,339	31,555	教養・その他
10,642	11,196	12,968	11,952	9,610	13,527	11,894	6,982	7,964	9,339	12,805	15,327	13,102	…	月謝等
…	…	…	…	10,190	8,878	9,410	8,261	8,251	7,468	6,613	5,390	6,274	…	図書費
10,577	12,522	12,157	12,673	6,206	7,848	9,643	3,894	7,358	8,268	9,938	6,930	11,963	…	その他

公立高等学校（全日制）

区分	高等学校													
	公立													
	平成 ６年度	８年度	10年度	12年度	14年度	16年度	18年度	20年度	22年度	24年度	26年度	28年度	30年度	令和 ３年度
学習費総額	**521,346**	**520,655**	**515,605**	**508,876**	**528,195**	**516,331**	**520,503**	**516,186**	**393,464**	**386,439**	**409,979**	**450,862**	**457,380**	**512,971**
学校教育費	**316,959**	**332,549**	**329,979**	**339,003**	**339,444**	**342,152**	**343,922**	**356,937**	**237,669**	**230,837**	**242,692**	**275,991**	**280,487**	**309,261**
授業料	97,249	101,210	104,094	107,323	110,710	110,289	112,296	116,628	—	—	7,595	23,368	25,378	52,120
修学旅行・遠足・見学費	31,956	34,277	35,291	37,399	32,437	35,757	32,519	33,152	32,324	32,042	30,436	34,892	35,579	19,556
修学旅行費	…	…	…	…	…	…	…	…	…	…	…	…	…	15,647
校外活動費	…	…	…	…	…	…	…	…	…	…	…	…	…	3,909
学級・児童会・生徒会費	8,910	11,348	10,435	10,676	11,598	10,936	13,469	11,459	12,316	14,518	13,093	13,834	20,385	8,821
学校納付金等	15,388	16,989	22,602	21,741	19,799	21,250	26,414	25,665	27,987	23,097	28,536	29,060	27,771	33,567
入学金・入園料	…	…	…	…	…	…	…	…	…	…	…	…	…	7,211
入学時に納付した施設整備費等	…	…	…	…	…	…	…	…	…	…	…	…	…	3,928
入学検定料	…	…	…	…	…	…	…	…	…	…	…	…	…	5,004
施設整備費等	…	…	…	…	…	…	…	…	…	…	…	…	…	…
その他の学校納付金	…	…	…	…	…	…	…	…	…	…	…	…	…	12,558
後援会等会費	…	…	…	…	…	…	…	…	…	…	…	…	…	4,866
ＰＴＡ会費	6,424	6,946	7,220	7,114	7,131	6,612	7,884	7,241	8,130	8,308	7,050	6,587	6,989	5,931
寄附金	1,377	2,397	305	192	325	673	398	176	344	167	152	281	215	629
教科書費・教科書以外の図書費	15,566	16,325	16,445	16,290	18,468	19,456	17,943	18,040	19,131	18,970	21,081	21,513	22,432	31,249
学用品・実験実習材料費	21,714	21,442	18,769	18,768	18,086	19,445	18,625	20,016	17,408	17,031	16,114	19,149	18,826	21,854
教科外活動費	30,919	28,369	28,910	32,489	41,390	36,495	34,648	39,921	41,570	37,349	39,840	44,276	40,427	39,395
通学費	47,246	52,220	45,772	45,750	41,354	42,768	44,561	49,468	43,198	46,175	45,253	47,552	45,866	52,283
制服	22,006	21,680	22,139	22,094	22,418	24,162	21,308	22,349	21,596	20,279	20,236	21,088	22,613	26,110
通学用品費	12,932	13,758	12,605	11,426	10,422	9,802	8,935	9,014	9,642	9,563	9,246	10,517	10,953	12,776
その他	5,272	5,588	5,392	7,741	5,306	4,507	4,922	3,808	4,023	3,338	4,060	3,874	3,053	4,970
学校給食費	**…**	**…**	**…**	**…**	**…**	**…**	**…**	**…**	**…**	**…**	**…**	**…**	**…**	**…**
学校外活動費	**204,387**	**188,106**	**185,626**	**169,873**	**188,751**	**174,179**	**176,581**	**159,249**	**155,795**	**155,602**	**167,287**	**174,871**	**176,893**	**203,710**
補助学習費	142,676	145,306	135,192	126,450	132,760	129,309	136,655	126,162	124,663	122,472	134,789	142,702	147,875	171,377
家庭内学習費	24,886	20,943	20,514	17,328	18,911	22,743	22,212	19,829	19,165	15,424	15,992	14,669	16,769	22,640
物品費	9,647	8,091	7,543	7,126	8,321	11,519	11,283	11,117	10,569	7,944	7,404	6,365	7,599	…
図書費	15,239	12,852	12,971	10,202	10,590	11,224	10,929	8,712	8,596	7,480	8,588	8,304	9,170	…
通信教育・家庭教師費	24,546	25,581	25,503	26,112	23,330	19,421	20,418	15,828	17,192	14,877	13,903	10,513	12,836	16,301
学習塾費	74,202	73,154	65,893	66,181	73,360	67,995	79,128	76,278	77,025	82,011	95,450	106,767	106,884	120,397
その他	19,042	25,628	23,282	16,829	17,159	19,150	14,897	14,227	11,281	10,160	9,444	10,753	11,386	12,039
その他の学校外活動費	61,711	42,800	50,434	43,423	55,991	44,870	39,926	33,087	31,132	33,130	32,498	32,169	29,018	32,333
体験活動・地域活動	6,177	4,419	5,112	4,454	3,231	4,398	3,913	2,209	2,444	2,051	3,644	4,037	2,140	1,342
芸術文化活動	18,456	17,257	19,084	15,350	20,386	15,725	13,490	11,479	12,208	12,319	8,632	9,836	8,507	9,460
月謝等	10,877	11,260	11,920	10,806	13,915	10,919	9,827	8,031	8,102	8,613	5,783	6,237	6,077	…
その他	7,579	5,997	7,164	4,544	6,471	4,806	3,663	3,448	4,106	3,706	2,849	3,599	2,430	…
ｽﾎﾟｰﾂ・ﾚｸﾘｴｰｼｮﾝ活動	8,856	6,270	6,156	8,374	8,683	6,343	6,992	6,412	5,709	7,814	8,428	7,937	5,784	6,778
月謝等	2,241	2,498	2,796	4,836	3,740	2,922	3,308	2,915	2,944	4,353	4,517	4,192	2,890	…
その他	6,615	3,772	3,360	3,538	4,943	3,421	3,684	3,497	2,765	3,461	3,911	3,745	2,894	…
国際交流体験活動	…	…	…	…	…	…	…	…	…	…	…	…	…	2,045
教養・その他	28,222	14,854	20,082	15,245	23,691	18,404	15,531	12,987	10,771	10,946	11,794	10,359	12,587	12,708
月謝等	13,901	8,002	8,521	6,987	6,476	6,644	5,778	4,562	3,920	3,349	4,555	4,211	4,633	…
図書費	…	…	…	…	3,960	4,772	3,281	3,131	2,762	2,717	1,880	1,652	2,213	…
その他	14,321	6,852	11,561	8,258	13,255	6,988	6,472	5,294	4,089	4,880	5,359	4,496	5,741	…

（単位：円）

（　全　日　制　）														区　分
私　立														
平成 ６年度	８年度	10年度	12年度	14年度	16年度	18年度	20年度	22年度	24年度	26年度	28年度	30年度	令和 ３年度	
1,017,145	**966,259**	**1,010,125**	**1,044,464**	**1,030,569**	**1,034,689**	**1,045,234**	**980,851**	**922,716**	**966,816**	**995,295**	**1,040,168**	**969,911**	**1,054,444**	**学　習　費　総　額**
714,726	**728,917**	**774,936**	**785,436**	**785,786**	**769,458**	**785,289**	**782,953**	**685,075**	**722,212**	**740,144**	**755,101**	**719,051**	**750,362**	**学校教育費**
301,416	313,388	321,355	341,012	346,715	321,612	323,652	318,694	225,385	237,647	258,542	271,835	230,026	288,443	授業料
46,757	53,342	52,930	61,112	52,521	50,050	53,723	53,811	52,594	52,520	51,766	54,096	53,999	26,549	修学旅行・遠足・見学費
…	…	…	…	…	…	…	…	…	…	…	…	…	16,613	修学旅行費
…	…	…	…	…	…	…	…	…	…	…	…	…	9,936	校外活動費
9,789	8,960	10,412	9,399	11,527	9,445	12,816	10,189	13,131	11,309	11,623	19,832	18,179	13,061	学級・児童会・生徒会費
148,582	154,717	170,207	175,805	167,084	187,329	190,832	190,710	185,993	204,722	200,992	193,806	183,518	160,861	学校納付金等
…	…	…	…	…	…	…	…	…	…	…	…	…	43,570	入学金・入園料
…	…	…	…	…	…	…	…	…	…	…	…	…	22,771	入学時に納付した施設整備費等
…	…	…	…	…	…	…	…	…	…	…	…	…	5,503	入学検定料
…	…	…	…	…	…	…	…	…	…	…	…	…	60,323	施設整備費等
…	…	…	…	…	…	…	…	…	…	…	…	…	20,301	その他の学校納付金
…	…	…	…	…	…	…	…	…	…	…	…	…	8,393	後援会等会費
9,238	12,271	14,554	12,214	12,451	11,262	10,899	13,423	13,016	12,282	13,833	14,252	11,360	9,325	ＰＴＡ会費
3,351	2,923	3,680	2,119	2,595	1,340	1,796	1,294	2,178	6,081	2,207	974	2,942	4,405	寄附金
15,396	14,922	15,562	16,485	19,222	19,477	19,033	18,864	19,572	22,465	22,600	24,642	23,455	38,461	教科書費・教科書以外の図書費
21,093	20,252	18,307	18,191	18,689	21,093	18,381	18,986	18,480	20,086	16,591	16,994	19,220	25,798	学用品・実験実習材料費
30,003	26,647	30,135	29,673	32,074	36,100	41,869	45,142	43,356	41,086	45,892	44,764	56,224	47,013	教科外活動費
79,271	70,661	80,675	71,149	71,893	65,306	67,236	67,216	68,834	69,367	73,525	71,087	73,402	81,093	通学費
29,710	31,684	36,157	31,792	32,473	31,412	28,992	29,923	27,045	29,414	28,056	27,186	30,275	36,086	制服
11,846	12,833	13,144	10,578	10,834	9,219	9,656	8,884	9,137	10,492	9,716	10,775	10,366	11,976	通学用品費
8,274	6,317	7,818	5,907	7,708	5,813	6,404	5,817	6,354	4,741	4,801	4,858	6,085	7,291	その他
…	**…**	**…**	**…**	**…**	**…**	**…**	**…**	**…**	**…**	**…**	**…**	**…**	**…**	**学校給食費**
302,419	**237,342**	**235,189**	**259,028**	**244,783**	**265,231**	**259,945**	**197,898**	**237,641**	**244,604**	**255,151**	**285,067**	**250,860**	**304,082**	**学校外活動費**
225,507	168,617	164,712	180,284	180,611	202,003	210,444	144,305	188,069	182,564	204,643	230,103	193,945	246,639	補助学習費
29,595	26,922	26,984	25,264	24,554	27,461	27,681	23,822	20,949	25,037	26,249	23,019	27,205	31,786	家庭内学習費
13,791	11,568	10,817	12,170	11,691	14,746	12,460	11,991	9,681	13,982	12,557	10,290	12,624	…	物品費
15,804	15,354	16,167	13,094	12,863	12,715	15,221	11,831	11,268	11,055	13,692	12,729	14,581	…	図書費
51,831	33,082	31,727	29,870	29,170	30,091	22,570	22,536	32,557	19,784	19,545	19,232	20,020	26,530	通信教育・家庭教師費
118,528	94,740	87,321	106,553	109,295	123,252	144,389	83,951	117,120	124,052	142,063	171,462	129,313	171,149	学習塾費
25,553	13,873	18,680	18,597	17,592	21,199	15,804	13,996	17,443	13,691	16,785	16,390	17,407	17,174	その他
76,912	68,725	70,477	78,744	64,172	63,228	49,501	53,593	49,572	62,040	50,508	54,964	56,915	57,443	その他の学校外活動費
12,658	14,682	14,719	13,022	8,058	6,877	5,108	4,896	4,254	6,190	6,806	8,483	6,098	1,903	体験活動・地域活動
27,916	26,531	22,149	37,622	19,302	26,703	16,658	20,522	17,025	17,044	15,180	19,148	14,596	16,501	芸術文化活動
18,458	17,791	14,626	29,819	12,957	16,534	10,317	12,901	11,779	12,199	8,222	11,888	9,921	…	月謝等
9,458	8,740	7,523	7,803	6,345	10,169	6,341	7,621	5,246	4,845	6,958	7,260	4,675	…	その他
13,093	8,766	11,522	9,641	13,082	8,892	7,630	11,333	10,483	14,367	10,017	10,626	15,101	12,956	ｽﾎﾟｰﾂ･ﾚｸﾘｴｰｼｮﾝ活動
5,729	4,061	5,886	5,736	6,839	4,580	3,611	6,943	5,191	7,870	5,535	6,052	9,225	…	月謝等
7,364	4,705	5,636	3,905	6,243	4,312	4,019	4,390	5,292	6,497	4,482	4,574	5,876	…	その他
…	…	…	…	…	…	…	…	…	…	…	…	…	8,118	国際交流体験活動
23,245	18,746	22,087	18,459	23,730	20,756	20,105	16,842	17,810	24,439	18,505	16,707	21,120	17,965	教養・その他
8,605	8,176	10,776	8,698	11,213	7,845	4,771	6,704	6,741	9,546	5,462	7,344	6,172	…	月謝等
…	…	…	…	5,385	5,103	6,528	4,645	4,437	4,109	3,437	3,021	3,586	…	図書費
14,640	10,570	11,311	9,761	7,132	7,808	8,806	5,493	6,632	10,784	9,606	6,342	11,362	…	その他

5　附属資料

調　　　　査　　　　票
調　査　対　象　者　情　報

調査手引き（保護者用）
調査手引き（学校用）
調査手引き（都道府県用）

令和３年度調査における変更項目

※以下の太枠欄には，調査対象者情報(黄緑色の紙)の内容を転記してください。

政府統計

統計法に基づく国の統計調査です。調査票情報の秘密の保護に万全を期します。

学　校　名	

都道府県番号		学校調査番号		学校種類	
				(高等学校のみ)学科	

学　年	学年 歳児(幼稚園)	整　理　番　号	

令和３年度 子供の学習費調査　調査票（第１回提出分）

- この調査票の「提出期日」は，　　月　　日です。
- ご記入が終わりましたら，提出用封筒に入れ，密封をして，学校(幼稚園)にご提出ください。**郵便ポストへの投かんはしないでください。**
- なお，この調査は，オンラインでの回答も可能です。オンラインでの回答方法は，手引き25ページをご覧ください。

この調査票は，表面と裏面の両方に回答欄があります。両方にお答えください。

(1)　以下の項目について，お子さんやご家庭の状況をお答えください。すべて回答欄に，数字（選択肢の番号）又は○印をご記入ください。なお，これらの項目は第１回提出分だけでの質問で，第２・３回提出分ではお聞きしません。

1 **主たる生計維持者の方の最終卒業学校を，お答えください。**
(在学中の方や中途退学した方は，その前の卒業学校をお答えください)

1　中学校　　2　高等学校　　3　専門学校
4　短期大学・高等専門学校　　5　大学　　6　大学院

回答 [　　]

2 **調査対象のお子さんと生計を一にしている全員の方を，右の表から選んで番号でお答えください。**
＊「生計を一にしている」は，必ずしも同居している方だけでなく，単身赴任・入院等で一時的に別居している場合も含みます。

1　お子さんの父親　　2　お子さんの母親
3　お子さんの祖父・祖母
4　その他の親族等（お子さんのご兄弟・姉妹は除く）

回答 [　　][　　][　　][　　]

3 **調査対象のお子さんの性別を，お答えください。**

1　男　　2　女

回答 [　　]

4 将来，調査対象のお子さんを**どの学校段階まで進ませたいですか。**選択肢から１つだけ選んでください。

1　中学校まで　　2　高等学校まで　　3　専門学校まで
4　短期大学・高等専門学校まで　　5　大学まで
6　大学院まで　　7　その他　　8　まだ分からない

回答 [　　]

5 **調査対象のお子さんには，ご兄弟・姉妹はいますか。**
(ご兄弟・姉妹は，保護者と生計を一にしている方のみを対象としてください。
例えば，既に独立した生計を立てている兄・姉がいる場合，その兄・姉は対象となりません。)

1　いる　　2　いない

回答 [　　]

5-2 **質問5で「１（兄弟・姉妹が）いる」と回答した方のみにお聞きします。**
保護者の方と生計を一にしている全員のお子さんについて，以下の表にご記入ください。
＊ 例えば，ご家庭にいるお子さんが３人きょうだいである場合，「第一子」「第二子」「第三子」の欄に全て記入してください。
＊ 既に独立した生計を立てている兄・姉は，記入不要です。その分は回答欄を詰めてご回答ください。
(例えば長男と長女が既に独立しており，次の子供(次男)以降が同一生計の場合，次男を「第一子」欄にお書きください)

	それぞれのお子さんの性別を，番号でお答えください。〔１ 男　２ 女〕	それぞれのお子さんが令和３年４月１日現在で通っている学校等を，右下の１～９から選び，番号でお答えください。	調査対象のお子さん（質問３で性別をお答えいただいたお子さん)に，○印を記入してください。
第一子	[　　]	[　　]	← [　　]
第二子	[　　]	[　　]	← [　　]
第三子	[　　]	[　　]	← [　　]
第四子	[　　]	[　　]	← [　　]
第五子	[　　]	[　　]	← [　　]
第六子	[　　]	[　　]	← [　　]
第七子	[　　]	[　　]	← [　　]

1　未就学（幼稚園，保育所，乳児など）
2　小学校
3　中学校
4　高等学校
5　専門学校
6　短期大学・高等専門学校
7　大学
8　大学院
9　その他（就業中など）

○印は１つだけ記入してください。

(2)令和３年４月～同年６月に支出された教育・学習費を，**裏面の票にご回答ください。**

４月～６月分の経費を記入してください。（支出がない場合は「合計」の欄に「０」を記入してください。）

ご回答に当たっては，以下の「記入上の注意」をご覧ください。

記入上の注意

- ○　令和３年３月31日以前に支出した経費であっても，４月からの学習活動に関係する経費（入学や進級にあたり購入したかばん・制服，学用品，学習塾への入会などの経費）は，この調査票（第１回）に含めて記入してください。
- ○　学校と学校外の両方にまたがるような経費は，「学校教育費」の方に記入してください。
- ○　調査対象のお子さん１人分だけの経費を記入してください。（ご兄弟・姉妹分の経費は合算しないでください）
  ２人以上のお子さんが一緒に使うような品物の購入費は，一緒に使うお子さんの数でその経費を割り，１人分の経費を記入してください。
- ○　次のような経費は，１年分を調査票（第３回提出分）でまとめてお尋ねしますので、今回は記入しないでください。
  《授業料・保育料，入学金・入園料，施設整備費等，入学検定料，修学旅行費，校外活動費，学級・児童会・生徒会費，給食費，その他の学校納付金，PTA会費，後援会等会費，寄附金》
- ○　記入の方法・どの費用がどの項目に入るかは，この調査票と一緒に配付された文部科学省『子供の学習費調査の手引き(保護者用)』をご参照ください。どうしても判断が難しい場合，コールセンター(『手引き』39ページ)にお問い合わせください。
  『手引き』は，右の二次元コードから，携帯電話・スマートフォン等でもご覧いただけます。

区分			金額（円）						
			百万	十万	万	千	百	十	一
A 学校教育費	1　教科書費，授業で使用する図書費（副読本，ワークブック，辞書など） （注）授業で使用しない図書(個人的に購入した参考書等)は，B-1-a「家庭内学習費」に記入してください。								
	2　学用品費（授業で使用する筆記用具，絵・習字用具など文房具類）								
	3　体育用品費（体育授業で使用する運動靴，体育着・体育帽，水泳着など）								
	4　楽器購入費（音楽授業で使用するリコーダー，ハーモニカなど）								
	5　実験実習費（材料を含む。授業で使用する製図用具，裁縫用具，調理用材料など）								
	6　教科外活動費（クラブ活動・学芸会などのために買った用具・物品など）								
	7　通学費	a　交通費・通学用自転車等 （定期券，スクールバス代，自転車購入・維持費など）							
		b　制服 （学校が通学のために指定した制服・学生服など）							
		c　通学用品費 （ランドセル・かばん，通学用くつなど）							
	8　その他（バッジ，上ばき，卒業記念写真代，幼稚園の遊び着など）								
B 学校外活動費	1 補助学習費 予習・復習・補習など学校教育に関係ある学習をするために支出した経費	a　家庭内学習費 （学習机，いす，パソコン(補助学習用)，参考書，問題集など）							
		b　通信教育・家庭教師費（月謝，教材費，通信教育費など）							
		c　学習塾費（入会金，月謝，講習会費，教材費，交通費など） （注）習い事は，B-2「その他の学校外活動費」に記入してください。							
		d　その他（図書館などへの交通費，模擬テスト代など）							
	2 その他の学校外活動費 知識や技能を身に付け，豊かな感性を培い，心とからだの健全な発達を目的として行う習い事や学習活動，スポーツ，文化活動などに要した経費	a　体験活動・地域活動に関する経費 （ハイキングやキャンプなどの野外活動，ボランティア活動などの経費）							
		b　芸術文化活動に関する経費 （ピアノ・舞踊・絵画などを習うための経費，芸術鑑賞，楽器演奏，演劇活動などの経費）							
		c　スポーツ・レクリエーション活動に関する経費 （水泳・野球・サッカーなどを習うための経費，スポーツ観戦などの経費）							
		d　国際交流体験活動に関する経費 （留学・ホームステイ，国際交流イベントへの参加などの経費）							
		e　教養・その他に関する経費 （習字・そろばんなどを習うための経費，図書・雑誌購入費，博物館・動物園への入場料・交通費，パソコン（補助学習のために購入したものを除く）などの経費）							
合計									

ご記入ありがとうございました。

※以下の太枠欄には，調査対象者情報(黄緑色の紙)の内容を転記してください。

政府統計

統計法に基づく国の統計調査です。調査票情報の秘密の保護に万全を期します。

学　校　名	

都道府県番号		学校調査番号		学校種類	
				(高等学校のみ)学科	

学　年	学年 歳児(幼稚園)

整 理 番 号	

令和３年度 子供の学習費調査　調査票（第２回提出分）

・この調査票の「提出期日」は，　　　月　　　日です。
・ご記入が終わりましたら，提出用封筒に入れ，密封をして，学校(幼稚園)にご提出ください。**郵便ポストへの投かんはしないでください。**
・なお，この調査は，オンラインでの回答も可能です。オンラインでの回答方法は，手引き25ページをご覧ください。

この調査票は，裏面に回答欄があります。

令和３年７月～同年11月に支出された教育・学習費を，**裏面の票にご回答ください。**
ご回答に当たっては，以下の「記入上の注意」をご覧ください。

記入上の注意

○　この調査は，１年間に支出された教育・学習費を３回に分けて調査します。この調査票（第２回）では，令和３年７月～同年11月分の支出の合計額を記入してください。

○　学校と学校外の両方にまたがるような経費は，「学校教育費」の方に記入してください。

○　**調査対象のお子さん１人分だけの経費**を記入してください。（ご兄弟・姉妹分の経費は合算しないでください）
２人以上のお子さんが一緒に使うような品物の購入費は，一緒に使うお子さんの数でその経費を割り，**１人分の経費**を記入してください。

○　令和３年度中に支出した経費であっても，翌年度（令和４年度）の学習活動に関係する経費は，記入しないでください。例えば，次の学年・学校のために新しく購入したかばん・制服・学用品など，令和４年３月までの間に使う予定がないものの購入費は，記入しないでください。

○　次のような経費は，１年分を調査票（第３回提出分）でまとめてお尋ねしますので、今回は記入しないでください。
《授業料・保育料，入学金・入園料，施設整備費等，入学検定料，修学旅行費，校外活動費，学級・児童会・生徒会費，給食費，その他の学校納付金，PTA会費，後援会等会費，寄附金》

○　記入の方法・どの費用がどの項目に入るかは，文部科学省『子供の学習費調査の手引き（保護者用）』をご参照ください。どうしても判断が難しい場合，コールセンター（『手引き』39ページ)にお問い合わせください。
『手引き』は，右の二次元コードから，携帯電話・スマートフォン等でもご覧いただけます。

7月～11月分の経費を記入してください。（支出がない場合は「合計」の欄に「0」を記入してください。）
ご回答に当たっては，表面の「記入上の注意」をご覧ください。

区分			金額（円）						
			百万	十万	万	千	百	十	一
A 学校教育費	1 教科書費，授業で使用する図書費（副読本，ワークブック，辞書など） （注）授業で使用しない図書(個人的に購入した参考書等)は，B-1-a「家庭内学習費」に記入してください。								
	2 学用品費（授業で使用する筆記用具，絵・習字用具など文房具類）								
	3 体育用品費（体育授業で使用する運動靴，体育着・体育帽，水泳着など）								
	4 楽器購入費（音楽授業で使用するリコーダー，ハーモニカなど）								
	5 実験実習費（材料を含む。授業で使用する製図用具，裁縫用具，調理用材料など）								
	6 教科外活動費（クラブ活動・学芸会などのために買った用具・物品など）								
	7 通学費	a 交通費・通学用自転車等（定期券，スクールバス代，自転車購入・維持費など）							
		b 制服（学校が通学のために指定した制服・学生服など）							
		c 通学用品費（ランドセル・かばん，通学用くつなど）							
	8 その他（バッジ，上ばき，卒業記念写真代，幼稚園の遊び着など）								
B 学校外活動費	1 補助学習費 予習・復習・補習など学校教育に関係ある学習をするために支出した経費	a 家庭内学習費（学習机，いす，パソコン(補助学習用)，参考書，問題集など）							
		b 通信教育・家庭教師費（月謝，教材費，通信教育費など）							
		c 学習塾費（入会金，月謝，講習会費，教材費，交通費など） （注）習い事は，B-2「その他の学校外活動費」に記入してください。							
		d その他（図書館などへの交通費，模擬テスト代など）							
	2 その他の学校外活動費 知識や技能を身に付け，豊かな感性を培い，心とからだの健全な発達を目的として行う習い事や学習活動，スポーツ，文化活動などに要した経費	a 体験活動・地域活動に関する経費（ハイキングやキャンプなどの野外活動，ボランティア活動などの経費）							
		b 芸術文化活動に関する経費（ピアノ・舞踊・絵画などを習うための経費，芸術鑑賞，楽器演奏，演劇活動などの経費）							
		c スポーツ・レクリエーション活動に関する経費（水泳・野球・サッカーなどを習うための経費，スポーツ観戦などの経費）							
		d 国際交流体験活動に関する経費（留学・ホームステイ，国際交流イベントへの参加などの経費）							
		e 教養・その他に関する経費（習字・そろばんなどを習うための経費，図書・雑誌購入費，博物館・動物園への入場料・交通費，パソコン（補助学習のために購入したものを除く）などの経費）							
合計									

ご記入ありがとうございました。

※以下の太枠欄には，調査対象者情報(黄緑色の紙)の内容を転記してください。

政府統計

統計法に基づく国の統計調査です。調査票情報の秘密の保護に万全を期します。

学校名	

都道府県番号		学校調査番号		学校種類	
				(高等学校のみ)学科	

学年	学年 歳児(幼稚園)

整理番号	

令和３年度 子供の学習費調査　調査票（第３回提出分）

- この調査票の「提出期日」は，　　月　　日です。
- ご記入が終わりましたら，提出用封筒に入れ，密封をして，学校(幼稚園)にご提出ください。郵便ポストへの投かんはしないでください。
- なお，この調査は，オンラインでの回答も可能です。オンラインでの回答方法は，手引き25ページをご覧ください。

この調査票は，表面と裏面の両方に回答欄があります。両方にお答えください。

(1)　この１年間（令和３年４月～令和４年３月）に，授業料等として支出した教育費（年間の合計）を，ご回答ください。

ご回答に当たっては，以下の「記入上の注意」をご覧ください。

記入上の注意

○　減額・免除等を受けている費用は，**実際にご家庭が負担した額**を記入してください。(例えば，3万円定額の費用で，そのうち１万８千円の補助を受けて実際の負担は１万２千円である場合，調査票には「１万２千円」をご回答ください。)

○　**調査対象のお子さん１人分だけの経費**を記入してください。（ご兄弟・姉妹分の経費は合算しないでください）

○　令和３年３月31日以前に支出した経費であっても，今年度の学校教育に関係する経費（入学金など）は，含めて記入してください。

○　次年度(次の学年・進学先等)のための費用は，既にお支払済みであっても，この調査票には含めないでください。いま在籍する学校等に関する経費だけを記入してください。

（ア）今年度に入学・入園した方のみ （入学・入園に際し支払った費用をお書きください）	金額（円）百万	十万	万	千	百	十	一
1　入学金・入園料 （昨年度にお子さんの進学に係る入学金・入園料（実際に入学しなかった学校に収めた入学金・入園料も含む）に対して支出した経費を記入すること）							
2　入学時に納付した施設整備費等 （昨年度にお子さんの進学に係る施設整備費等（実際に入学しなかった学校に収めた施設整備費等も含む）に対して支出した経費を記入すること）							
3　入学検定料 （昨年度にお子さんの進学に係る入学検定料（実際に入学しなかった学校に収めた入学検定料も含む）に対して支出した経費を記入すること）							

（イ）全員の方	金額（円）百万	十万	万	千	百	十	一
1　授業料・保育料　（幼稚園・私立小学校・私立中学校・高等学校のみ） （就学支援金等による減免分は除いた金額を記入すること）							
2　施設整備費等　（私立のみ） （入学時に納付した施設整備費等を除いた金額を記入すること）							
3　修学旅行費							
4　校外活動費　（遠足，野外活動，集団宿泊活動，移動教室など）							
5　学級・児童会・生徒会費							
6　給食費　（幼稚園・小学校・中学校のみ）							
7　その他の学校納付金　（保健衛生費，日本スポーツ振興センター共済掛金含む）							
8　PTA会費							
9　後援会等会費							
10　寄附金							

(2)　令和３年12月～令和４年３月に支出された教育・学習費，及び世帯の年間収入を，ご回答ください。
ご回答に当たっては，以下の「記入上の注意」をご覧ください。

記入上の注意

○　**この調査票裏面では，令和３年12月～令和４年３月分の支出の合計額，及び令和３年の世帯の年間収入を記入してください。**

○　令和３年度中に支出した経費であっても，翌年度(令和４年度)の学習活動に関係する経費は，記入しないでください。

この調査では，現在の学年(３月まで)における教育・学習のために支出した費用が対象ですので，例えば，以下のような費用は全て対象とはなりません。

- ＊ **次の学年（又は学校）で使用するための学用品，体育着，制服，かばんなどの購入費**
- ＊ **４月以降に使用する通学定期券代，４月から使用するために購入した自転車の費用**
- ＊ **進学先又は進学希望の学校に支払う費用（受験料，入学金など）**

○　記入の方法・どの費用がどの項目に入るかは，この調査票と一緒に配付された文部科学省『子供の学習費調査の手引き(保護者用)』をご参照ください。どうしても判断が難しい場合，コールセンター(『手引き』39ページ)にお問い合わせください。

『手引き』は，右の二次元コードから，携帯電話・スマートフォン等でもご覧いただけます。

12月～３月分の経費を記入してください。（支出がない場合は「合計」の欄に「０」を記入してください。）

区	分		百万	十万	万	千	百	十	一
A 学校教育費	1　教科書費，授業で使用する図書費（副読本，ワークブック，辞書など） （注）授業で使用しない図書(個人的に購入した参考書等)は，B-1-a「家庭内学習費」に記入してください。								
	2　学用品費　（授業で使用する筆記用具，絵・習字用具など文房具類）								
	3　体育用品費　（体育授業で使用する運動靴，体育着・体育帽，水泳着など）								
	4　楽器購入費　（音楽授業で使用するリコーダー，ハーモニカなど）								
	5　実験実習費　（材料を含む。授業で使用する製図用具，裁縫用具，調理用材料など）								
	6　教科外活動費　（クラブ活動・学芸会などのために買った用具・物品など）								
	7　通学費	a　交通費・通学用自転車等 （定期券，スクールバス代，自転車購入・維持費など）							
		b　制服 （学校が通学のために指定した制服・学生服など）							
		c　通学用品費 （ランドセル・かばん，通学用くつなど）							
	8　その他　（バッジ，上ばき，卒業記念写真代，幼稚園の遊び着など）								
B 学校外活動費	1 補助学習費 予習・復習・補習など学校教育に関係ある学習をするために支出した経費	a　家庭内学習費 （学習机，いす，パソコン(補助学習用)，参考書，問題集など）							
		b　通信教育・家庭教師費　（月謝，教材費，通信教育費など）							
		c　学習塾費　（入会金，月謝，講習会費，教材費，交通費など） （注）習い事は，B-2「その他の学校外活動費」に記入してください。							
		d　その他　（図書館などへの交通費，模擬テスト代など）							
	2 その他の学校外活動費 知識や技能を身に付け，豊かな感性を培い，心とからだの健全な発達を目的として行う習い事や学習活動，スポーツ，文化活動などに要した経費	a　体験活動・地域活動に関する経費 （ハイキングやキャンプなどの野外活動，ボランティア活動などの経費）							
		b　芸術文化活動に関する経費 （ピアノ・舞踊・絵画などを習うための経費，芸術鑑賞，楽器演奏，演劇活動などの経費）							
		c　スポーツ・レクリエーション活動に関する経費 （水泳・野球・サッカーなどを習うための経費，スポーツ観戦などの経費）							
		d　国際交流体験活動に関する経費 （留学・ホームステイ，国際交流イベントへの参加などの経費）							
		e　教養・その他に関する経費 （習字・そろばんなどを習うための経費，図書・雑誌購入費，博物館・動物園への入場料・交通費，パソコン（補助学習のために購入したものを除く）などの経費）							
合	計								

世帯の年間収入

●世帯全体の１年間（令和３年１月～12月）の収入（税込み）について，右の選択肢１～７から当てはまる番号を，回答欄に数字でご記入ください。

●自営業の場合は売上高から必要経費を差し引いた営業利益について記入してください。

1	2	3	4
200万円未満	200万円～399万円	400万円～599万円	600万円～799万円
5	6	7	回答
800万円～999万円	1,000万円～1,199万円	1,200万円以上	

ご記入ありがとうございました。

政府統計

統計法に基づく国の統計調査です。調査票情報の秘密の保護に万全を期します。

令和３年度 子供の学習費調査　調査対象者情報

この調査対象者情報は，調査が終了する令和４年5月16日まで必要となります。
みなさまとみなさまの回答を照合する重要な情報が記載されていますので，なくさないよう，また，人に知らせないよう注意してください。

◆ あなたの基本情報は次のとおりです。
紙による回答を行う場合，調査票（第１回～第３回）の上部に，下記の内容を転記してください。

学　校　名	

都道府県番号		学校調査番号		学校種類	
				（高等学校のみ）学科	

学　年	学年 歳児(幼稚園)

整　理　番　号	

◆ あなたのオンライン回答用の調査対象者ID・初期パスワードは次のとおりです。
オンラインによる回答を行う場合，下記の調査対象者ID・初期パスワードを入力してオンライン調査システムにログインしてください。

オンライン調査システムURL：https://www.e-survey.go.jp/

調査対象者ID	
初期パスワード	

オンライン調査システム
二次元コード

次のような経費について，1年分の支出を**第３回提出分の調査票（12月～3月支出分の調査票のオモテ面）**でお尋ねします。ご家庭で支出があったときは，忘れないように書き留めておいてください。それぞれの費用における注意点は，「子供の学習費調査の手引き（保護者用）」を確認してください。

《授業料・保育料，入学金・入園料，施設整備費等，入学検定料，修学旅行費，校外活動費，学級・児童会・生徒会費，給食費，その他の学校納付金，PTA会費，後援会等会費，寄附金》

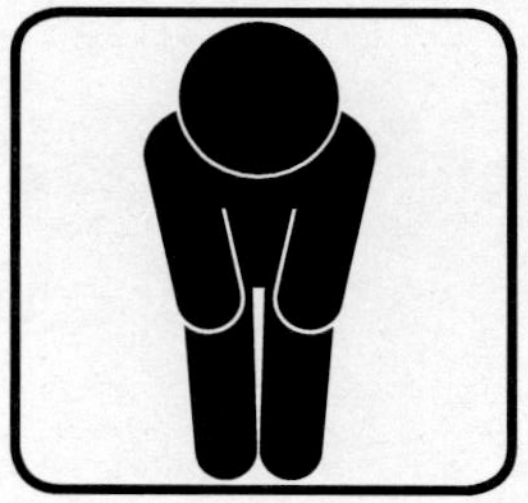

はじめに

この調査の概要

この調査は、お子さんが幼稚園、小学校、中学校または高等学校の教育を受けるため、あるいは学校外でのいろいろな活動を行うために、どのくらいの費用がかかっているのかを調査し、教育費に関する国の施策を検討・立案するための基礎資料を得ることを目的としています。

ご協力いただいたご回答は、文部科学省でデータ化した後、統計数値としてまとめられます。あるお子さん・ご家庭・学校を特定してデータを使用することは、決してありません。

まとめられた統計は、お子さんの学校教育や学校外活動のために必要な費用などの実態を客観的に示すデータとして、各種行政施策の検討に活かされています。例えば、中央教育審議会や、国の機関のさまざまな会議で教育費負担軽減に向けた議論を行うとき、家計の教育費負担の実態を表す資料としてこの統計が示され、検討に役立てられています。

また、細かい支出項目ごとの統計は、文部科学省が高校生等奨学給付金の額を計算するときの参考資料となるなど、お子さんの教育を支えていくための具体的な行政施策に活かされています。

国の機関ばかりが統計を使うわけではなく、官民を問わず、教育に係る家計負担を知るデータとして活用されています。例えば、金融教育のための教材にこの調査の結果が使われており、学生・生徒や若い世代が、自分を育んできた教育に関わるお金のことを通して、生活における経済観を養うことにも役立てられています。

文部科学省では、この調査を平成6年度（1994 年度）から開始し、以後、2年に1度実施しています。今回（令和３年度調査）も、正確で信頼性のある統計を作るため、全国あわせて約 1,600 校、約 53,000 人の保護者の方にご協力をお願いしています。各都道府県及び各学校にお願いし、この調査にご協力いただくみなさまを無作為に選定させていただきました。

どうぞこの調査についてご理解をいただき、ご協力くださいますよう、お願いいたします。

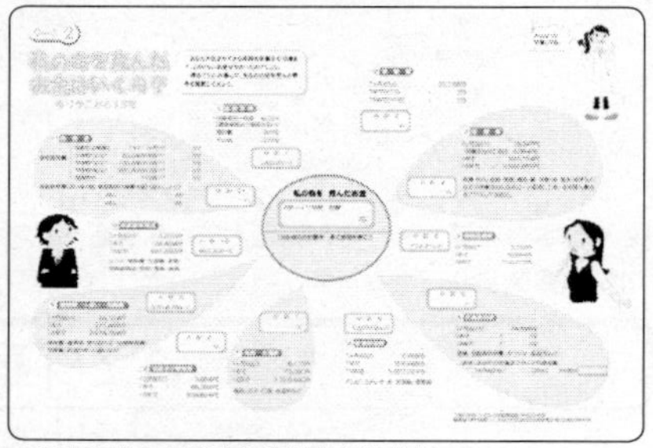

▲金融広報中央委員会 高校生向け教材
「これであなたもひとり立ち」より

配付物

各学校から、以下のものをお配りしています。ご確認ください。

① 調査対象者情報 ……………………………… 1枚（黄緑色）
② 調査票（第１回提出分～第３回提出分）…………… 3枚
③ 提出用封筒（のりテープ付き）……………………… 3枚
④ 手引き（保護者用） ………………………………… 1冊（この冊子です。）

この調査は何を回答するの？

1年間の費用を調査しています。

令和３年（2021 年）4月～令和４年（2022 年）3月までの1年間の費用を調査します。

例えば、調査対象のお子さんが1年生である場合、1年生の間にかかった費用が対象です。（ただし、この春にご入園・ご入学されたお子さんの費用は、入園・入学準備のために3月以前に支出した費用も対象です。詳しくは 10 ページをご覧ください）

1年間にわたる調査ですので、保護者のみなさまは、調査対象のお子さん1人にかかった教育・学習費を忘れないよう、9ページからの「調査票裏面の書き方・費用の分け方」各メモ欄に書き留めてください。

調査対象のお子さん1人にかかった費用を調査しています。

「調査対象のお子さん」とは、この調査へのご協力を依頼された学年・学級のお子さんのことです。ご家庭に兄弟姉妹がいらっしゃる場合でも、調査対象のお子さん1人にかかった費用だけを、お答えください。

なお、兄弟姉妹で共用する物品の購入費（家庭学習で兄弟姉妹が一緒に使う辞書、自宅練習のために兄弟姉妹が一緒に使うピアノなど）などの費用は、一緒に使うお子さんの数でその費用を割り、1人分の費用だけをお答えください。

学習費を調査しています。

お子さんが学校教育を受けたり、ご自宅や学校外でいろいろな活動（予習・復習・補習などの学習、習い事、スポーツ、文化活動など）を行ったりするための費用が対象です。

ですので、ふだんの生活のための費用や、教育・学習費とは言えない費用は、ご回答の対象ではありません。例えば以下のようなものは、ご回答に加えないでください。

○ふだんの衣料（普段着）の購入費、家庭での食費
○家庭から持参する昼食の費用（家庭で作るお弁当の材料費）、学校食堂での代金
○ふだんの生活での使用が主目的の物品（家族全員で共用のパソコン、テレビなど）購入費
○携帯電話・スマートフォンなどの購入費・使用料（学習活動に主に使用しないもの）
○お子さんに渡すお小遣い（特定の購入目的がないもの）
○お子さんの将来に備えた貯蓄、学資保険など

家計から支出した費用を調査しています。

調査対象のお子さんと同一生計にある方(主に保護者の方)が、家計から支出した費用が対象です。

お子さんご本人が、月々のお小遣いから自ら選んで購入したものなどは、ご回答に加えないでください。ただし、例えば「ノートを買ってきて」と言ってお子さんに渡した代金など、特定の学用品等を買う目的で渡した費用は、対象となります。

また、別生計の祖父母や親せきなどが購入したランドセル・かばん代など、別の生計にある人から提供を受けた物品などは、ご回答に加えないでください。

その他、世帯の状況等を調査しています。

ご回答いただく費用の状況を詳しく分析するため、調査票（第1回提出分）では主たる生計維持者の方の最終卒業学校やお子さんの希望進路、兄弟姉妹の状況などを、調査票（第3回提出分）では世帯の年間収入を、それぞれ調査しています。

詳しくは、8～21ページをご覧ください。

調査の流れ

学校から調査票の配付

↓

第1回（令和3年4月～6月）	4月～6月の教育・学習費を書き留める	調査票（第1回提出分）へ転記	提出用封筒へ入れ、封をする	学校へ提出
第2回（令和3年7月～11月）	7月～11月の教育・学習費を書き留める	調査票（第2回提出分）へ転記	提出用封筒へ入れ、封をする	学校へ提出
第3回((1) 令和3年4月～4年3月)((2) 令和3年12月～4年3月)	(1) 4月～3月の授業料等を書き留める (2)12月～3月の教育・学習費を書き留める	調査票（第3回提出分）へ転記	提出用封筒へ入れ、封をする	学校へ提出

↓

調査終了

※紙調査票による回答の場合の流れです。
オンライン調査票による回答の場合は、二重枠(「提出用封筒へ入れ、封をする」、「学校へ提出」)の作業が省略できます。

3回に分けて調査票を提出してください

この調査では、全部で3回に分けて調査票を記入していただきます。1年間の費用を、以下の3回の対象期間に分けて、それぞれの期間分の支出額を調査票に記入してください。記入された調査票は、第1回・第2回・第3回提出分を提出期限までに提出してください。

		対象期間
水　色	調査票（第1回提出分）	令和3(2021)年4月～同年6月分
ピンク色	調査票（第2回提出分）	令和3(2021)年7月～同年11月分
黄　色	調査票（第3回提出分）	令和3(2021)年12月～令和4(2022)年3月分 ※一部の調査項目で、令和3(2021)年1月～同年12月分の収入、令和3(2021)年4月～令和4(2022)年3月分の支出状況をお聞きします。

3回の調査票を、全て提出してください。文部科学省では、3回全てご回答がそろっているものを集計し、1年間の費用としてデータ化しますので、1回でも未提出のものは集計対象となりません。(第1回の提出をせず、第2回提出分に合算して提出するなどはできません。)

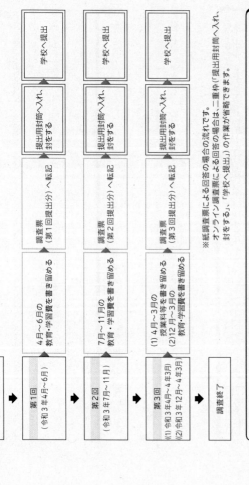

調査の回答方法

本調査では、「オンライン調査票」による回答方法と「紙調査票」による回答方法があります。どちらの調査票を選択しても調査内容は同じですので、いずれかによって調査にご回答ください。また、第１回～第３回で回答方法をそろえる必要はありません。

文部科学省では英語の調査票を用意しています。
「紙調査票」による回答を選択される場合は、学校から英語の調査票を受け取ってください。
「オンライン調査票」による回答を選択される場合は、オンライン調査システム上で、日本語から英語に切り替えて回答してください。

オンライン調査票による回答

オンライン調査票による回答を選択した場合、「政府統計共同利用システム」のオンライン調査システムを利用します。お手持ちのパソコン、タブレット型端末、スマートフォンのＷｅｂブラウザを起動し、アドレス欄に以下のＵＲＬを指定、あるいは、右の二次元コードを読み取り、オンライン調査システムにアクセスしてください。

URL
https://www.e-survey.go.jp/

オンライン調査システムにログインする際には、「調査対象者情報（黄緑色の紙）」に記載の「調査対象者ID」及び「初期パスワード」が必要となりますので、お手元にご用意ください。

➡オンライン調査システムの操作方法は 25 ページ以降をご覧ください。

※オンライン調査システムのご利用にあたっては、データ通信料が発生します。

紙調査票による回答

紙調査票による回答を選択した場合、学校から配布された第1回～第3回の調査票に手書きで回答を記入します。紙調査票に記入するにあたっては、第1回～第3回の調査票の上部に「学校名、都道府県番号、学校調査番号、学校種類、（高等学校のみ）学科番号、学年、整理番号」の基本情報を忘れずに記載してください。

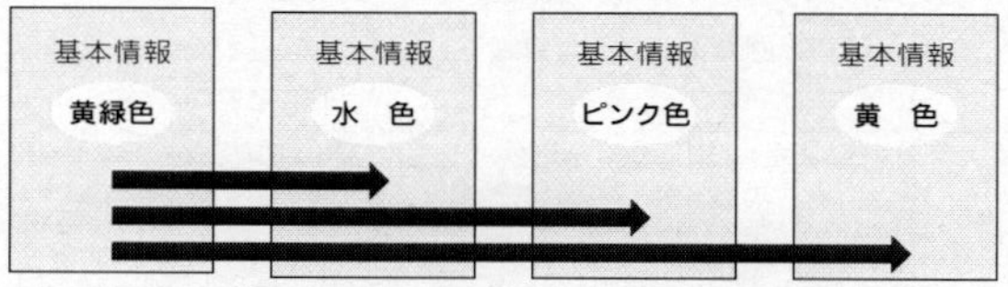

※基本情報を記載する際は「調査対象者情報（黄緑色の紙）」を見ながらお間違えの無いように記載してください。

各回の調査票を提出するときは、必ずお配りした提出用封筒（白色）に入れ、封をして、学校に提出してください。

この提出用封筒は、郵便ポストへの投かんをしないでください。

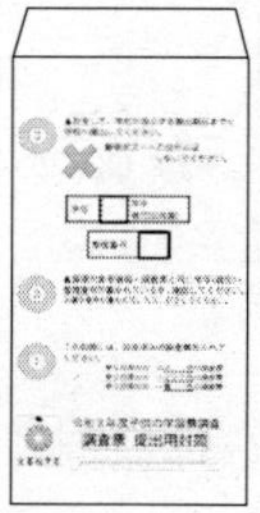

※学校へのご提出前に、封筒のオモテ面に「学年」「整理番号」の記載があるかをお確かめください。もし、記載がない場合は「調査対象者情報（黄緑色の紙）」に印字してある「学年」「整理番号」をそれぞれ記入の上、学校へ提出してください。

学校でこの封筒を開封することは、絶対にありません。密封されたまま、都道府県の調査担当者に渡されます。開封された調査票は、都道府県の調査担当者、文部科学省の調査担当者及び文部科学省が請負契約するデータ作成業者だけが取り扱い、ご回答内容の秘密保護に万全を期しています。

調査票の書き方

調査票の書き方を説明します。本手引きでは紙調査票を例に説明をしていますが、オンライン調査票でも基本的な書き方は一緒です。また、オンライン調査票の場合は、調査票画面上の?をクリックするとより詳細な解説をご覧いただけます。

第1回調査票（水色）　4月～6月分

第１回調査票を紙調査票（水色）で回答する場合の提出期日は、□月□日です。

学校が指示する紙の調査票の提出期日をメモしてください

オンライン調査票で回答する場合の提出期日は、**9**月**15**日です。

調査票(第１回提出分)は、表面と裏面の両方に(オンライン調査票では2ページに渡って)回答欄があります。両方にお答えください。

第１回調査票表面の書き方・注意点

表面（オンライン調査票では1ページ目）では、５つの質問があります。すべて回答欄に、数字（選択肢の番号）又は〇印でお答えください。それぞれの質問における注意点は、次頁のとおりです。

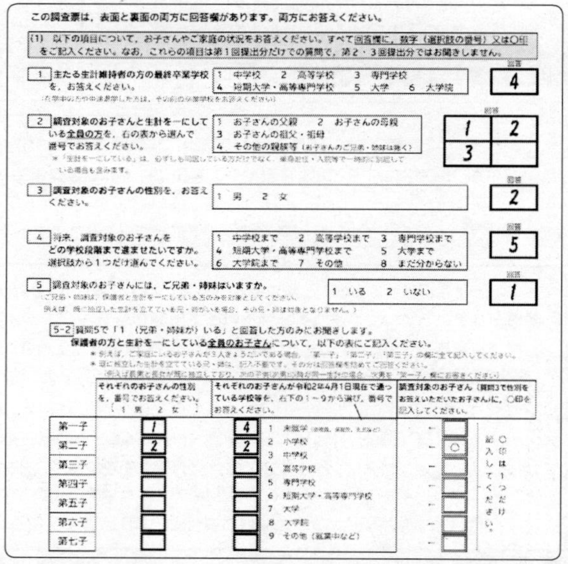
この調査票は，表面と裏面の両方に回答欄があります。両方にお答えください。

(1) 以下の項目について，お子さんやご家庭の状況をお答えください。すべて回答欄に，数字（選択肢の番号）又は〇印をご記入ください。なお，これらの項目は第１回提出分だけでの質問で，第２・３回提出分ではお聞きしません。

1 主たる生計維持者の方の最終卒業学校を，お答えください。　1 中学校　2 高等学校　3 専門学校　4 短期大学・高等専門学校　5 大学　6 大学院　回答 4

2 調査対象のお子さんと生計を一にしている全員の方を，右の表から選んで番号でお答えください。　1 お子さんの父親　2 お子さんの母親　3 お子さんの祖父・祖母　4 その他の親族等（お子さんのご兄弟・姉妹は除く）　回答 1 2 3

3 調査対象のお子さんの性別を，お答えください。　1 男　2 女　回答 2

4 将来，調査対象のお子さんをどの学校段階まで進ませたいですか。選択肢から１つだけ選んでください。　1 中学校まで　2 高等学校まで　3 専門学校まで　4 短期大学・高等専門学校まで　5 大学まで　6 大学院まで　7 その他　8 まだ分からない　回答 5

5 調査対象のお子さんには，ご兄弟・姉妹はいますか。　1 いる　2 いない　回答 1

5-2 質問5で「1 （兄弟・姉妹が）いる」と回答した方のみにお聞きします。
保護者の方と生計を一にしている全員のお子さんについて，以下の表にご記入ください。

	それぞれのお子さんの性別を，番号でお答えください。（1 男　2 女）	それぞれのお子さんが令和2年4月1日現在で通っている学校等を，右下の１～９から選び，番号でお答えください。	調査対象のお子さん（質問3で性別をお答えいただいたお子さん）に，〇印を記入してください。
第一子	1	4	
第二子	2	2	〇
第三子			
第四子			
第五子			
第六子			
第七子			

1 未就学　2 小学校　3 中学校　4 高等学校　5 専門学校　6 短期大学・高等専門学校　7 大学　8 大学院　9 その他（就業中など）

〇印は１つだけ記入してください。

▲表面の回答例

設問 1

・「主たる生計維持者」とは、その世帯の家計上の主たる収入を得ている人をいいます。

・主たる生計維持者の方が在学中や中途退学した場合は、その前の卒業学校をお答えください。例えば大学を中退した場合、その前に卒業した学校が高等学校であるときは「2 高等学校」とお答えください。

・選択肢にない各学校種については、以下をご参照ください。

中等教育学校	▶「2 高等学校」
特別支援学校	▶中等部の場合は「1 中学校」、高等部の場合は「2 高等学校」
専修学校高等課程（高等専修学校）	▶「2 高等学校」
専修学校一般課程及び各種学校	▶その前の卒業学校
大学院を単位取得退学・満期退学した	▶「6 大学院」

設問 2

・「生計を一にしている」は、必ずしも同居している方だけでなく、単身赴任・入院等で一時的に別居している場合も含みます。

・調査対象のお子さんのご兄弟・姉妹は、ここでは回答に加えないでください。

設問 4

・将来お子さんを進ませたい学校段階が選択肢にない場合は、上記設問 1 で挙げる各学校種をご参照の上、選択してください。

設問 5-2

・例えば、ご家庭にいるお子さんが3人きょうだいである場合、「第一子」「第二子」「第三子」の欄にすべて入力してください。

・既に独立した生計を立てている兄・姉がいる場合、ここでは回答に加えず、その分は回答欄を詰めてご回答ください。

・「それぞれのお子さんが令和３年4月1日現在で通っている学校」は、例えば、令和３年4月1日時点でまだ高等学校の入学式を終えていない場合でも、高等学校への進学が決まっている場合は「4 高等学校」とお答えください。

・選択肢にない各学校種については、以下をご参照ください。

義務教育学校	▶前期課程は「2 小学校」、後期課程は「3 中学校」
中等教育学校	▶前期課程は「3 中学校」、後期課程は「4 高等学校」
特別支援学校	▶小学部は「2 小学校」、中学部は「3 中学校」、高等部は「4 高等学校」
専修学校高等課程（高等専修学校）	▶「4 高等学校」
専修学校一般課程及び各種学校	▶「9 その他（就業中など）」
浪人中、無職	▶「9 その他（就業中など）」

調査票裏面の書き方・費用の分け方

裏面では、令和３年4月～6月分の費用をご回答ください。

3月以前に支出した費用であっても、4月からの学習活動に関係するものは、含めて記入してください。

例えば、以下のような費用が当てはまります。

- 4月からの新学年に備えて、新しく購入したノートの購入費
- 4月からの新学年で使用するために買い替えた制服・体操着などの購入費
- 4月から新しく始める習い事・学習塾などの入会費

ここが大事！

この春にご入園・ご入学されたお子さんの保護者の方へ

入園・入学準備のために3月以前に支出した費用も、この調査の対象ですので、調査票（第1回提出分）に含めて記入してください。例えば、以下のような費用が当てはまります。

- 入園・入学後に使用するかばん・ランドセル、制服、通学用品などの購入費
- 入園・入学後に必要となる学用品の購入費

また、調査票（第3回提出分）において、入学金・入園料、入学時に納付した施設整備費等、及び入学検定料についてご回答いただきます。それらの費用について忘れてしまうことがないように金額をメモしたものを大切に保管してください。（詳しくは 18 ページをご覧下さい）

裏面でご回答いただく費用は、大きく2つに分けられます。下の記入例のように、それぞれの項目に費用を分けて、記入してください。

もし、全ての項目について期間中に支出が全くなかった場合でも、合計欄に「0」を記入して提出してください。（支出が全くないからといって提出しなかった場合、未提出扱いになってしまいます）

区分			金額（円）
A 学校教育費	1 教科書費、授業で使用する図書費（副読本、ワークブック、辞書など）		1426
	2 学用品費		324
	3 体育用品費		4536
	4 楽器購入費		0
	5 実験実習費		1656
	6 教科外活動費		10440
	7 通学費	a 交通費・通学用自転車等	2455
		b 制服	6082
		c 通学用品費	3435
	8 その他		1180
B 学校外活動費	1 補助学習費	a 家庭内学習費	2945
		b 通信教育・家庭教師費	0
		c 学習塾費	35500
		d その他	1620
	2 その他の学校外活動費	a 体験活動・地域活動に関する経費	1056
		b 芸術文化活動に関する経費	~~1788~~ 1580
		c スポーツ・レクリエーション活動に関する経費	13180
		d 国際交流体験活動に関する経費	0
		e 教養・その他に関する経費	1080
合計			88415

記入ありがとうございました。

A 学校教育費

お子さんに学校教育を受けさせるために支出した教科書、副読本、学用品などの購入費、クラブ活動や通学に要した費用など

→ 11 ～ 14 ページ

B 学校外活動費

お子さんの家庭内学習、学習塾などに要した費用 及び 学校外での習い事やスポーツ、文化活動などに要した費用

→ 14 ～ 17 ページ

もし書き損じてしまったら…

訂正線を引き、周りの余白に訂正後の金額を書いてください。

修正液・テープなどを使用する必要はありません。また、訂正印の押印（ご回答者個人名が分かるもの）をいただく必要もありません。

もし調査票を紛失・汚損してしまったら…

学校に相談し、予備の調査票を受け取ってください。

※ここからは、調査票裏面にある各項目への費用の分け方をご案内します。それぞれの項目に当てはまる支出をご確認ください。ご家庭で教育・学習費の支出があったときは、忘れないように各項目のメモ欄に書き留めてください。

（例）

A-2　学用品費　＜メモ欄＞					
日付	支出内容	金額（円）	日付	支出内容	金額（円）
4．1	算数ノート	183	8.26	コンパス	237
4．1	えんぴつ１ダース	367	11．4	下敷き	135
6.17	習字の半紙	355	11．4	赤えんぴつ	108

A 学校教育費

A-1
教科書費、授業で使用する図書費

・教科書の購入費（高等学校のみ。小・中学校では教科書は無償給与されています）
・各教科の授業（幼稚園の場合、保育上使用）のため、学校から指定され購入した図書の購入費

例
学校から指定された辞書(電子辞書を含む)
副読本、白地図、ワークブックなど
幼稚園の場合は絵本なども含む

× 個人的に購入した参考書(自宅学習用)は、14 ページの「B-1-a 家庭内学習費」に記入してください。

A-1　教科書費、授業で使用する図書費　＜メモ欄＞					
日付	支出内容	金額（円）	日付	支出内容	金額（円）
.			.		
.			.		
.			.		
.			.		
.			.		
.			.		
.			.		
.			.		
.			.		
.			.		
.			.		
.			.		
.			.		
.			.		

A-2
学用品費

各教科の授業などで必要な文房具類の購入費をいいます。

例 筆記用具類（ノート、消しゴム、鉛筆、シャープペンシル、ボールペン、蛍光ペンなど）、絵の用具類(クレヨン、絵筆、絵の具、パレット、スケッチブックなど）、習字用具類（筆、墨、すずり、文鎮、半紙など）、その他の文房具類（筆入れ、下敷き、定規、分度器、コンパス、のり、はさみ、折り紙、テープなど）

A-2　学用品費　＜メモ欄＞					
日付	支出内容	金額（円）	日付	支出内容	金額（円）
.			.		
.			.		
.			.		
.			.		
.			.		
.			.		
.			.		
.			.		
.			.		
.			.		
.			.		
.			.		
.			.		

A-3
体育用品費

体育の授業に使用する体育用品の購入費をいいます。

例 運動靴、体育着・体育帽、水泳着・水泳帽、柔道・剣道着など

A-3　体育用品費　＜メモ欄＞					
日付	支出内容	金額（円）	日付	支出内容	金額（円）
.			.		
.			.		
.			.		
.			.		
.			.		
.			.		

A-4
楽器購入費

音楽の授業に使用する楽器類の購入費をいいます。

例 リコーダー、ハーモニカ、カスタネットなど

A-4　楽器購入費　＜メモ欄＞					
日付	支出内容	金額（円）	日付	支出内容	金額（円）
.			.		
.			.		
.			.		
.			.		
.			.		

A-5
実験実習費

理科、技術・家庭などの授業に使用する実験実習用具・材料等の購入費をいいます。

例 製図・技術用具（T定規、木工具）、裁縫用具（裁縫箱、裁縫用布）、調理用の材料、植物の苗など

A-5　実験実習費　＜メモ欄＞					
日付	支出内容	金額（円）	日付	支出内容	金額（円）
.			.		
.			.		
.			.		
.			.		
.			.		
.			.		

A-6
教科外活動費

クラブ活動（課外の部活動を含む）、学芸会・運動会・芸術鑑賞会、各教科以外の学級活動（ホームルーム活動）、児童会・生徒会、修学旅行、臨海・林間学校などのために、個人的に要した経費をいいます。

例 クラブ活動で使用する野球グラブ・テニスラケット・ユニフォームなど、学芸会などで使用する物品（模造紙、布等）、芸術鑑賞会の交通費やチケット代、修学旅行のカバンなど

× 学校が学級全員から一律徴収した修学旅行費、校外活動費、学級・児童会・生徒会費などは、それぞれの該当項目に記入してください。

A-6　教科外活動費　＜メモ欄＞					
日付	支出内容	金額（円）	日付	支出内容	金額（円）
.			.		
.			.		
.			.		
.			.		
.			.		
.			.		
.			.		
.			.		
.			.		
.			.		
.			.		
.			.		
.			.		
.			.		
.			.		

A-7　通学費

学校へ通学するために要した費用をいいます。以下のａ～ｃの3区分に分かれます。

A-7-a 交通費・通学用自転車等

通学のための交通費及び学校で認められた通学自転車などの購入費などをいいます。

例 電車・バスなどの定期券・回数券及びきっぷの購入費、スクールバス代、駐輪場利用料、通学自転車の購入・修理費、ヘルメット購入費、自転車保険など

A-7-a　交通費・通学用自転車等　<メモ欄>

日付	支出内容	金額（円）	日付	支出内容	金額（円）
.			.		
.			.		
.			.		
.			.		
.			.		
.			.		
.			.		
.			.		
.			.		
.			.		
.			.		

A-7-b 制服

学校が通学のために指定した制服一式をいいます。学校指定の標準服も含みます。

例 男子・女子学生服、ブレザー、ネクタイ、シャツ・ブラウス、帽子など

× 制服または標準服以外の衣類（通学の際着用する衣類が自由に選べる場合）の購入費は、回答に加えないでください。

× 学校が通学用に指定する靴の購入費は「A-7ｃ 通学用品費」に記入してください。

A-7-b　制服　<メモ欄>

日付	支出内容	金額（円）	日付	支出内容	金額（円）
.			.		
.			.		
.			.		
.			.		
.			.		
.			.		
.			.		
.			.		
.			.		
.			.		
.			.		
.			.		

A-7-c 通学用品費

通学に必要な物品の購入費をいいます。

例 ランドセル・かばん、上履き入れ、学校が通学用に指定した靴（雨靴を含む）、レインコート・雨傘など

× 通学以外のときに使用する物品は、この項目に入りません。例えば、上履きは、学校内で使用するものですので「A-8 その他」に記入してください。

A-7-c　通学用品費　<メモ欄>

日付	支出内容	金額（円）	日付	支出内容	金額（円）
.			.		
.			.		
.			.		
.			.		
.			.		
.			.		
.			.		
.			.		
.			.		
.			.		

A-8 その他

A-1～A-7のいずれの項目にも当てはまらない費用をいいます。

例 学校の徽章・バッジ、上履き、卒業記念写真・アルバム、幼稚園で着用する遊び着、スモック、高校の実習用作業衣、白衣など

A-8　その他　<メモ欄>

日付	支出内容	金額（円）	日付	支出内容	金額（円）
.			.		
.			.		
.			.		
.			.		
.			.		
.			.		
.			.		

B 学校外活動費

B-1　補助学習費

予習・復習・補習といった、学校外で学校教育に関係する学習をするために要した費用をいいます。以下のａ～ｄの４区分に分かれます。

B-1-a 家庭内学習費

家庭の中での学習に使用する物品・図書の購入費をいいます。

例 学習机、いす、本棚、パソコン・タブレット型コンピュータ（補助学習用）、電気スタンド、参考書（教科書補助教材）、問題集、辞書・電子辞書、百科事典、学習雑誌、絵本（学習用）、語学CD、学習用DVDなど

× 学校の授業でも使用するものは、11～14ページの「A 学校教育費」の該当項目に記入してください。

× 学習塾で使用する教材の購入費は、「B-1-c 学習塾費」に記入してください。

B-1-a　家庭内学習費　<メモ欄>

日付	支出内容	金額（円）	日付	支出内容	金額（円）
.			.		
.			.		
.			.		
.			.		
.			.		
.			.		
.			.		
.			.		
.			.		
.			.		
.			.		
.			.		

B-1-b 通信教育・家庭教師費

通信教育や家庭教師の指導を受けるために要した月謝及び教材費をいいます。

例 通信添削などの通信教育を受けるために要した受講費、教材費、提出課題の郵送料、家庭教師の月謝など

B-1-b　通信教育・家庭教師費　<メモ欄>

日付	支出内容	金額（円）	日付	支出内容	金額（円）
.			.		
.			.		
.			.		
.			.		
.			.		
.			.		
.			.		
.			.		
.			.		
.			.		
.			.		
.			.		
.			.		

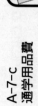

B-1-c
学習塾費

学習塾（進学または補習のために、学校ではなく自宅外で教科の指導を行うものをいいます。）に通うため支出した費用をいいます。

例 入会金、授業料（月謝）、講習会費、教材費（テキスト代）、通っている塾で受ける模擬テスト代、学習塾への交通費など

× 習い事の費用は、15 ～ 17 ページの「B- 2 その他の学校外活動費」の該当項目に記入してください。

B-1-c 学習塾費 ＜メモ欄＞

日付	支出内容	金額（円）	日付	支出内容	金額（円）
.			.		
.			.		
.			.		
.			.		
.			.		
.			.		
.			.		
.			.		
.			.		
.			.		
.			.		
.			.		
.			.		

B-1-d
その他

B-1- a～cのいずれの項目にも当てはまらない費用をいいます。

例 自習のための図書館への交通費、ふだん通っていない塾や学校で受ける模擬テスト代や講習費など

B-1-d その他 ＜メモ欄＞

日付	支出内容	金額（円）	日付	支出内容	金額（円）
.			.		
.			.		
.			.		
.			.		
.			.		
.			.		
.			.		
.			.		
.			.		
.			.		
.			.		
.			.		

B-2 その他の学校外活動費

知識や技能を身に付け、豊かな感性を培い、心とからだの健全な発達を目的とした習い事や学習活動、スポーツ、文化活動などに要した費用をいいます。以下の a ～ e の 5 区分に分かれます。

B-2-a
体験活動・地域活動に関する経費

ハイキングやキャンプなどの野外活動、ボランティア活動などの社会体験活動、ボーイスカウト・ガールスカウト、子供会などの活動に要した費用をいいます。

例 参加費、入場料、保険料、交通費、物品費(キャンプ用具、ボーイスカウト・ガールスカウトの制服など）など

B-2-a 体験活動・地域活動に関する経費 ＜メモ欄＞

日付	支出内容	金額（円）	日付	支出内容	金額（円）
.			.		
.			.		
.			.		
.			.		
.			.		
.			.		
.			.		
.			.		
.			.		
.			.		
.			.		

B-2-b
芸術文化活動に関する経費

音楽、舞踊、絵画などを習うために要した費用、音楽鑑賞・美術鑑賞・映画鑑賞などの芸術鑑賞、楽器演奏、演劇活動などに要した費用をいいます。

例 入会金、月謝、ピアノ・電子オルガンなどの楽器、楽譜帳、舞踊の衣装類、絵画道具、発表会参加費、演奏会や展覧会の入場料・交通費など

× 学校と学校外の両方で使う用具の購入費は、11 ページからの「A 学校教育費」の該当項目に記入してください。

B-2-b 芸術文化活動に関する経費 ＜メモ欄＞

日付	支出内容	金額（円）	日付	支出内容	金額（円）
.			.		
.			.		
.			.		
.			.		
.			.		
.			.		
.			.		
.			.		
.			.		
.			.		
.			.		

B-2-c
スポーツ・レクリエーション活動に関する経費

水泳・野球・サッカー・テニス・武道・体操などのスポーツ技術を習うために要した費用、スポーツイベント等への参加費、スポーツ観戦に要した費用などをいいます。

例 入会金、月謝、野球・サッカー・テニス用具、柔道着、剣道用具、試合の参加費、スポーツイベント入場料・交通費など

× 学校と学校外の両方で使う用具の購入費は、11 ページからの「A 学校教育費」の該当項目に記入してください。

B-2- c スポーツ・レクリエーション活動に関する経費 ＜メモ欄＞

日付	支出内容	金額（円）	日付	支出内容	金額（円）
.			.		
.			.		
.			.		
.			.		
.			.		
.			.		
.			.		
.			.		
.			.		
.			.		

B-2-d 国際交流体験活動に関する経費

留学・ホームステイなど海外での学習・交流活動のために要した費用、自宅外で参加する国際交流イベントの参加に要した費用などをいいます。

例 留学・ホームステイ渡航費、留学先の学費、スピーチ・プレゼンテーション・ディベート大会等への参加費・交通費、イングリッシュキャンプ参加費、留学生との交流イベント参加費など

× 学校等での外国語学習のために学習塾で外国語を習っている場合は、「B-1-c 学習塾費」に記入してください。

× 自宅外での外国語に関する習い事（英会話教室など）は、「B-2-e 教養・その他に関する経費」に記入してください。

B-2-d 国際交流体験活動に関する経費 ＜メモ欄＞

日付	支出内容	金額（円）	日付	支出内容	金額（円）
.			.		
.			.		
.			.		
.			.		
.			.		
.			.		
.			.		
.			.		
.			.		
.			.		
.			.		
.			.		

B-2-e 教養・その他に関する経費

習字・そろばん・外国語会話などを習うために要した経費、図書・雑誌購入費、博物館・動物園・水族館・図書館などの入場料・交通費などをいいます。

例 単行本、文庫本、電子書籍、全集、絵本（教養向け）、教養等習い事の入会金・月謝、習字用具、そろばん、パソコン・タブレット型コンピュータ（家族共用のものは除く）、自主的な検定試験受検料など

× 授業で使用する図書は「A-1 教科書費、授業で使用する図書費」に、家庭内学習で使用する図書は「B-1-a 家庭内学習費」に記入してください。

× 学校と学校外の両方で使う用具の購入費は、11 ページからの「A 学校教育費」の該当項目に記入してください。

B-2-e 教養・その他に関する経費 ＜メモ欄＞

日付	支出内容	金額（円）	日付	支出内容	金額（円）
.			.		
.			.		
.			.		
.			.		
.			.		
.			.		
.			.		
.			.		
.			.		

第２回調査票（ピンク色）　7月～11月分

第２回調査票を紙調査票（ピンク色）で回答する場合の提出期日は、□月□日です。

学校が指示する紙の調査票の提出期日をメモしてください

オンライン調査票で回答する場合の提出期日は、**1**月**17**日です。

調査票（第２回提出分）は、裏面のみに（オンライン調査票では1ページのみ）回答欄があります。裏面では、令和３年7月～11月分の費用をご回答ください。記入は、9 ページからの「調査票裏面の書き方・費用の分け方」をご参照ください。

第３回調査票（黄色）　12 月～３月分

この保護者調査票（黄色）の提出期日は、□月□日です。

学校が指示する紙の調査票の提出期日をメモしてください。

オンライン調査票で回答する場合の提出期日は、**5**月**16**日です。

調査票（第３回提出分）は、表面と裏面の両方に（オンライン調査票では2ページに渡って）回答欄があります。両方にお答えください。

第３回調査票表面の書き方・注意点

表面では、授業料等として支出した教育費の令和３年4月～令和４年3月分の1年間の合計をお答えください。

なお、学校によっては、例えば、「授業料・保育料の中に給食費を含んでいる」ケースなどがありますが、その場合は、「授業料・保育料」と「給食費」それぞれの額を学校に確認いただき、それぞれの項目に記入してください。

また、これらの教育費については、学校から参考となる情報の提供があった場合は、その情報を参考にお答えください。

それぞれの費用における注意点は、以下のとおりです。

この春にご入園・ご入学されたお子さんの保護者の方のみ

内容	
（ア）-1 入学金・ 入園料	・令和３年3月31日以前に支払った入学金・入園料でも、令和３年度入学・入園に関するものは回答してください。 ※複数の学校を受験した結果、実際に入学しなかった学校へも入学金・入園料を収めた場合、その費用についても記載してください。
（ア）-2 入学時に 納付した 施設整備費 等	・令和３年3月31日以前に支払った施設整備費等でも、令和３年度入学・入園に関するものは回答してください。 ・「施設整備費等」は、お子さんが通っている学校によって様々な名称があります（施設費、維持費、運営費など）。ここでは、名称が何かに関わらず、入学時に学校へ一括で支払った納付金のうち、入学金・入園料及び授業料・保育料以外のものの額を回答してください。 ・入学時以外に納付した施設整備費等は、「全員の方 （イ）-2 施設整備費等」に計上してください。 ※複数の学校を受験した結果、実際に入学しなかった学校へも施設整備費等を収めた場合、その費用についても記載してください。
（ア）-3 入学検定料	・入学検定料の支払いは、基本的には令和３年3月31日以前に発生するものですが、令和３年度の入学・入園に関するものは、すべて計上してください。 ※複数の学校を受験した場合、その全ての入学検定料について記載してください。

全てのお子さんの保護者の方

内容	
(イ)-1 授業料・ 保育料	・公立小学校・公立中学校に入学されたお子さんの保護者の方は、回答する必要はありません。(授業料はないため) ・減額・免除等を受けている場合は、実際にご家庭が負担した額を計上してください。 ・学校等がいったん全額徴収して後日一定額が返還される減免制度の場合も、返還後の額を計上してください。
(イ)-2 施設 整備費等	・私立学校に通うお子さんの保護者の方のみ回答してください。 ・「施設整備費等」は、お子さんが通っている学校によって様々な名称があります（施設費、維持費、運営費など）。ここでは、名称が何かに関わらず、本年度分として学校へ一括で支払った納付金のうち、授業料・保育料以外のものの額を回答してください。 ・この春にご入園・ご入学されたお子さんの保護者の方は、入学金・入園料及び入学時に納付した施設整備費等は「(ア)-1、2」にそれぞれ計上してください。
(イ)-3 修学旅行費	・学校ではなく旅行会社等に直接支払っている場合でも、旅行会社等に支払った額を回答してください。 ・次学年以降で行く修学旅行費のために積立てを行っている場合、その積立金は回答に加えないでください。 ・今年度行われた修学旅行のために、以前から修学旅行費を積み立てていた場合は、その積立金も回答に加えてください。 ・修学旅行用のかばんなど、個人的に要した経費は、裏面「A-6 教科外活動費」に計上してください。
(イ)-4 校外活動費	・遠足、見学、野外活動、集団宿泊活動、移動教室などのために支払った費用（入場料、交通費など）を回答してください。 ・校外活動用のかばんなど、個人的に要した経費は、裏面「A-6 教科外活動費」に計上してください。
(イ)-5 学級・児童会・ 生徒会費	・「学級費」「クラス費」等の名称によらず、学級・学年の活動や全校の児童・生徒会活動のために支払った額を回答してください。
(イ)-6 給食費	・給食を1週間に1回でも実施していれば、その額を回答してください。 ・軽食・おやつのみの場合や、配達弁当等を学校で購入している場合でも、正規の教育時間内に提供される食事で、学校に対し定期的に費用を支払っている場合は、回答に含めてください。 ・行事時だけに特別に1回限り提供される食事などは、対象とはなりません。また、お子さんが自分で売店等で購入する食事や、ご家庭から持たせる弁当の材料費等も、回答に加えないでください。 ・給食費の減免を受けている場合は、減免後の実際に負担した額を回答してください。いったん全額支払って後日払戻しを受ける減免制度の場合も、払戻し後の実負担額を回答してください。
(イ)-7 その他の 学校納付金	・学校に対し支払った費用で、1から6までに該当しないものの合計額を回答してください。(例えば、保健衛生費、日本スポーツ振興センター共済掛金、冷暖房費、学芸会費など)
(イ)-8 PTA 会費	・PTA 会費として支払った額を回答してください。
(イ)-9 後援会等 会費	・後援会や同窓会など、学校を支援する外部団体に対し支払った会費等を回答してください。
(イ)-10 寄附金	・学校に対し、保護者の方が任意で寄付した寄附金の額を回答してください。全く個人的なものや、保護者の方以外が寄附したものは含めないでください。

今年度に入学・入園した方のみ ＜メモ欄＞	
支出内容	金額（円）
(ア)-1 入学金・入園料	
(ア)-2 入学時に納付した施設整備費等	
(ア)-3 入学検定料	

全員の方 ＜メモ欄＞	
支出内容	金額（円）
(イ)-1 授業料・保育料	
(イ)-2 施設整備費等	
(イ)-3 修学旅行費	
(イ)-4 校外活動費	
(イ)-5 学級・児童会・生徒会費	
(イ)-6 給食費	
(イ)-7 その他の学校納付金	
(イ)-8 PTA会費	
(イ)-9 後援会等会費	
(イ)-10 寄附金	

第３回調査票裏面の書き方・費用の分け方

裏面では、令和３年12月～令和４年３月分の費用をご回答ください。記入は9ページからの調査票裏面の書き方・費用の分け方」をご参照ください。

なお、来年度（進級・進学後）の学習活動に関係する費用は、回答に加えないでください。例えば、以下のような費用は対象外です。

- 次の学年で使用する教材の費用、進級に向け新調した制服・上履き等の経費
- 4月分の習い事・学習塾等に支払う入会金・月謝
- 4月以降に実施される検定試験にかかる受験料

ここが大事!

3月にご卒園・ご卒業予定のお子さんの保護者の方へ

来年度（進級・進学後）の学習活動に関係する費用は、回答に加えないでください。例えば、以下のような費用は対象外です。

✲進学後（4月から）使用するかばん・ランドセル、制服、学用品などの購入費
✲進学先の学校を受験する際に支払った入学検定料（受験料）

世帯の年間収入

また、裏面では「世帯の年間収入」をお答えいただきます。
この欄では、調査対象のお子様と同居し、生計を共にするご家族全体の1年間の収入（令和３年1月～12月（税込み））の合計をご回答ください（当てはまる番号を1つ選び、○で囲んで回答してください）。共働きなどで収入のある方が２人以上いるときは、全員分の収入合算額でお答えください。
「年間収入」とは、税金・社会保険料等が引かれる前（いわゆる「税込み」）の現金収入のことです。なお、退職金や預貯金支出、財産売却等の「臨時収入」は、含めないでください。

お勤めの方

・お勤め先から受け取った給料、賃金、賞与（ボーナス）を合わせた税込み金額を収入額としてください。アルバイト等による給料も含みます。
・給与所得の源泉徴収票で見ると、【支払金額】に書かれている額が該当します（控除後の金額ではありません）。

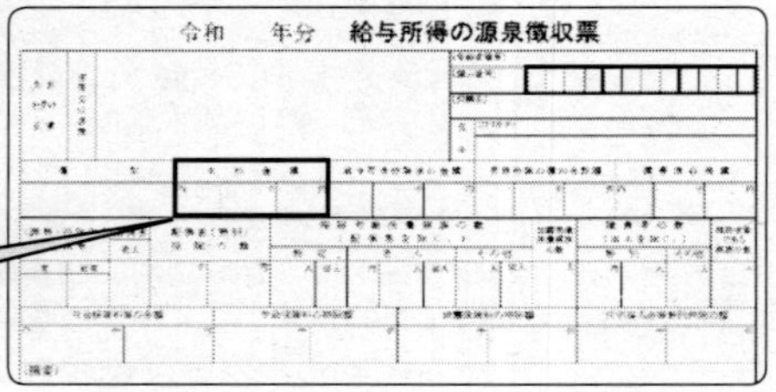

自営業・個人事業主の方

・事業による売上高から、仕入額、原材料費、人件費等の必要経費を差し引いた所得金額を収入額としてください。
・所得税の確定申告書Bで見ると、【所得金額】のうち事業部分の額が該当します。

その他

・家屋や土地を貸すことによって定期的に収入を得ている場合や、預貯金・株式等の利子や配当金から収入を得ている場合は、その収入額を含めてください（確定申告書Bにおける所得金額のうち「不動産」「利子」「配当」に当たります）。
・公的年金、雇用保険・児童手当等の社会保障給付費、生活保護法による各種扶助、定期的な仕送り等を受け取られている場合は、これらによる収入額を含めてください。

さくいん（この費用はどこに入れるの？）

	費　用	当てはまる項目	備　考	手引きのページ
あ	預かり保育（幼稚園）（特に学習的要素が強いもの）	B-2-e	よくあるご質問の問 13（38 ページ）参照	17
	いす（学習用）	B-1-a		14
	衣服（日常用）	調査対象外	制服は A-7-b	-
	上履き	A-8		14
	上履き入れ	A-7-c		13
	運動靴（学校の授業用）	A-3		12
	絵筆・絵の具（学校の授業用）	A-2	習い事だけに使う場合は B-2-b	11
	絵本（家庭内学習用）	B-1-a	教養向けの場合は B-2-e	14
	演劇鑑賞（学校行事以外）	B-2-b	学校行事の場合は A-6	16
	演奏会の入場料（学校行事以外）	B-2-b		16
	鉛筆（学校の授業用）	A-2		11
	鉛筆（家庭内学習用）	B-1-a		14
	おみやげ（修学旅行・遠足）	調査対象外		-
	音楽会の参加費（習い事）	B-2-b		16
か	ガールスカウトの活動費	B-2-a		15
	海外留学・海外研修（学校外での個人参加）	B-2-d	学校のプログラム（希望者のみ参加）の場合は A-6	17
	回数券（通学用）	A-7-a		13
	学資保険	調査対象外		-
	学習雑誌	B-1-a		14
	学習机	B-1-a		14
	学生服（通学用）	A-7-b		13
	学童保育の費用（特に学習的要素が強いもの）	B-2-e	よくあるご質問の問 13（38 ページ）参照	17
	傘（通学用）	A-7-c		13
	楽器（学校の授業用）	A-4		12
	楽器（クラブ活動用）	A-6	授業でも使う場合は A-4	12
	楽器（習い事用）	B-2-b		16
	学級費	第3回表面（イ）-5		19
	かばん（通学用）	A-7-c	来年度使うかばんは対象外（10・20 ページ参照）	13
	寄附金	第3回表面（イ）-10		19
	キャンプ参加費（体験活動）	B-2-a	学校行事の場合は A-6	15
	給食着・給食用マスク	A-8		14
	給食費	第3回表面（イ）-6		19
	くつ（通学用）	A-7-c		13
	下宿・寮の費用	調査対象外		-

	費用	当てはまる項目	備考	手引きのページ
	検定試験受検料（英検、簿記検定等）	B-2-e		17
	後援会等会費	第3回表面(イ)-9		19
	校外活動費（遠足、野外活動、集団宿泊活動、移動教室など）	第3回表面(イ)-4		19
	ゴーグル（水中眼鏡）（学校の授業用）	A-3	習い事だけに使う場合は B-2-c	12
	こづかい	調査対象外		-
	コンパス	A-2	製図用は A-5	11
さ	裁縫用具（学校の授業用）	A-5		12
	作業衣	A-8		14
	参考書（家庭内学習用）	B-1-a		14
	資格取得のための試験受験料	B-2-e		17
	辞書（学校の授業用）	A-1	家庭内のみで使用する辞書は B-1-a	11
	入学時に納付した施設整備費等	第3回表面(ア)-2	今年度に入学・入園した方のみ	18
	入学時以外で納付した施設整備費等	第3回表面(イ)-2		19
	自転車（維持費を含む）	A-7-a		13
	自転車保険	A-7-a		13
	児童会費	第3回表面(イ)-5		19
	ジャージ（学校用）	A-3		12
	修学旅行費	第3回表面(イ)-3	次学年以降で行く修学旅行費のための積立金は対象外	19
	習字用具類（習い事用）	B-2-e	授業でも使う場合は A-2	17
	授業料・保育料	第3回表面(イ)-1		19
	定規・三角定規（文房具類）	A-2	製図用は A-5	11
	水泳着・水泳帽（学校の授業用）	A-3	習い事だけに使う場合は B-2-c	12
	スクールバス代	A-7-a		13
	スポーツ観戦代	B-2-c		16
	スポーツ用具（クラブ活動用）	A-6		12
	スポーツ用具（習い事用）	B-2-c		16
	スポーツを習うための月謝・入会金	B-2-c		16
	スモック	A-8		14
	製図・技術用具	A-5		12
	生徒会費	第3回表面(イ)-5		19
	制服（通学用）	A-7-b		13
	卒業アルバム・記念写真代	A-8		14
た	体育着・体育帽	A-3		12
	タブレット型コンピュータ（補助学習用）	B-1-a	通信教育専用のものは B-1-b	14
	タブレット型コンピュータ（補助学習以外）	B-2-e	家族共用のものは除く	17
	通信教育	B-1-b		14
	定期券（通学用）	A-7-a		13
	電子学習機器（家庭内学習用）	B-1-a		14
	電子辞書（学校の授業用）	A-1	家庭内のみで使用する辞書は B-1-a	11
	電子書籍（教養向け）	B-2-e		17
	動物園の入場料・交通費（学校行事以外）	B-2-e		17
	図書・雑誌（家庭内学習用）	B-1-a		14

	費用	当てはまる項目	備考	手引きのページ
	図書・雑誌（教養向け）	B-2-e		17
	図書館への交通費	B-2-e	学校の予習・復習のため利用する場合は B-1-d	17
	ドリル（学校の授業用）	A-1	家庭内学習で使用するものは B-1-a	11
	トレーニングウェア（学校の授業用）	A-3		12
な	長靴（実験・実習用）	A-5		12
	長靴（通学用）	A-7-c		13
	日本スポーツ振興センター共済掛金（学校が一律に集めたもの）	第3回表面(イ)-7		19
	入学金・入園料	第3回表面(ア)-1	今年度に入学・入園した方のみ	18
	入学検定料	第3回表面(ア)-3	今年度に入学・入園した方のみ	18
は	ハイキング（体験活動）	B-2-a		15
	白衣（学校の授業用）	A-8		14
	博物館の入場料・交通費	B-2-e		17
	パソコン（補助学習用）	B-1-a		14
	パソコン（補助学習以外）	B-2-e	家族共用のものは除く	17
	バッジ（学校用）	A-8		14
	PTA 会費	第3回表面(イ)-8		19
	部活動の費用	A-6		12
	副読本（学校の授業用）	A-1		11
	武道着・用具（学校の授業用）	A-3		12
	武道着・用具（クラブ活動用）	A-6	授業でも使う場合は A-3	12
	武道着・用具（習い事用）	B-2-c		16
	文房具類（授業用）	A-2	製図用は A-5	11
	文房具類（家庭内学習用）	B-1-a		14
	文房具類（学習塾用）	B-1-c		15
	ヘルメット（通学用）	A-7-a		13
	弁当	調査対象外		-
	ボーイスカウトの活動費	B-2-a		15
	保健衛生費（学校が一律に集めたもの）	第3回表面(イ)-7		19
	保険料（学校活動に対して任意で加入するもの）	A-8		14
	保険料（学校が一律に集めたもの）	第3回表面(イ)-7		19
	ボランティア活動	B-2-a		15
ま	模擬テスト代（自分が通う学習塾以外の塾、あるいは学校で実施するもの）	B-1- d		15
	模擬テスト代（自分が通う学習塾が実施）	B-1-c		15
	問題集（家庭内学習用）	B-1-a	授業で使用するものは A-1	14
や	ユニフォーム（クラブ活動用）	A-6		12
ら	ランドセル	A-7-c	来年度使うランドセルは対象外（10・20ページ参照）	13
	留学・海外研修（学校外での個人参加）	B-2-d	学校のプログラム（希望者のみ参加）の場合は A-6	17
	臨海・林間学校の経費	A-6		12
	レインコート（通学用）	A-7-c		13
わ	ワークブック（授業で使用する図書）	A-1	家庭学習用の場合は B-1-a	11

よくあるご質問

ここでは、よくあるご質問に対する回答をまとめてあります。もし、ご回答に迷われる場合はこちらをご参照ください。どうしても判断が難しい場合、文部科学省の設置するコールセンターへお電話ください。（コールセンターの電話番号は本手引きの最終ページに記載しています）

問1 第１回提出分の回答を、間違えて第３回提出分の調査票に記載してしまいました。書き直しの必要はありますか？

答 提出前に気づいた場合は、正しい調査票に書き直してください。必要があれば、学校から予備の調査票を受け取るか、オンライン調査票により回答してください。

提出後に気づいた場合、書き直しや再提出の必要はありません。第１回提出分の回答時期に提出された調査票は、もし異なる回数の調査票に記載されていても、第１回提出分として取り扱われます。

問2 調査票を汚損してしまいました。どうすればよいですか？

答 間違えて記入した部分は、二重線を引いて訂正してください（10ページご参照）。もし著しく汚損し、書けなくなった場合は、学校に相談し、予備の調査票を受け取るか、オンライン調査票により回答してください。

問3 第１回提出分を紙調査票で回答しましたが、第２回提出分からオンライン調査票で回答してもよいですか？

答 問題ありません。紙調査票とオンライン調査票で併せて３回分の回答があれば集計対象としてカウントされます。

問4 調査票で回答する金額は、消費税を含めて記入するのですか？

答 その通りです。消費税を抜いて計算する必要はなく、ご家庭から支出した額をそのままお答えください。

問5 クレジットカード（複数回払い）で支払を行い、支出が第１回・第２回提出分の時期にまたがるものがあります。どう回答すればよいですか？

答 購入した月に全額を記入してください。例えば4月に1万円の物品を5回払いで購入したとき、4～8月に２千円ずつ記入するのではなく、4月に1万円を記入してください。

問6 フリーマーケットなどで、授業で使う物品を安く購入しました。この場合、定価に直して金額を記入する必要がありますか？

答 金額を修正する必要はありません。実際に購入した金額を、そのまま記入してください。

問7 保護者向けの教育本の購入費や、保護者セミナー参加費は、どこに記入すればよいですか？

答 それらの費用はご回答の必要ありません。子供の教育とは直接関係なく、保護者のためのものなので、調査対象外となります。

問8 幼稚園への送り迎えのために購入した保護者用の自転車代は、どう回答すればよいですか？

答 「A-7-a 交通費・通学用自転車等」に記入してください。なお、お子さんがふだんの遊びで使う(通園・通学用ではない）自転車の費用は、調査対象外です。

問9 通園・通学のため、保護者が自家用車で送り迎えをしています。自家用車は他の用途でも使用しています。この際のガソリン代は、どう回答すればよいですか？

答 「A-7-a 交通費・通学用自転車等」に、分かる範囲で記入してください。通園・通学の用途だけに要したガソリン代は、自宅～学校の距離にガソリン単価を掛け合わせ、さらに学校へ行った日数を掛け、大まかに算出いただいて構いません。

なお、習い事の送迎のために自家用車を使用している場合、「B 学校外活動費」の該当する項目に回答してください。

問10 幼稚園や学校の主催で、希望者だけが参加する体験学習・研修があります。この参加費は、どう回答すればよいですか？

答 「A-6 教科外活動費」に記入してください。ただし、幼稚園や学校が主催ではないもの（実施する場所は幼稚園・学校だが、民間事業者等が主体で実施するもの）は習い事の類になりますので、「B 学校外活動費」の該当する項目に回答してください。

問11 学校行事（運動会など）の写真が貼り出され、写真を注文・購入しました。この費用は、どう回答すればよいですか？

答 「A-8 その他」に記入してください。ネットショップ等で保護者の方が各自注文した場合も、学校行事に関わる記念写真の場合は調査対象です。

問12 学校で使用する防災ずきんカバーや防犯ブザーの費用は、どう回答すればよいですか？

答 「A-8 その他」に記入してください。

問13 学童保育（放課後児童クラブ）を利用しています。これにかかる費用は、どう回答すればよいですか？

答 様々な放課後の過ごし方がありますので、実態に応じて判断する必要がありますが、例えば学習タイムを設けてみんなで宿題や自主学習を行うなど学習的要素が強いものは、「B-2-e 教養・その他に関する経費－その他」に記入してください。預かり（保育）要素に特化したものは、教育・学習費には該当しませんので、本調査のご回答に加えていただく必要はありません。

問14 学校内事故の補償を目的とした保険（任意加入）があり、学校が保険料を徴収しています。その保険料は、どう回答すればよいですか？

答 任意加入の場合は、「A-8 その他」に記入してください。なお、任意ではなく学校で全員分の加入を行う場合、第３回調査票表面の「7 その他の学校納付金」に記入しますので、各回の調査票裏面への記入は不要です。

問15 自宅での勉強用に、タブレット型コンピュータを購入しました。この費用は、どう回答すればよいですか？

答 コンピュータなど使途が多岐にわたる用具は、主な用途で項目を判断し、記入してください。例えば自宅学習を主な目的として購入したタブレットは、「B-1-a 家庭内学習費」に入ります。また、通信教育を受けるための専用タブレットは、「B-1-b 通信教育・家庭教師費」に入ります。

ソフトやアプリを購入した場合の費用は、別途、それぞれの用途に応じて項目を判断してください。

問16 英語検定・簿記検定などの費用は、どう回答すればよいですか？

答 「B-2-e 教養・その他に関する経費」に記入してください。学校で団体受検したときでも、ご家庭から費用を支出した場合は同様です。

問17 同じスポーツ用具を学校の授業でも部活動でも使う場合、どう回答すればよいですか？

答 主に使用する方に記入してください。学校の授業で主に使う場合は「A-3 体育用品費」に、部活動で主に使う場合は「A-6 教科外活動費」に記入してください。

問18 この冬、子供が高校を受験します。入試までの間に要した学習塾費、模試代、入試当日の費用（受験料や食事代等）、合格した高校へ支払う入学金は、全て記入するのでしょうか？

答 今年度の学習活動に要した経費（学習塾費、模試代など）は、記入してください。入試当日に要する費用（受験料など）以降のものは、翌年度の学習活動に関係するものなので調査対象外となり、回答しないでください。

問19 学校で、予備校主催の模試を全員で受験しました。この費用は、どう回答すればよいですか？

答 「B-1-d 補助学習費－その他」に記入してください。学校は模擬試験実施のために会場を提供しているにすぎず、また、模擬試験は授業の一部ではないためです。

問20 学校で、正規のカリキュラムとは別に補習授業があり、受講者は補習費を支払っています。この費用は、どう回答すればよいですか？

答 「B-1-d 補助学習費－その他」へ記入してください。補習授業が正規のカリキュラムではなく、また、実施の有無が学校によって異なるため、学校外活動費として取り扱います。

問21 受験前に大学の雰囲気を知っておくため、交通費をかけて大学を訪れました。この交通費等の経費は、どう回答すればよいですか？

答 ご家庭の自主的な選択により大学訪問を行った場合、「B-1-d 補助学習費－その他」に記入してください。学校の引率により行われたキャンパスツアーなどの場合、その費用は「A-6 教科外活動費」に記入してください。

はじめに

この調査の概要

この調査は、幼児・児童・生徒が幼稚園、小学校、中学校または高等学校の教育を受けるため、あるいは学校外でのいろいろな活動を行うために、どのくらいの費用がかかっているのかを調査し、教育費に関する国の施策を検討・立案するための基礎資料を得ることを目的としています。

ご協力いただいたご回答は、文部科学省でデータ化した後、統計数値としてまとめられます。ある幼児・児童・生徒、ご家庭、学校を特定してデータを使用することは、決してありません。

まとめられた統計は、幼児・児童・生徒の学校教育や学校外活動のために必要な費用などの実態を客観的に示すデータとして、各種行政施策の検討に活かされています。例えば、中央教育審議会や、国の機関のさまざまな会議で教育費負担軽減に向けた議論を行うとき、家計の教育費負担の実態を表す資料としてこの統計が示され、検討に役立てられています。

また、細かい支出項目ごとの統計は、文部科学省が高校生等奨学給付金の額を計算するときの参考資料となったり、社会保障審議会生活保護基準部会における教育関係扶助に関する検証に活用されたりするなど、幼児・児童・生徒の教育を支えていくための具体的な行政施策に活かされています。

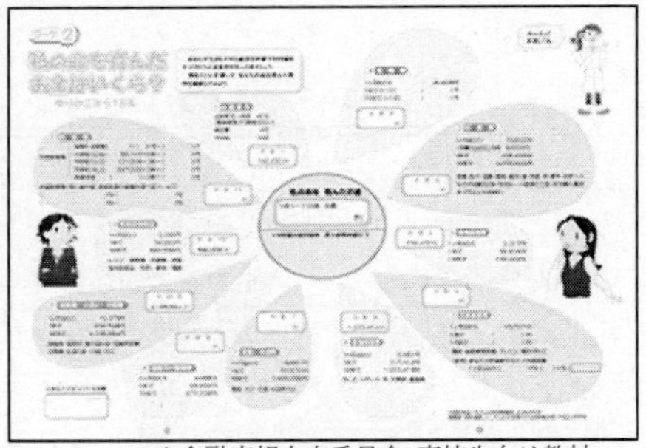
▲金融広報中央委員会 高校生向け教材「これであなたもひとり立ち」より

国の機関ばかりが統計を使うわけではなく、官民を問わず、教育に係る家計負担を知るデータとして活用されています。例えば、金融教育のための教材にこの調査の結果が使われており、学生・生徒や若い世代が、自分を育んできた教育に関わるお金のことを通して、生活における経済観を養うことにも役立てられています。

文部科学省では、この調査を平成6年度（1994年度）から開始し、以後、2年に1度実施しています。今回（令和3年度調査）も、正確で信頼性のある統計を作るため、全国あわせて約1,600校の学校にご協力をお願いしています。各都道府県の教育委員会及び私立学校主管部課にお願いし、全国を通じて正確な教育費負担の姿を把握できるように地域・学科等のバランスを取るための区分を置き、その区分内での無作為抽出により、調査へのご協力をお願いする学校を選定させていただきました。

どうぞこの調査についてご理解をいただき、ご協力くださいますよう、お願いいたします。

学校の皆様にお願いしたいこと

この調査でご協力をお願いしたいことは、大別して以下の2点です。

A　調査対象の（調査票の記入・回答をお願いする）幼児・児童・生徒を選定する

B　調査対象の保護者の方へ調査票等を配付・回収し、都道府県へ提出する

A～Bを流れ図に示すと、次ページのとおりです。

調査の流れ

※ 下図のスケジュールは大まかな日程ですので、「都道府県へ提出」の具体的な提出期日等は、各都道府県（教育委員会又は私立学校主管部課）の指示に従ってください。

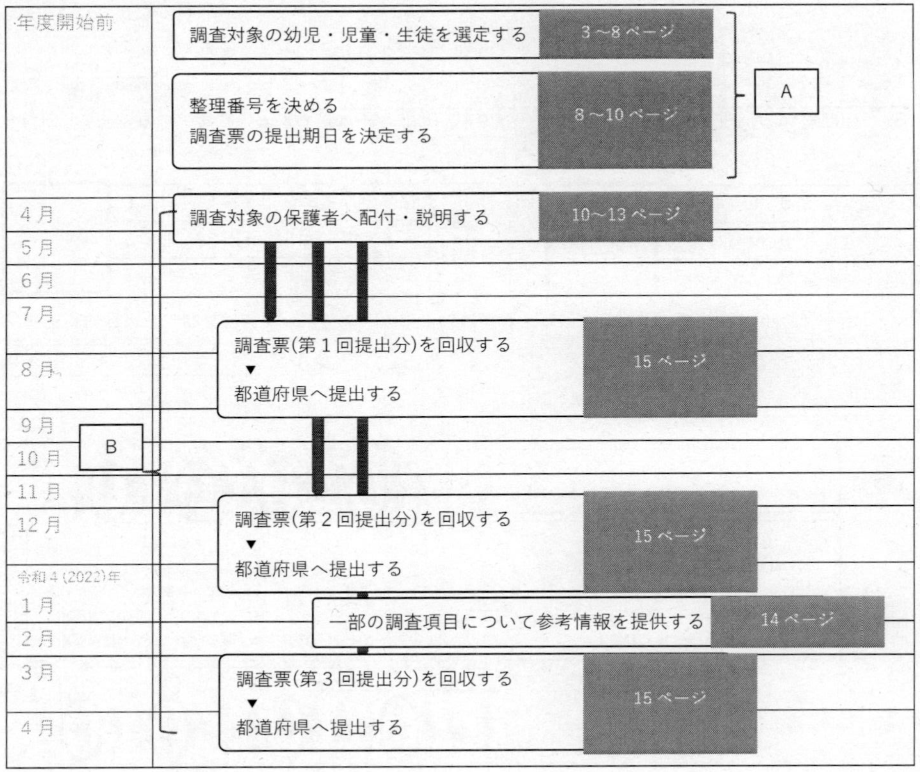

A-1 調査対象の幼児・児童・生徒を選定する

この調査の実施に当たり、調査対象として幼児・児童・生徒を選定しますが、実際に回答をいただくのは、学習費を負担する保護者の方です。

また、この調査は標本調査です。学校（園）に在学する全員の幼児・児童・生徒を対象とするものではなく、この章で説明する方法により、一部の幼児・児童・生徒を調査対象として選定し、その保護者の方（＝調査対象の保護者の方）に調査へのご協力をお願いしてください。

◎ 学校種により選定の方法・数が異なります。4～8ページのうち、該当する学校種の方法をご覧ください（誤って他の学校種の方法を行わないよう、ご注意ください）。

◎ いずれの学校種でも、選定は無作為で行ってください。

◎　複数の学校種を設置している場合、今回都道府県から依頼された調査対象がどの学校種なのかに注意してください（例えば中学校と高等学校を設置する場合、都道府県からの依頼が「中学校」であれば、中学校の生徒から調査対象を選定します。誤って高等学校の生徒を選定しないでください）。

公立幼稚園　の選定方法

各園において、調査対象として選定いただきたい幼児の数は、下表のとおりです。

4～5歳児が在園する園(2年保育)の場合	4歳児から　6人	計 12人
	5歳児から　6人	

3～5歳児が在園する園(3年保育)の場合	3歳児から　8人	計 20人
	4歳児から　6人	
	5歳児から　6人	

(1)　各歳児から、3歳児は男女4人ずつ（計8人）、4～5歳児は男女3人ずつ（計6人）を無作為で選定してください。

・男女は必ず同数としてください（例えば「男のみ8人」「女6人・男2人」といった選定は行わないでください）。

・ただし、1学年当たりの規定の人数に満たない在籍者数の歳児がある場合でも、調査対象から除外せず、その在籍者数を上限に選定してください（例えば5歳児の男女構成が「男2人、女10人」となっている場合、選定するのは「男2人、女3人」としてください）。

・1学級から上記の人数を選定できる場合は、各歳児で、1学級ずつを無作為で選定し、その中から、3歳児は男女4人ずつ（計8人）、4～5歳児は男女3人ずつ（計6人）を無作為で選定しても構いません。

(例)

3歳児全員から、男4人・女4人を選定。（3歳児○○組から、男4人・女4人を選定することもできます。）
園児名簿を用いて、無作為に選定を行います。
他の歳児も同様に選定します。

男

・園児名簿により、男（上例の場合、15人）を順に並べます。
・選定はこのうち4人なので、15÷4＝3.75→小数点以下を四捨五入で「4」を抽出の間隔とします。
・「4」以下の数を無作為で選び、起番号とします。（上例の場合「4」）
・起番号「4」から数えて4人目（「8」）、さらに4人目（「12」）と選定し、最後は一回りしたため最初に戻って「1」を選定します。

女

・同じ方法で、女（左例の場合、12人）からも選定を行います。

私立幼稚園　の選定方法

各園において、調査対象として選定いただきたい幼児の数は、右表のとおりです。

私立幼稚園	3歳児から　8人	計 24人
	4歳児から　8人	
	5歳児から　8人	

(1)　各歳児から、男女4人ずつ（計8人）を無作為で選定してください。

・男女は必ず同数としてください（例えば「男のみ8人」「女6人・男2人」といった選定は行わないでください）。

・ただし、1学年当たりの規定の人数に満たない在籍者数の歳児がある場合でも、調査対象から除外せず、その在籍者数を上限に選定してください（例えば5歳児の男女構成が「男2人、女10人」となっている場合、選定するのは「男2人、女4人」としてください）。

・1学級から上記の人数を選定できる場合は、各歳児で、1学級ずつを無作為で選定し、その中から、男女4人ずつ（計8人）を無作為で選定しても構いません。

(例)

3歳児全員から、男4人・女4人を選定。（3歳児○○組から、男4人・女4人を選定することもできます。）
園児名簿を用いて、無作為に選定を行います。
他の歳児も同様に選定します。

男

・園児名簿により、男（上例の場合、15人）を順に並べます。
・選定はこのうち4人なので、15÷4＝3.75→小数点以下を四捨五入で「4」を抽出の間隔とします。
・「4」以下の数を無作為で選び、起番号とします。（上例の場合「4」）
・起番号「4」から数えて4人目（「8」）、さらに4人目（「12」）と選定し、最後は一回りしたため最初に戻って「1」を選定します。

女
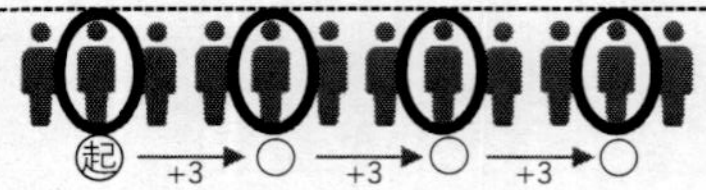

・同じ方法で、女（左例の場合、12人）からも選定を行います。

公立小学校　公立中学校　の選定方法

各学校において、調査対象として選定いただきたい児童・生徒の数は、下表のとおりです。

公立小学校	1学年から8人	4学年から8人	計 48人
	2学年から8人	5学年から8人	
	3学年から8人	6学年から8人	

公立中学校	1学年から　6人	計 18人
	2学年から　6人	
	3学年から　6人	

(1)　各学年から、公立小学校は男女4人ずつ（計8人）、公立中学校は男女3人ずつ（計6人）を無作為で選定してください。

・男女は必ず同数としてください（例えば「男のみ8人」「女6人・男2人」といった選定は行わないでください）。

・ただし、1学年当たりの規定の人数に満たない在籍者数の学年がある場合でも、調査対象から除外せず、その在籍者数を上限に選定してください（例えば公立小学校の1学年の男女構成が「男3人、女10人」となっている場合、選定するのは「男3人、女4人」としてください）。

・1学級から上記の人数を選定できる場合は、各学年で、1学級ずつを無作為で選定し、その中から、公立小学校は男女4人ずつ（計8人）、公立中学校は男女3人ずつ（計6人）を無作為で選定しても構いません。

・下宿、寮、寄宿舎からの通学者は、選定対象に入れないでください。

(例)公立小学校の場合

1年生全員から、男4人・女4人を選定。（1年○組から、男4人・女4人を選定することもできます。）
児童名簿を用いて、無作為に選定を行います。
他の学年も同様に選定します。

・児童名簿により、男（上例の場合、15人）を順に並べます。
・選定はこのうち4人なので、15÷4＝3.75→小数点以下を四捨五入で「4」を抽出の間隔とします。
・「4」以下の数を無作為で選び、起番号とします。（上例の場合「4」）
・起番号「4」から数えて4人目（「8」）、さらに4人目（「12」）と選定し、最後は一回りしたため最初に戻って「1」を選定します。

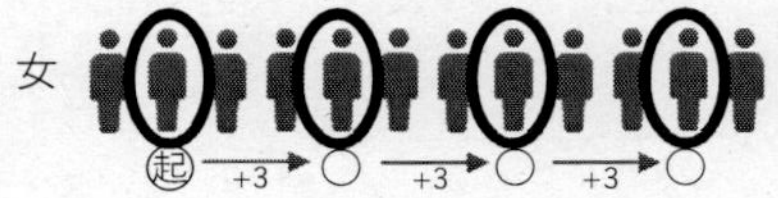

・同じ方法で、女（左例の場合、12人）からも選定を行います。

私立小学校　私立中学校の選定方法

各学校において、調査対象として選定いただきたい児童・生徒の数は、下表のとおりです。

私立小学校	1学年から8人	4学年から8人	計 48人
	2学年から8人	5学年から8人	
	3学年から8人	6学年から8人	

私立中学校	1学年から10人	計 30人
	2学年から10人	
	3学年から10人	

(1)　学年ごとに、児童・生徒数の男女比によって、男女別の選定児童・生徒数を定めてください。

・全学年で男女別の数を統一する必要はありません。学年ごとに定めてください。

・どちらか一方の性別の児童・生徒しか在学していない場合、全員がその性別となります。

・1学年当たりの規定の人数に満たない在籍者数の学年がある場合でも、調査対象から除外せず、その在籍者数を上限に選定してください（例えば私立小学校の1学年の在籍者数が7人となっている場合、その7人を選定してください）。

(2)　(1)で定めた男女別選定児童・生徒数に応じ、私立小学校は各学年で8人ずつ、私立中学校は各学年で10人ずつを無作為で選定してください。

・1学級から上記の男女別選定児童・生徒数を選定できる場合は、各学年で、1学級ずつを無作為で選定し、その中から無作為で選定しても構いません。

・下宿、寮、寄宿舎からの通学者は、選定対象に入れないでください。

(例)私立小学校の場合

(1)各学年で男女別の選定児童数（8人の内訳）を決定。

1年生

(在学者) 男 29人、女 81人
↓　　(2.1：5.9)
(選定)　男　2人、女　6人

2年生

(在学者) 男 37人、女 73人
↓　　(2.7：5.3)
(選定)　男　3人、女　5人

3学年以降も同様に、男女別の選定児童数を決定。

(2) 1年生全員から、(1)で定めた児童数（男2人・女6人）を選定。（1年○組から、男2人・女6人を選定することもできます。）
児童名簿を用いて、無作為に選定を行います。他の学年も同様に選定します。

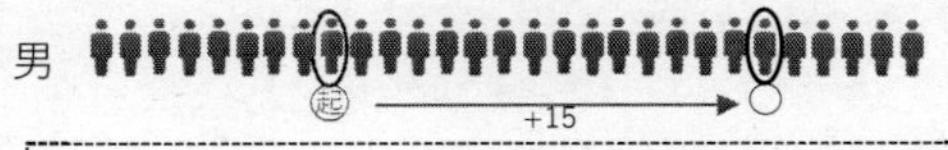

・児童名簿により、その学年の男（上例の場合、29人）を順に並べます。
・選定はこのうち2人なので、29÷2＝14.5→小数点以下を四捨五入で「15」を抽出の間隔とします。
・「15」以下の数を無作為で選び、起番号とします。（上例の場合「9」）
・起番号「9」から数えて15人目（「24」）と、2人を選定します。

・同じ方法で、女（この例の場合、81人）からも選定を行います。

公立高等学校(全日制)　私立高等学校(全日制)　の選定方法

各学校において、調査対象として選定いただきたい生徒の数は、下表のとおりです。

公立高等学校(全日制) 私立高等学校(全日制)	指定された学科の1学年から12人	計 36人
	指定された学科の2学年から12人	
	指定された学科の3学年から12人	

(1)　都道府県から指定された学科の学年ごとに、生徒数の男女比によって、男女別の選定生徒数を定めてください。

・各都道府県から指定された学科の生徒を選定してください。

・全学年で男女別の数を統一する必要はありません。学年ごとに定めてください。

・どちらか一方の性別の生徒しか在学していない場合、全員がその性別となります。

・指定された学科において、1学年当たりの規定の人数に満たない在籍者数の学年がある場合でも、調査対象から除外せず、その在籍者数を上限に選定してください（例えば公立高等学校の普通科の1学年の在籍者数が11人となっている場合、その11人を選定してください）。

(2)　(1)で定めた男女別選定生徒数に応じ、各学年で 12 人ずつを無作為で選定してください。

- 1 学級から上記の男女別選定生徒数を選定できる場合は、各学年で、１学級ずつを無作為で選定し、その中から無作為で選定しても構いません。
- 下宿、寮、寄宿舎からの通学者は、選定対象に入れないでください。

(例)

(1)各学年で男女別の選定生徒数（12 人の内訳）を決定。

1 年生

（在学者）男 22 人、女 88 人
↓　(2.4：9.6)
（選定）　男　2 人、女　10 人

2 年生

（在学者）男 24 人、女 86 人
↓　(2.6：9.4)
（選定）　男　3 人、女　9 人

3 学年以降も同様に、男女別の選定生徒数を決定。

(2) 1 年生全員から、(1)で定めた生徒数（男 2 人・女 10 人）を選定。（1 年〇組から、男 2 人・女 10 人を選定することもできます。）
生徒名簿を用いて、無作為に選定を行います。他の学年も同様に選定します。

- 生徒名簿により、その学年の男（上例の場合、22 人）を順に並べます。
- 選定はこのうち 2 人なので、22 ÷ 2 ＝11→(小数点以下がある場合は四捨五入)を抽出の間隔とします。
- 「11」以下の数を無作為で選び、起番号とします。（上例の場合「7」）
- 起番号「7」から数えて 11 人目（「18」）と、2 人を選定します。

- 同じ方法で、女（この例の場合、88 人）からも選定を行います。

! （チェックしてください）こういう選定をしていませんか？

以下の例にある選定の仕方は、誤りです。ご注意ください！

×　下宿・寮・寄宿舎からの通学者の児童・生徒を選定している。

×　高等学校で、都道府県から指定された学科以外の学科から生徒を選定している。

A-2　整理番号を決める

A-1 の手順により、各学年（歳児）で調査対象幼児・児童・生徒をお決めいただきました。

この調査では、調査対象の幼児・児童・生徒を識別するために「整理番号」を用います（「調査対象者情報」には予め、学年（歳児）及び整理番号がプリントされています）。

学校では、調査対象の幼児・児童・生徒それぞれに整理番号を割り当ててください。

(例)各学年で 6 人を選出した場合

第 1 学年	1 学年の整理番号 1	1 学年の整理番号 2	1 学年の整理番号 3	1 学年の整理番号 4	1 学年の整理番号 5	1 学年の整理番号 6
第 2 学年	2 学年の整理番号 1	2 学年の整理番号 2	2 学年の整理番号 3	2 学年の整理番号 4	2 学年の整理番号 5	2 学年の整理番号 6
第 3 学年	3 学年の整理番号 1	3 学年の整理番号 2	3 学年の整理番号 3	3 学年の整理番号 4	3 学年の整理番号 5	3 学年の整理番号 6

- 男女の別（どちらを先に付番するか等）は一切問いません。男女関係なく、学年を通して番号を付してください。
- 最初に決めた整理番号は、この後変更しないでください。この調査が終わるまでの間、同じ整理番号を使い続けてください。
- もし、年度途中で何らかの理由で調査対象から外れる幼児・児童・生徒があった場合でも、その分の整理番号は欠番として扱ってください（空いた番号を詰める（6 番を 5 番へ移す等）ことはしないでください）。

ここまでの手順で、調査対象の幼児・児童・生徒は決まりました。16 ページにある付録（控え欄）を利用するなどして、この調査が終わるまでの間は、選定の結果を学校において記録・保存しておいてください。

「どの幼児・児童・生徒を選定し、その者の氏名・整理番号は何か」等、個人を特定する情報を文部科学省が尋ねることはありませんが、調査票の記載不備（性別の未記入等）情報を確認するため、各都道府県を通じて照会することがあります。

A-3　調査票の提出期日を決定する（紙調査票による提出の場合）

調査票は全部で 3 枚（第 1 回提出分～第 3 回提出分）あります。調査対象の保護者の方は、1 年間の費用をこの 3 回の対象期間に分けて、それぞれの期間分の支出額を調査票に記入することになっています。

		対象期間
水色	調査票（第 1 回提出分）	令和 3（2021）年 4 月～同年 6 月分
ピンク色	調査票（第 2 回提出分）	令和 3（2021）年 7 月～同年 11 月分
黄色	調査票（第 3 回提出分）	令和 3（2021）年 12 月～令和 4（2022）年 3 月分 ※一部の調査項目で令和 3（2021）年 1 月～同年 12 月分の収入、令和 3（2021）年 4 月～令和 4（2022）年 3 月分の支出状況をお聞きします

調査対象の保護者の方には、調査票（第 1 回提出分～第 3 回提出分）をオンラインあるいは紙のいずれかにより提出していただきます。

調査対象の保護者の方が、紙調査票により提出される場合、各学校では、調査対象の保護者の方が記入した調査票を第 1 回・第 2 回・第 3 回提出分それぞれに回収し、各都道府県（教育委員会又は私立学校主管部課）が指定した期日までに、各都道府県に提出していただきます。調査対象の保護者の方が、全 3 回の調査票をいつ学校に提出するか（提出期日）を、各学校の年間行事予定等を踏まえ、各学校で決定してください。（決定した提出期日は、後述 12 ページのとおり調査対象の保護者の方に伝えてください）

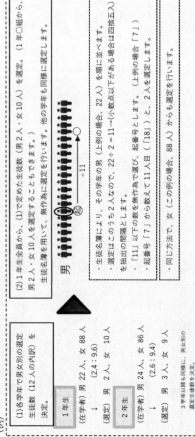

・学校→都道府県に提出する期日（各都道府県が指定した期日）より前になるように、保護者→学校に提出する期日を設定してください。

・各学校内で、保護者→学校に提出する期日を、学年ごと別々に設定しても構いません。

・各学校の最終学年（幼稚園5歳児、小学校第6学年、中学校・高等学校第3学年）では、卒園・卒業を踏まえ、調査票（第3回提出分）提出期日を3月31日より前に設定して構いません。

調査対象の保護者がオンラインによって回答する場合は、「調査対象者情報」（黄緑色の紙）に記載のオンラインID・パスワードを使って保護者自身が直接文部科学省に調査票の提出を行います。このため、この分の調査票について、学校で回収及び都道府県に提出する必要はありません。オンラインによる回答の提出期日は、以下の通りとしています。

水色	調査票（第1回提出分）	令和3(2021)年9月15日（水）
ピンク	調査票（第2回提出分）	令和4(2022)年1月17日（月）
黄色	調査票（第3回提出分）	令和4(2022)年5月16日（月）

B-1 調査対象の保護者へ配付・説明する

各学校には、調査に必要なものとして、以下の物品をお渡しします。受け取られたら、内容物を確認してください。

	調査対象者情報（黄緑色）	調査票（水色、ピンク、黄色の3枚で1セット）	手引き（保護者用）	調査票提出用封筒（3回分で1セット）	手引き（学校用）
公立幼稚園（3～5歳児在園）	20枚	24セット（72枚）（保護者用20セット＋学校用予備4セット）	24冊（保護者用20冊＋学校用予備4冊）	20セット(60枚)	4冊
公立幼稚園（4～5歳児在園）	12枚	15セット（45枚）（保護者用12セット＋学校用予備3セット）	15冊（保護者用12冊＋学校用予備3冊）	12セット(36枚)	3冊
私立幼稚園	24枚	28セット（84枚）（保護者用24セット＋学校用予備4セット）	28冊（保護者用24冊＋学校用予備4冊）	24セット(72枚)	4冊
公立小学校 私立小学校	48枚	55セット（165枚）（保護者用48セット＋学校用予備7セット）	55冊（保護者用48冊＋学校用予備7冊）	48セット(144枚)	7冊
公立中学校	18枚	22セット（66枚）（保護者用18セット＋学校用予備4セット）	22冊（保護者用18冊＋学校用予備4冊）	18セット(54枚)	4冊
私立中学校	30枚	34セット（102枚）（保護者用30セット＋学校用予備4セット）	34冊（保護者用30冊＋学校用予備4冊）	30セット(90枚)	4冊
公立高等学校 私立高等学校	36枚	40セット（120枚）（保護者用36セット＋学校用予備4セット）	40冊（保護者用36冊＋学校用予備4冊）	36セット(108枚)	4冊

「調査対象者情報」（黄緑色の紙）には、学校名、集計処理に必要な各種番号、学年又は歳児、整理番号が予めプリントされています。

調査対象の保護者の方に各物品を配付する前に、これら記載に誤りがないか確認し、万が一誤りを見つけた場合は各都道府県（教育委員会又は私立学校主管部課）に連絡してください。

また、「調査対象者情報」は個人を特定する情報は記載されていませんが、調査対象者と回答を照合する重要な情報となるため、他の方の手に渡ることがないよう慎重に管理してください。

保護者への配付前に行う準備

調査票を封入し学校に提出するための「提出用封筒」（保護者の方お一人につき3枚）には、予め個別に印字されている事項はありません。

「学年（歳児）」及び「整理番号」の欄は、学校や各都道府県で調査票を回収・整理する際に必要な情報となります。この部分を、学校で予め記載した上で、調査対象の保護者の方に配付するようにしてください。

3枚の調査票（水色、ピンク、黄色）には、調査票を保護者→学校へ提出する「提出期日」を書く欄があります。この提出期日は、9～10ページ（A-3）により各学校で決定いただいた日を記載するものです。予め学校で記載した上で、調査対象の保護者の方に配付いただく方が確実です（保護者の方がそれぞれ記載している例もあるようですが、日付を書き誤る等の恐れがあります）。

調査対象の保護者への配付物

調査対象の保護者の方お一人につき、以下の物品を配付してください。なお、これらの物品が配付されることは、『令和3年度子供の学習費調査の手引き（保護者用）』3ページで保護者の方にも案内しています。

調査対象者情報 ★	調査票	手引き（保護者用）	調査票提出用封筒 ★
黄緑色　1枚	水色(第1回提出分)　1枚 ピンク(第2回提出分)　1枚 黄色(第3回提出分)　1枚	1冊	3枚

前ページ★印の「調査対象者情報」及び「調査票提出用封筒」は、８～９ページ（A-2）でお決めいただいた整理番号に基づき、正しい学年（歳児）及び整理番号が記載されているものを、それぞれの保護者にお渡しください。例えば「第３学年の整理番号５」の保護者に対しては、「調査対象者情報」・３枚の提出用封筒全てに「３学年」「整理番号５」とそろって記載されているものをお渡しください。

※ この調査は、保護者の方に回答・提出いただいた３回分の調査票を集計し、１年間の費用としてデータ化します。よって「同一の保護者が回答した調査票なのに学年(歳児)又は整理番号が各回で異なる」ものは、集計対象とすることができなくなってしまいます。慎重な確認・配付を、重ねてお願い致します。

> 文部科学省では英語の調査票を用意しています。調査対象の保護者から英語の調査票の希望があった場合は送付しますので、都道府県に連絡してください。
> また、オンライン調査票でも、日本語から英語に切り替えて回答することが可能です。
> なお、英語の手引き（保護者用）はありません。

調査対象の保護者への説明

調査対象の保護者の方にお願いしたいことは、全て『令和３年度子供の学習費調査の手引き（保護者用）』にお示ししています。なお、『手引き（保護者用）』の内容は、文部科学省ホームページにも掲載しています。

各学校では、調査対象の保護者の方に対し『手引き（保護者用）』をよく読んでいただくようお願いし、調査について説明してください。特に以下の点はご注意いただき、必ず説明をお願いします。

◎　３回に分けて調査票を提出いただきたいこと（『手引き（保護者用）』６ページ）

◎　オンラインによる回答と紙による回答が可能なこと（『手引き（保護者用）』７ページ）

◎　紙による回答の場合、３回の調査票は、提出用封筒に入れ、封をして、学校に提出する（郵便ポストへの投かんをしない）こと（『手引き（保護者用）』７ページ）

◎　オンラインによる回答及び紙による回答の、３回の調査票それぞれの提出期日（紙による回答の場合、『手引き（保護者用）』８ページ・18ページに、保護者の方がメモする欄を設けています）

なお、調査票では、家計からの支出状況・主たる生計維持者の最終卒業学校・子供の進路希望・兄弟姉妹の状況・世帯の年間収入といった、学校では知り得ない情報を含んだ回答をお願いしています。『手引き（保護者用）』７ページで【学校でこの封筒を開封することは、絶対にありません】とある通り、保護者の方が安心して本調査にご協力いただくため、各学校でも、保護者の方への説明時にこのことをぜひお話しください。

配付・説明後の対応

３回の調査票を回収する機会以外は、調査対象の保護者の方からのお求めに応じ、以下のことをお願いします。

（１）回答内容に関する質問

記入の方法、どの費用がどの項目に入るか、オンライン調査票の操作方法など、本調査に関するご質問を受けた場合、下記コールセンターにお問い合わせいただくようお伝えください。（分かる範囲で助言・回答を行っていただいても結構です。）。（『手引き（保護者用）』39ページ）

設置期間	令和３年４月14日（水曜日）～令和４年３月31日（木曜日）
受付時間	月曜日～土曜日の午前10時～午後５時30分 （日祝日、令和３年12月29日（水曜日）～令和４年１月３日（月曜日）を除く）
連 絡 先	電話番号　0120-535-181（通話料無料）

※令和４年４月１日（金曜日）～令和４年５月16日（月曜日）におけるコールセンターの受付時間、連絡先については、令和４年４月１日（金曜日）に文部科学省ホームページ（https://www.mext.go.jp/b_menu/toukei/chousa03/gakushuuhi/1268091.htm）へ掲載します。

（２）調査票の紛失・汚損への対応

もし、調査票を紛失又は汚損した保護者の方がいる場合、各学校にお配りした「予備の調査票」をお使いください。保護者の方が紛失または汚損したのは第１～３回提出分のどの調査票なのか、確認を行い、それに対応する回の予備調査票をお渡しください。

（３）オンライン調査のID・パスワードの紛失・失念

オンラインでの回答を希望する保護者が、設定したパスワードを失念した場合は、『手引き（保護者用）』27ページにパスワードの再発行手順を記載しておりますので、保護者には手順に沿ってお手続きいただくよう伝えてください。

「調査対象者情報」（黄緑色の紙）を紛失した場合は、上記（『手引き（保護者用）』39ページ）のコールセンターにお問い合わせいただくよう伝えてください。

都道府県からの照会への対応

保護者への説明が終わったと想定されるタイミング（４月中）に、都道府県から調査開始の確認及び「調査対象者数」の照会があります。学年別の選定人数（実際に調査を依頼した保護者の人数）を都道府県に報告してください。

これは、1学年（歳児）当たりの在籍者数が文部科学省から選定いただきたい幼児・児童・生徒数としてお願いしている人数に満たない学年（歳児）がある場合、当該学年（歳児）で実際に選定した人数を把握するためのものです。すべての学年において、規定の人数を選定できた場合は、その旨を都道府県にご報告いただければ結構です。

B-2 一部の調査項目について参考情報を提供する

この調査は、令和３年（2021 年）４月～令和４年（2022 年）３月までの１年間にかかった費用を調査しますが、そのうち、以下のような学校等が一律に集めた費用は、調査票（第３回提出分）で調査します。

入学金・入園料（当該年度に入学・入園した方のみ）、入学時に納付した施設整備費等（当該年度に入学・入園した方のみ）、入学検定料（当該年度に入学・入園した方のみ）、授業料・保育料、施設設備費等、修学旅行費、校外活動費、学級・児童会・生徒会費、給食費、保健衛生費（予防接種など）、日本スポーツ振興センター共済掛金、PTA 会費、後援会等会費、寄附金

これらの費用については、調査対象の保護者の方が記憶・記録していない場合が考えられるため、予め、下記のように参考とできる情報を保護者へ提供することが望まれます。なお、各ご家庭によって支出状況が異なる可能性がある（例えば、各種減免制度の適用／非適用や、修学旅行参加コースなど個人によって額が異なる等）費用は、その額を調査対象の保護者の方が適切に計上できるよう必要な情報を保護者に提供してください。

また、学校が一律に徴収した費用のうち、幼児・児童・生徒個人の所有に帰する物品の購入費がある場合は、予め学校で整理し、上記の情報と合わせて保護者に提供してください。

「子供の学習費調査」調査票（第３回提出分）では、学校納付金等の年間支出額を回答する欄があります。
本校３年Ｂ組では、今年度の学校納付金等について以下の金額が標準的な年額となりますので、これをご参考にしていただき、ご回答を作成してください。

授業料　118，800円
※高等学校等就学支援金を受給されているご家庭は、受給分を差し引き、実際のご負担額をご回答ください。
修学旅行費　34，892円
※〇〇コースの見学に参加した生徒のご家庭は、見学料１，０００円を加算し、35，892円になります。
遠足・見学費　2，450円
学級・児童会・生徒会費　18，000円
その他の学校納付金　2，400円

ＰＴＡ会費・寄附金については、各ご家庭での支出額をご回答ください。

なお、今年度は学級費から以下の物品を購入しました。各ご家庭で、調査票に加算してご回答ください。

〇〇道具代　1，200円
××セット代　450円

減免制度等があり、家庭によって支出額が異なる可能性のあるものは、各家庭で適切に計上できるように注意喚起

幼児・児童・生徒の活動参加状況で支出額が異なるものは、各家庭で判断できるよう、具体的な内容を記載

学校では具体的な金額は分からない（家庭によって大きく状況が異なる等）場合は、適切な計上を依頼する旨を記載

学校が一律に徴収した費用（学級費等）のうち、幼児・児童・生徒個人の所有に帰する物品の購入費を記載

B-3 調査票を回収し、都道府県へ提出する（紙調査票による提出）

紙の調査票による提出の場合、9～10 ページ(A-3)でお決めいただいた保護者→学校への提出期日に従い、調査対象の保護者の方から、各回の調査票を回収してください。

その際、提出用封筒は絶対に開封しないでください（12 ページ参照）。もし保護者の方が提出用封筒に入れないまま調査票を提出しようとする場合、提出用封筒に入れた状態で提出するようお願いしてください。

・提出用封筒を紛失した保護者の方がいる場合、提出用封筒ではないもの（一般的な封筒）で代用していただき、封筒には「調査票（第〇回提出分）在中」「学年(歳児)」「整理番号」を必ず明記してください。

回収した調査票は、各都道府県（教育委員会又は私立学校主管部課）が指示した期日までに各都道府県に提出してください。その際も提出用封筒は開封せず、封をした状態のまま各都道府県に提出してください。

提出期日は、下表にメモ欄を用意しましたので、ご活用ください。

		保護者→学校への提出期日（9～10 ページ(A-3)で各学校が定めた日）	学校→都道府県への提出期日（各都道府県が指定する日）
水色	調査票(第１回提出分)		
ピンク	調査票(第２回提出分)		
黄色	調査票(第３回提出分)		

なお、オンラインによる回答の提出期日は 10 ページに記載のとおりです。

付　録

（調査対象の幼児・児童・生徒 控え欄）

□ 学年（歳児）	整理番号1　性別　備考	整理番号2　性別　備考	整理番号3　性別　備考	整理番号4　性別　備考
	整理番号5　性別　備考	整理番号6　性別　備考	整理番号7　性別　備考	整理番号8　性別　備考
	整理番号9　性別　備考	整理番号10　性別　備考	整理番号11　性別　備考	整理番号12　性別　備考

□ 学年（歳児）	整理番号1　性別　備考	整理番号2　性別　備考	整理番号3　性別　備考	整理番号4　性別　備考
	整理番号5　性別　備考	整理番号6　性別　備考	整理番号7　性別　備考	整理番号8　性別　備考
	整理番号9　性別　備考	整理番号10　性別　備考	整理番号11　性別　備考	整理番号12　性別　備考

□ 学年（歳児）	整理番号1　性別　備考	整理番号2　性別　備考	整理番号3　性別　備考	整理番号4　性別　備考
	整理番号5　性別　備考	整理番号6　性別　備考	整理番号7　性別　備考	整理番号8　性別　備考
	整理番号9　性別　備考	整理番号10　性別　備考	整理番号11　性別　備考	整理番号12　性別　備考

□ 学年（歳児）	整理番号1　性別　備考	整理番号2　性別　備考	整理番号3　性別　備考	整理番号4　性別　備考
	整理番号5　性別　備考	整理番号6　性別　備考	整理番号7　性別　備考	整理番号8　性別　備考

□ 学年（歳児）	整理番号1　性別　備考	整理番号2　性別　備考	整理番号3　性別　備考	整理番号4　性別　備考
	整理番号5　性別　備考	整理番号6　性別　備考	整理番号7　性別　備考	整理番号8　性別　備考

□ 学年（歳児）	整理番号1　性別　備考	整理番号2　性別　備考	整理番号3　性別　備考	整理番号4　性別　備考
	整理番号5　性別　備考	整理番号6　性別　備考	整理番号7　性別　備考	整理番号8　性別　備考

はじめに

この調査の概要

この調査は、幼児・児童・生徒が幼稚園、小学校、中学校または高等学校の教育を受けるため、あるいは学校外でのいろいろな活動を行うために、どのくらいの費用がかかっているのかを調査し、教育費に関する国の施策を検討・立案するための基礎資料を得ることを目的としています。

ご協力いただいたご回答は、文部科学省でデータ化した後、統計数値としてまとめられます。ある幼児・児童・生徒、ご家庭、学校を特定してデータを使用することは、決してありません。

まとめられた統計は、幼児・児童・生徒の学校教育や学校外活動のために必要な費用などの実態を客観的に示すデータとして、各種行政施策の検討に活かされています。例えば、中央教育審議会や、国の機関のさまざまな会議で教育費負担軽減に向けた議論を行うとき、家計の教育費負担の実態を表す資料としてこの統計が示され、検討に役立てられています。

また、細かい支出項目ごとの統計は、文部科学省が高校生等奨学給付金の額を計算するときの参考資料となったり、社会保障審議会生活保護基準部会における教育関係扶助に関する検証に活用されたりするなど、幼児・児童・生徒の教育を支えていくための具体的な行政施策に活かされています。

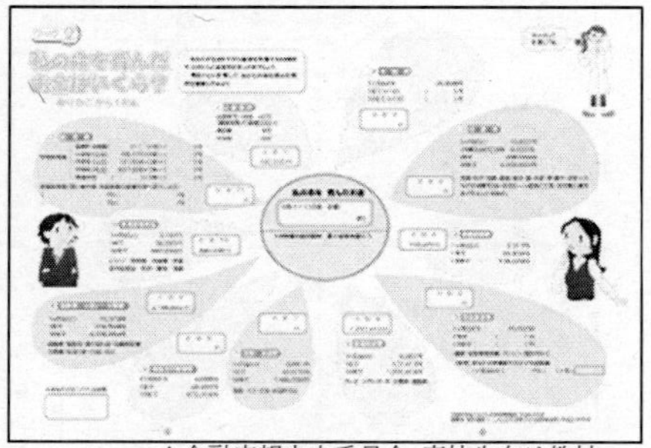

▲金融広報中央委員会 高校生向け教材「これであなたもひとり立ち」より

国の機関ばかりが統計を使うわけではなく、官民を問わず、教育に係る家計負担を知るデータとして活用されています。例えば、金融教育のための教材にこの調査の結果が使われており、学生・生徒や若い世代が、自分を育んできた教育に関わるお金のことを通して、生活における経済観を養うことにも役立てられています。

文部科学省では、この調査を平成６年度（1994 年度）から開始し、以後、２年に１度実施しています。今回（令和３年度調査）も、正確で信頼性のある統計を作るため、全国あわせて約 1,600 校の学校、約 53,000 人の保護者の方にご協力をお願いし、調査を実施することとしました。

どうぞこの調査についてご理解をいただき、ご協力くださいますよう、お願いいたします。

都道府県ご担当者にお願いしたいこと

この調査でご協力をお願いしたいことは、大別して以下の３点です。

- ア　調査実施学校を選定する
- イ　調査実施学校へ説明し、調査票等を送付する
- ウ　調査実施学校から調査票を回収・確認・整理し、文部科学省へ提出する

ア～ウを流れ図に示すと、以下のとおりです。

調査の流れ

時期	作業	参照ページ	区分
令和２(2020)年 12 月	調査実施学校を選定する 文部科学省へ調査実施学校名簿を提出する 12 月１８日(金)締切	４～10 ページ	ア
令和３(2021)年 １月～３月	調査実施学校へ説明する 調査実施学校へ調査票等を送付する	10～13 ページ	イ
４月～５月	調査実施学校が選定した人数を確認し、 文部科学省へ報告する	14 ページ	ウ
８月	調査票(第１回提出分)を回収・確認・整理する ▼ 文部科学省へ提出する　9 月 15 日(水)締切	14～15 ページ	ウ
12 月	調査票(第２回提出分)を回収・確認・整理する ▼ 文部科学省へ提出する　1 月 17 日(月)締切	14～15 ページ	ウ
令和４(2022)年 １月～２月	一部の調査項目について参考情報の提供をお願いする	14 ページ	ウ
４月	調査票(第３回提出分)を回収・確認・整理する ▼ 文部科学省へ提出する　5 月 16 日(月)締切	14～15 ページ	ウ
６月～	文部科学省からの照会に対応する	15 ページ	ウ

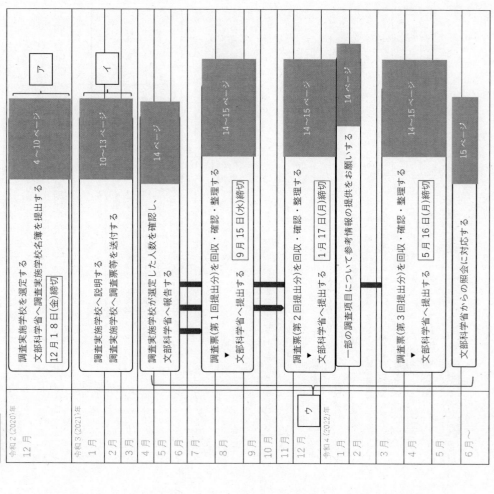

ア-1 調査実施学校を選定する

この調査は標本調査です。全ての学校を調査対象とする全数調査（悉皆調査）ではなく、この章で説明する方法により、一部の学校を調査実施学校として選定し、その学校に調査へのご協力をお願いしてください。

（留意） 今回調査は、「これからの子供の学習費調査に向けた改善プラン」（平成 30 年 9 月 平成 30 年度以降の子供の学習費調査に関する研究会 検討のまとめ）
（URL:https://www.mext.go.jp/b_menu/shingi/chousa/shougai/039/gaiyou/1409756.htm）を踏まえ、新たに総務大臣からの承認を得た調査計画に基づき実施するため、平成 30 年度調査以前の選定方法等とは異なることにご注意ください。

選定する学校の種類

この調査では、「幼稚園、小学校、中学校、高等学校」における学習費を調査します。具体的には、各都道府県で選定する学校は、学校段階別に下表の通りですので、対象外の学校等を選定しないようご注意ください。

	幼稚園	小学校	中学校	高等学校
○ 選定の対象	○幼稚園 ○幼稚園型認定こども園	○小学校 ○小中一貫教育を行う学校(うち小学校)	○中学校 ○小中一貫又は中高一貫教育を行う学校(うち中学校)	○全日制課程を置く高等学校 ○中高一貫教育を行う学校(うち高等学校(全日制))
× 選定の対象外	×幼保連携型認定こども園 ×保育所型認定こども園 ×地方裁量型認定こども園 ×その他児童福祉施設 ×特別支援学校幼稚部	×義務教育学校 ×特別支援学校小学部	×義務教育学校 ×中等教育学校 ×特別支援学校中学部	×全日制課程を置かない高等学校 ×中等教育学校 ×特別支援学校高等部
	×学級設置がない学年(歳児)がある学校（例えば「第2学年は在籍0人のため学級設置がない」など） ×株式会社が設置する私立学校 ×在籍生徒等が自宅からの通学でない（全寮制など）学校			

調査実施学校の選定に当たって

◎ 学校種により選定の方法が異なります。5～8ページのうち、該当する学校種の方法をご覧ください（誤って他の学校種の方法を行わないよう、ご注意ください）。

◎ いずれの学校種でも、選定は無作為で行ってください。

◎ 選定の際使用する各市町村の人口規模は、令和２年１月１日現在の住民基本台帳人口（総務省自治行政局「住民基本台帳に基づく人口、人口動態及び世帯数」）の市区町村別人口（総計）に基づき選定を行ってください（総務省ホームページ又は e-Stat(政府統計の総合窓口)に、全市区町村の値が提供されています）。また、幼児・児童・生徒数は、令和２年５月１日現在の数（文部科学省「令和２年度学校基本調査」）に基づき選定を行ってください。

◎ 選定時点において、令和３年度に上記選定の対象外の学校となることが明らかな場合は、選定の対象から外してください。

公立幼稚園 私立幼稚園 公立小学校 公立中学校 の選定方法

1	人口 10 万人未満
2	人口 10 万人以上 30 万人未満
3	人口 30 万人以上 100 万人未満
4	人口 100 万人以上・特別区

(1) 学校(園)が所在する市町村の人口規模（右表の４区分）に応じ、各都道府県内の学校(園)を４区分に分けてください。（令和２年１月１日現在の住民基本台帳人口（総務省自治行政局「住民基本台帳に基づく人口、人口動態及び世帯数」）の市区町村別人口（総計）に基づいて行ってください）

(2) 文部科学省から各都道府県の調査実施学校数（４区分別）をお知らせしますので、(1)で整理した学校(園)の中から、それぞれの人口区分ごとに調査実施学校を無作為で選定してください。

※ 公立幼稚園は、「３～５歳児が在園する園」（３年保育）と、「４～５歳児が在園する園」（２年保育）を別に扱い、(1)及び(2)の作業はそれぞれに分けて行ってください。

(例)

文部科学省から下表のように調査実施学校数が連絡された場合…

	計	市町村の人口規模			
		10 万人未満	10 万人以上 30 万人未満	30 万人以上 100 万人未満	100 万人以上・ 特別区
公立小学校	4	1	-	1	2
		人口 10 万人未満の市町村に所在する公立小学校から１校選定してください。	人口 10 万人以上 30 万人未満の市町村からは、選定しないでください。	人口 30 万人以上 100 万人未満の市町村に所在する公立小学校から１校選定してください。	人口 100 万人以上・特別区に所在する公立小学校から２校選定してください。

※ 無作為で選定を行った結果、前回（平成 30 年度調査）も調査実施学校であった学校(園)を選定した場合、調査の重複負担を避けるため再度選定を行い、別の学校(園)を選定するようにしてください。

※ 新型コロナウイルス感染症の影響により中止した、令和２年度調査において選定した学校(園)を、今回調査で選定しても構いません。

私立小学校 の選定方法

(1)　各都道府県内の私立小学校を、各校の学則等で定める**授業料と施設整備費等の合算額（平均額）**により**降順**で並べ替えてください。なお、授業料と施設整備費等は、令和２年度の**第２～６学年の合算（平均）**のものとしてください。

(2)　文部科学省から、「a から割当」「b から割当」「c から割当」のいずれかをお知らせしますので、「a から割当」とされた都道府県では、(1)で並べた学校の先頭を a として、a、b、c、a、b、c・・・と割り当ててください。同様に「b から割当」とされた都道府県では、先頭の学校を b として、「c から割当」とされた都道府県では、先頭の学校を c として、a～c の番号を割り当ててください。

(3)　今回調査では、(2)で a に割り当てられた学校を調査実施学校として決定してください。

(例)

			「a から割当」都道府県	「b から割当」都道府県	「c から割当」都道府県
1	○○中学校	年 500,000 円	a	b	c
2	××中学校	年 498,000 円	b	c	a
3	△△中学校	年 480,000 円	c	a	b
4	□□中学校	年 475,000 円	a	b	c
：	：	：	：	：	：

a が、調査実施学校に決定。

※　私立小学校では、３回の調査で調査対象となり得る全ての学校を調査対象とします。次回調査では、今回調査対象とならなかった b、c の番号を割り当てられた学校の中から改めて調査対象を選定し、次々回調査では、今回・次回のいずれでも対象とならなかった学校を調査対象とします。

※　上記(1)～(3)により選定した結果、新型コロナウイルス感染症の影響により中止した、令和２年度調査において選定した学校と同じ学校が選定された場合は、同学校を選定して構いません。

私立中学校 の選定方法

(1)　各都道府県内の私立中学校を、各校の学則等で定める**授業料と施設整備費等の合算額（平均額）**により**降順**で並べ替えてください。なお、授業料と施設整備費等は、令和２年度の**第２・３学年の合算（平均）**のものとしてください。

(例)

1	○○中学校	年 500,000 円
2	××中学校	年 498,000 円
3	△△中学校	年 480,000 円
4	□□中学校	年 475,000 円
：	：	：

(2)　都道府県内の各私立中学校における第２・３学年の生徒数に応じ、(1)で並べた順に従って「通し番号」を付して並べてください。

(例)

	○○中学校 第２・３学年 80 人	××中学校 第２・３学年 105 人	△△中学校 第２・３学年 70 人	□□中学校 第２・３学年 55 人	▽▽中学校 第２・３学年 135 人	◇◇中学校 第２・３学年 75 人
通し番号	1,2,…,80	81,82,…,185	186,187,…255	256,257,…,310	311,312,…,445	446,447,…,520

(3)　文部科学省から、各都道府県の調査実施学校数と「抽出番号」をお知らせしますので、(2)で並べた通し番号と照合し、「抽出番号」と合致する通し番号の含まれている私立中学校を、調査実施学校として決定してください。

(例) 文部科学省から「調査実施学校数＝２校、抽出番号＝97 番と 288 番」と連絡された場合…

	○○中学校 第２・３学年 80 人	××中学校 第２・３学年 105 人	△△中学校 第２・３学年 70 人	□□中学校 第２・３学年 55 人	▽▽中学校 第２・３学年 135 人	◇◇中学校 第２・３学年 75 人
通し番号	1,2,…,80	81,82,…,185	186,187,…255	256,257,…,310	311,312,…,445	446,447,…,520

抽出番号(97 番と 288 番)を通し番号に含む
××中学校と□□中学校が、調査実施学校に決定。

※　上記手順で選定を行った結果、前回（平成 30 年度調査）も調査実施学校であった学校を選定した場合、調査の重複負担を避けるため、次の順にある学校（上例の場合、□□中学校に代わって▽▽中学校）を選定するなど、別の学校を選定するようにしてください。

※　上記(1)～(3)により選定した結果、新型コロナウイルス感染症の影響により中止した、令和２年度調査において選定した学校と同じ学校が選定された場合は、同学校を選定して構いません。

公立高等学校(全日制) 私立高等学校(全日制) の選定方法

(1)　学校に設置されている学科（右表の７区分）に応じ、各都道府県内の高等学校(全日制)を７区分に分けてください。

1	普通
2	農業
3	工業
4	商業
5	水産、家庭、看護、情報、福祉
6	その他の専門
7	総合

・各高等学校の学科は、令和２年度学校基本調査（「学科別(本科)」欄）で回答したものに従って分けてください。

・各高等学校が設置している学科の名称等によらず、学校基本調査での回答に応じて区分してください。学科の名称だけでは判断しづらいものもありますので、十分ご注意ください。

・学校によっては複数の学科設置がありますが、その場合は両方の区分に当てはまります。例えば、学校基本調査で「普通」と「農業」の両方に学科設置があると回答した学校は、両方の区分に含まれます。

(2)　文部科学省から、各都道府県の調査実施学校数（７区分別）をお知らせしますので、(1)で整理した学校の中から、それぞれの学科区分ごとに調査実施学校を無作為で選定してください。

(例)

文部科学省から下表のように調査実施学校数が連絡された場合…

	計	普通	農業	工業	商業	水産、家庭、看護、情報、福祉	その他の専門	総合
私立高等学校 (全日制)	3	2	–	–	–	–	–	1

普通科(全日制課程)を持つ私立高等学校から2校選定してください。

農業科、工業科、商業科、水産、家庭、看護、情報、福祉学科、その他の専門学科からは、選定しないでください。

総合学科(全日制課程)を持つ私立高等学校から1校選定してください。

※　特定の学校への負担集中を避けるため、同一の学校が２つ以上の学科区分で選定されることがないようにしてください。

※　無作為で選定を行った結果、前回（平成 30 年度調査）も調査実施学校であった学校を選定した場合、調査の重複負担を避けるため再度選定を行い、別の学校を選定するようにしてください。

※　新型コロナウイルス感染症の影響により中止した、令和２年度調査において選定した学校を、今回調査で選定しても構いません。

ア-2 文部科学省へ調査実施学校名簿を提出する

ア-1 の手順により、各都道府県での調査実施学校をお決めいただきました。各学校へはこの時点から、イー1（10 ページ～）にある説明を開始していただいて構いません。

お決めいただいた調査実施学校を「調査実施学校名簿」(Microsoft Excel 形式、文部科学省から様式をお送りします)に記入し、令和２年 12 月１８日(金)までに電子メールで文部科学省へお送りください。

「調査実施学校名簿」の記入方法

(例)

A列	B列	C列	D列	E列	F列	G列
学校名	都道府県番号	学校調査番号	学校種類	学科	歳児	人口規模
(例) 千代田区立文科小学校	13	7654	3			4

A 列　学校名　…学校基本調査で回答している通りの学校名を、省略せずに記入してください。

B 列　都道府県番号　…01～47 の２桁で記入してください。

C 列　学校調査番号　…令和２年度学校基本調査で使用した４桁の番号を記入してください。都道府県によっては過去の番号から変更されている場合がありますので、過去資料等を参考とせず、令和２年度の番号を回答してください。

学校名及び学校調査番号は、調査実施学校を特定し、本調査結果を統計処理・集計するまでの間非常に重要な情報として使用されます。

文部科学省では、各都道府県から「調査実施学校名簿」の提出をいただいた後、データベースと照合し、不整合部分があった場合速やかに各都道府県へ照会します。提出後の照会に速やかに対処できるようにしておいてください。

D 列　学校種類　…次の 1～8 の中から選び、１桁で記入してください。

1：公立幼稚園　2：私立幼稚園　3：公立小学校　4：私立小学校
5：公立中学校　6：私立中学校　7：公立高等学校(全日制)　8：私立高等学校(全日制)

E 列　(高等学校のみ)学科　…幼稚園・小学校・中学校は、この欄は空欄で結構です。

高等学校(全日制)は、７ページで選定した結果、当該高等学校がどの学科における調査実施学校として選定されたかを、次の 1～7 の中から選び、１桁で記入してください。

1：普通　2：農業　3：工業　4：商業　5：水産、家庭、看護、情報、福祉　6：その他の専門　7：総合

F 列　(公立幼稚園のみ)歳児　…公立幼稚園以外の学校種は、この欄は空欄で結構です。

公立幼稚園は、５ページで選定した結果、当該幼稚園が「３～５歳児が在園する園」（３年保育）なのか、「４～５歳児が在園する園」（２年保育）なのかを、選択肢から選び、回答してください。

G 列　(公・私立幼稚園、公立小、公立中のみ)人口規模

…上記以外の学校種は、この欄は空欄で結構です。

公立・私立幼稚園、公立小学校、公立中学校は、選定された学校(園)がどの人口規模区分における調査実施学校として選定されたかを、次の 1～4 の中から選び、１桁で記入してください。

1：10 万人未満　2：10 万人以上 30 万人未満　3：30 万人以上 100 万人未満　4：100 万人以上・特別区

(例)

I列	J列	K列	M列
郵便番号	所在地（住所）	備考	調査票・手引き等の受け取り
100-8959	東京都千代田区霞が関3-2-2	萩生田 校長先生宛て	都道府県受取

I 列以降は、12 ページでご案内する「調査実施学校へ調査票等を送付する」時に必要な情報です。できるだけ調査実施学校へ確認の上、以下の情報を記入してください。

I・J 列　学校の所在地　…学校へ調査票・手引き等を送付する際、宛先をどのようにすれば良いかをお尋ねします。配送物が届く宛先を記入してください。

(M 列で「都道府県受取」を選択する場合、郵便番号・所在地は空欄で結構です)

K列　備考　…特に、学校で調査票・手引き等を受け取る方の指定がある場合、例に準じて記入してください。（単に学校宛とした場合、確実な受け取りができず、調査開始の支障となる可能性があります。学校における直接のご担当者を指定いただく方が確実です。）

M列　調査票・手引き等の受け取り　…調査票・手引き等を学校ではなく、いったん各都道府県のご担当者で受け取られる場合、本欄に「都道府県受取」と記入してください。

学校に直送して構わない場合、当欄は空欄で結構です。

イ-1 調査実施学校へ説明する

この調査は、4月から調査対象幼児・児童・生徒の保護者に対し調査を開始するため、それまでの間に、調査実施学校における準備を整える必要があります。調査実施学校に対しては、できるだけ早いうちに連絡し、本調査の説明を行ってください。調査実施学校において『手引き(学校用)』をよく読んでいただくようお願いし、特に以下の点は必ず説明をお願いします。

◎　この調査は標本調査であり、学校において調査対象の幼児・児童・生徒を選定いただきたいこと（『手引き(学校用)』3～8ページ）

※　高等学校(全日制)に対しては、7ページで選定した結果に基づき「調査対象生徒の選定は○○科の中から行ってください」と必ず説明してください。

◎　各学校での調査対象幼児・児童・生徒の選定数は、下表の通りであること（『手引き(学校用)』3～8ページ）

		1学年（年齢）当たりの調査対象幼児・児童・生徒数	うち男	うち女	（学校当たりの調査対象幼児・児童・生徒数）
公立	幼稚園	3歳児：8人 4/5歳児：6人	3歳児：4人 4/5歳児：3人	3歳児：4人 4/5歳児：3人	(3～5歳児が在園する園：20人) (4～5歳児が在園する園：12人)
	小学校	8人	4人	4人	(48人)
	中学校	6人	3人	3人	(18人)
	高等学校（全日制）	12人	学科・学年の性別の構成比によって男女別生徒数を決定する		(36人)
私立	幼稚園	8人	4人	4人	(24人)
	小学校	8人	学年の性別の構成比によって男女別児童数を決定する		(48人)
	中学校	10人	学年の性別の構成比によって男女別生徒数を決定する		(30人)
	高等学校（全日制）	12人	学科・学年の性別の構成比によって男女別生徒数を決定する		(36人)

◎　調査対象の保護者は、調査票（第1回提出分～第3回提出分）をオンラインあるいは紙のいずれかにより提出でき、紙で提出する場合は、学校で回収いただきたいこと（『手引き(学校用)』9～10ページ）

◎　紙の調査票（第1回提出分～第3回提出分）を学校→都道府県へ提出する期日を守っていただきたいこと（『手引き(学校用)』9～10ページ、及び本手引き11ページ）

◎　上記（学校→都道府県への提出期日）を踏まえ、保護者→学校の提出期日を各学校で決定していただきたいこと（『手引き(学校用)』9～10ページ）

◎　保護者がオンラインで回答したものについては、学校での回収や都道府県へ提出する作業は発生しないこと

◎　調査票・手引き等は、3月下旬（発送状況によっては前後する場合があります）に文部科学省から送られること（「調査実施学校名簿」M列で「都道府県受取」を選択した場合、各都道府県から届くこと）（『手引き(学校用)』10～11ページ）

◎　調査票等と一緒にオンラインでの回答に必要なIDパスワード等の調査対象者情報を記載した紙を配付すること。また、調査対象者情報は個人を特定する情報が記載されたものではないが、調査対象者と回答を照合する重要な情報となるため、他の者の手に渡ることがないよう慎重に管理していただきたいこと（『手引き(学校用)』10～11ページ）

◎　紙の調査票（第1回提出分～第3回提出分）を回収・都道府県へ提出する際、提出用封筒を学校で開封してはならないこと（『手引き(学校用)』15ページ）

◎　学校では、調査票の一部の調査項目について、保護者に対し参考となる情報の提供をお願いしたいこと（『手引き(学校用)』14ページ）

学校→都道府県への提出期日の決定（紙の調査票による提出の場合）

紙の調査票は、調査対象の幼児・児童・生徒1人につき全部で3枚（第1回提出分～第3回提出分）あります。各都道府県では、調査実施学校から提出された調査票を取りまとめ、文部科学省が定める各期日までに、文部科学省に提出していただきます。

		都道府県→文部科学省への提出期日	※調査対象の保護者がオンラインによる提出を行う場合の提出期限も左記と同様です。
水色	調査票（第1回提出分）	令和3(2021)年9月15日（水）	
ピンク色	調査票（第2回提出分）	令和4(2022)年1月17日（月）	
黄色	調査票（第3回提出分）	令和4(2022)年5月16日（月）	

各調査実施学校が、調査票をいつ各都道府県に提出するか（提出期日）は、各都道府県で決定してください。（決定した提出期日は、10ページのとおり調査実施学校に伝えてください）

・都道府県で設定した期日を踏まえ、各学校において保護者→学校への提出期日を定めます。保護者にとって無理な日程とならないよう、都道府県における期日をご検討ください。

下記の日付を目途に、文部科学省から都道府県に対して、「オンライン回答状況一覧」を送付します。各学校が、この一覧を参考にして紙調査票の回収を行えるよう、必要に応じて都道府県から各学校への情報提供をお願いいたします。

	1回目の一覧送付	2回目の一覧送付
調査票（第1回提出分）	令和3(2021)年7月中旬	令和3(2021)年8月末
調査票（第2回提出分）	令和3(2021)年12月中旬	令和4(2022)年1月上旬
調査票（第3回提出分）	令和4(2022)年3月中旬	令和4(2022)年4月中旬

イ-2 調査実施学校へ調査票等を送付する

各学校には、調査に必要なものとして、次ページで示す表の通り、調査票・手引き等の物品をお渡しします。文部科学省からの発送は3月下旬（発送状況によっては前後する場合があります）を予定しています。

＊　「調査実施学校名簿」の調査票・手引き等の受け取り欄（９ページ）で、「都道府県受取」を選択した場合、各都道府県における全調査実施学校分を合計した数の物品が届きます。各都道府県ご担当で仕分けをいただき、調査実施学校へお届けください。

＊　上記以外の場合、学校分は各学校に直接物品が届きます。必ず各調査実施学校に対し、必要な物品が届いているか、内容確認をお願いしてください。

このうち調査対象者情報には、ア-2（8～９ページ）の「調査実施学校名簿」で提出いただいた内容に従い、学校名や各種番号等の基本的な情報及びオンラインでの回答に必要なIDとパスワードが予め印字されています。

もし、学校側で当該印字情報に誤りを見つけた場合、誤りの旨を文部科学省に連絡してください。

	調査対象者情報（黄緑色）	調査票（水色、ピンク、黄色の３枚で１セット）	手引き（保護者用）	調査票提出用封筒（3回分で１セット）	手引き（学校用）
公立幼稚園（3～5歳児在園）	20枚	24セット（72枚）（保護者用20セット＋学校用予備4セット）	24冊（保護者用20冊＋学校用予備4冊）	20セット(60枚)	4冊
公立幼稚園（4～5歳児在園）	12枚	15セット（45枚）（保護者用12セット＋学校用予備3セット）	15冊（保護者用12冊＋学校用予備3冊）	12セット(36枚)	3冊
私立幼稚園	24枚	28セット（84枚）（保護者用24セット＋学校用予備4セット）	28冊（保護者用24冊＋学校用予備4冊）	24セット(72枚)	4冊
公立小学校 私立小学校	48枚	55セット（165枚）（保護者用48セット＋学校用予備7セット）	55冊（保護者用48冊＋学校用予備7冊）	48セット(144枚)	7冊
公立中学校	18枚	22セット（66枚）（保護者用18セット＋学校用予備4セット）	22冊（保護者用18冊＋学校用予備4冊）	18セット(54枚)	4冊
私立中学校	30枚	34セット（102枚）（保護者用30セット＋学校用予備4セット）	34冊（保護者用30冊＋学校用予備4冊）	30セット(90枚)	4冊
公立高等学校 私立高等学校	36枚	40セット（120枚）（保護者用36セット＋学校用予備4セット）	40冊（保護者用36冊＋学校用予備4冊）	36セット(108枚)	4冊

各都道府県（公立・私立ご担当それぞれに）	-	予備30セット（90枚）	10冊	30セット(90枚)	10冊

文部科学省では英語の調査票を用意しています。各学校から、英語の調査票の希望があった場合は送付しますので、文部科学省に連絡してください。
また、オンライン調査票でも、日本語から英語に切り替えて回答することが可能です。
なお、英語の手引き（保護者用）はありません。

ウ-1 調査実施学校が選定した人数を確認し、文部科学省へ報告する

調査実施学校で「調査対象の幼児・児童・生徒を選定する」～「調査対象の保護者へ配付・説明する」までが完了し、４月には各調査実施学校で調査が始まっているものと思われます。

４月中に各調査実施学校へ連絡を取り、無事に調査が始まっているかを必ず確認してください。

- 年度替わりの時期ですので、学校内で担当者が異動し、調査の所在自体が分からなくなったり、特定の学年で調査が開始できていなかったりするケースがあります。

また、それと同時に調査実施学校において実際に選定し、調査を依頼した幼児・児童・生徒数を確認し、学校別・学年別の選定人数を「調査対象者数一覧」(Microsoft Excel 形式、文部科学省から様式をお送りします)にまとめ、文部科学省へ送付・報告してください。

- １学年当たりの在籍者数が規定の人数に満たない学年がある学校は、その在籍者数を上限に調査を依頼するようにお願いしています（例えば公立中学校で１学年の男女構成が男２人、女 10 人となっている場合、選定するのは「男２人、女３人」となります）。

(例)

学校名	都道府県番号	学校調査番号	学校種類	学科	歳児	人口規模	調査対象者数（実際に調査を依頼した人数）					
千代田区立文科中学校	13	7654	3			4	1学年	5	2学年	6	3学年	6

不正常な状態（調査が始まっていない、幼児・児童・生徒の選定人数に誤りがあるなど）が認められる場合は、至急文部科学省に相談してください。

ウ-2 一部の調査項目について参考情報の提供をお願いする

今回調査から「学校調査票」が廃止になりました。前回調査まで学校調査票によって調査していた学校納付金等の費用については、すべて調査票（第３回提出分）で調査対象の保護者に回答いただくこととしています。（『学校用手引き』14 ページ）

そのため、学校納付金等の費用について保護者が回答する際に参考となる情報を提供するよう学校にお願いをしてください。情報の提供は調査票（第３回提出分）の調査期間（令和３年 12 月～令和４年３月）に合わせて行うことが望ましいため、時期が近付いたら学校へ改めてお願いをしてください。

ウ-3 調査票を回収・確認・整理し、文部科学省へ提出する

調査対象の保護者が紙による回答を行う場合、調査票（第１回～第３回提出分）は、調査実施学校から、提出用封筒に封入されたままの状態で各都道府県へ提出されます。

各回における文部科学省への提出期日は 11 ページの通り定まっていますので、これに向け、都道府県では各回において、以下の作業をお願いします。

(1)　学校→都道府県への提出期日までに、各調査実施学校から調査票（が入った提出用封筒）を回収してください。

(2)　提出用封筒を開封してください。

- 開封後の提出用封筒は、文部科学省に送付いただく必要はありません。封筒に個人を特定する情報の記入がないかを確認の上、適宜処分してください。

(3)　各調査票について、以下の点を確認し、必要に応じ調査実施学校へ照会してください。

○ 調査票（第１回提出分のみ）	表面の設問(1) 3 で「調査対象のお子さんの性別」に回答が書かれているか
○ 調査票（全て）	学校名・都道府県番号・学校調査番号・学校種類・(高等学校のみ)学科・学年又は歳児・整理番号について、正しい情報が書かれているか

※ これ以外の点は、確認・検算等をしていただく必要はありません。

(4)　提出数を確認し、「提出数シート」(Microsoft Excel 形式、文部科学省から様式をお送りします)に記入してください。（※紙で提出のあった枚数だけを記入してください）

(例)

学校名	調査票（第１回提出分）												合計	備考
もんぶ幼稚園	4歳児	6	5歳児	5									11	5-4（転園）
科学小学校	1学年	8	2学年	8	3学年	8	4学年	8	5学年	8	6学年	8	48	
文部科学農業高等学校	1学年	11	2学年	12	3学年	10							33	1-7（転校）,3-5・3-8（調査拒否）

「提出数シート」に記入された数と実際に紙で提出があった枚数に相違が生じないよう、確認してください。

(5)　調査票は「提出数シート」記載の学校順、学年(歳児)順、整理番号順に並べ、整理してください。

(6)　整理を終えた調査票は配送・郵送で、「提出数シート」は電子メールにて、文部科学省へ提出してください。

文部科学省では、提出いただいた調査票及び「提出数シート」の内容を確認し、不正常な状態が疑われる場合、各都道府県へ照会します。

文部科学省から提供された「オンライン回答状況一覧」(11 ページ)記載の枚数については、「提出数シート」に計上しないでください。

ウ-4 文部科学省からの照会に対応する

文部科学省では、調査票(第１回提出分～第３回提出分)の提出を受けた（各回の締切）後、

- 調査票のチェックを行います。
- 全ての回答内容をデータ化し、調査票間の回答内容に矛盾がないか等を確認します。

上記の作業は、令和４(2022)年の夏～秋ごろまで続くことが見込まれます（最終的に集計を完了し結果公表するのは、令和４(2022)年内の予定です）。

回答内容等に疑義が生じた場合、各都道府県に照会を行いますので、適宜ご対応ください。

本調査に関することは、いつでもご相談ください。
　　文部科学省「子供の学習費調査」担当
（総合教育政策局調査企画課統計情報分析係）
　　電話　０３（５２５３）４１１１　内線２２６６（土休日を除く 9:30～18:15）
　　電子メール　8ksp@mext.go.jp

令和3年度調査における変更項目

令和3年度調査は，「これからの子供の学習費調査に向けた改善プラン」（平成30年9月）を踏まえて，調査事項の変更を行っている。

(ア) 統計表の変更項目

イ) 学校教育費の項目「修学旅行・遠足・見学費」を「修学旅行費」と「校外活動費」に分割

ロ) 学校教育費の項目「その他の学校納付金」を「入学金・入園料」「入学時に納付した施設整備費等」「入学検定料」「施設整備費等」「後援会等会費」「その他の学校納付金」に分割

ハ) 「入学金・入園料」「入学時に納付した施設整備費等」「入学検定料」については，入学した学校にかかる費用のみではなく，実際には入学しなかった学校へ納付したものも含むよう変更

ニ) 学校外活動費の項目「家庭教師費等」を「通信教育・家庭教師費」へ名称変更
※定義に変更はない

ホ) 学校外活動費の項目「国際交流体験活動」（留学等に対する家計支出）を新設
※「国際交流体験活動」に分類される費用は，従前は「教養・その他」に含まれていた

ヘ) 学校外活動費の調査項目における小小分類「物品費」「図書費」「月謝等」「その他」を削除

ト) 世帯に関する質問「生計を一にする保護者等」を新設

チ) 市町村人口規模区分を「5万人未満」「5万人以上15万人未満」「15万人以上」「指定都市・特別区」から「10万人未満」「10万人以上30万人未満」「30万人以上100万人未満」「100万人以上・特別区」へ変更

リ) 公立高等学校の学科別推計結果を「普通科」「その他」の2つから「普通科」「専門学科」「総合学科」の3つへ変更

(イ) 調査方法の変更事項

イ) 抽出に使用する市町村人口規模区分を見直し（(ア)－チ)に記載の事項と同内容）

ロ) 抽出に使用する高等学校の学科区分を「普通」「農業」「工業」「商業」「家庭等」の5つから「普通」「農業」「工業」「商業」「水産，家庭，看護，情報，福祉」「その他の専門」「総合」の7つへ変更

ハ) 私立小学校を，全学校調査から標本調査（3集団化による交代での調査実施学校選定）に変更

ニ) 私立中学校の学校抽出基準において，抽出に使用する名簿を並べる順序を「第1学年の授業料」から「授業料と施設整備費等の合計額（第1学年以外の学年における金額）」に変更

ホ) 学校抽出基準により所定の在籍者数に満たない学校は調査対象外としていたが，学年の規模が所定の在籍者数に満たない小規模の学校も調査対象に含むよう，学校抽出基準を変更

ヘ) 全学校種の調査対象数を1，140校，約2万9千人から，全国約1，600校，約5万3千人へ再設定

ト) 保護者調査票と学校調査票の2調査票による調査手法を廃止，保護者調査票に一元化
※従前の学校調査票による調査項目は，「学級に所属する全幼児・児童・生徒数」「学校給食の実施状況」「授業料・保育料」「入学金・入園料」「入学検定料」「施設設備資金」「修学旅行・遠足・見学費」「学級・児童会・生徒会費」「PTA 会費」「その他の学校納付金」「給食費」「寄附金」

チ) 政府統計共同利用システムを利用したオンライン調査を導入し，保護者（調査回答の入力を行う者）は，紙方式とオンライン方式のいずれかから回答方法を選択可能になった

項　目　名	変更※	定　義（含まれる費用の範囲）
学習費総額	(ア)－ハ) により 範囲拡大	学校教育費，学校給食費及び学校外活動費の合計
学校教育費	(ア)－ハ) により 範囲拡大	学校教育のために各家庭が支出した全経費で，学校が一律に徴収する経費及び必要に応じて各家庭が支出する経費の合計額
入学金・入園料	(ア)－ロ) (ア)－ハ)	入学するに当たり要した入学金・入園料（複数の学校を受験した結果，実際には入学しなかった学校へ支払ったものも含む）
入学時に納付した施設整備費等	(ア)－ロ) (ア)－ハ)	入学するに当たり，入学時に学校へ一括で支払った納付金のうち，入学金・入園料及び授業料・保育料以外のものの額（複数の学校を受験した結果，実際には入学しなかった学校へ支払ったものも含む）
入学検定料	(ア)－ロ) (ア)－ハ)	入学するに当たり要した入学検定料（受験した全ての学校の検定料）
授業料		幼稚園保育料，私立小中学校・公私立高等学校の授業料として支払った経費
施設整備費等	(ア)－ロ)	私立学校において，本年度分として学校へ一括で支払った納付金のうち，授業料・保育料以外の経費（入学時に納付した施設整備費等を除く）
修学旅行費	(ア)－イ)	修学旅行を行うために支払った経費（修学旅行用のかばんなど個人的に要した経費を除く）
校外活動費	(ア)－イ)	遠足，見学，野外活動，集団宿泊活動，移動教室などのために支払った経費（校外活動用のかばんなど個人的に要した経費を除く）
学級・児童会・生徒会費		学級・学年の活動や全校の児童・生徒会活動のために支払った経費
その他の学校納付金	(ア)－ロ)	保健衛生費，日本スポーツ振興センター共済金等の安全会掛金，冷暖房費，学芸会費等，学校に対し支払った費用で，授業料・保育料，施設整備費等，修学旅行費，校外活動費，学級・児童会・生徒会費に該当しない経費。
ＰＴＡ会費		ＰＴＡの会費として支払った会費
後援会等会費	(ア)－ロ)	後援会や同窓会など，学校を支援する外部団体に支払った会費等
寄附金		学校に対し，任意で寄付した寄附金（全く個人的な寄附金や，保護者以外の者が寄附したものを除く）
教科書費・教科書以外の図書費		授業で使う教科書（高等学校のみ）及び各教科などの授業（幼稚園の場合，保育上使用）のために，先生の指示などにより購入した必須図書等の購入費
学用品・実験実習材料費		学校の各教科などの授業で必要な文房具類，体育用品，楽器，製図・技術用具，裁縫用具等の購入費及び調理用の材料購入費等
教科外活動費		クラブ活動（課外の部活動を含む），学芸会・運動会・芸術鑑賞会，各教科以外の学級活動（ホームルーム活動），児童会・生徒会，臨海・林間学校などのために，家庭が直接支出した経費（飲食，お土産等の個人的に要した経費を除く）
通学費		通学のための交通費，スクールバス代，自転車通学が認められている学校での通学用自転車購入費等
制服		学校が通学のために指定した制服一式（標準服を含む）で，いわゆる学生服以外にブレザー，ネクタイ，シャツ・ブラウス等を含むが，制服以外の衣類は除く
通学用品費		通学のために必要な物品の購入費で，ランドセル，かばん，雨傘などの購入費
その他		上記のいずれにも属さない経費で，学校の徽章・バッジ，上ばき，卒業記念写真・アルバムの代金等
学校給食費		幼稚園・小学校・中学校において，完全給食，補食給食，ミルク給食等給食の実施形態に関わらず，給食費として支払った経費
学校外活動費		補助学習費及びその他の学校外活動費の合計
補助学習費		予習・復習・補習などの学校教育に関係する学習をするために支出した経費 ただし，学校で使用するものと共用のものは「学校教育費」とする
家庭内学習費		家庭の中での学習に使用する物品・図書の購入費
通信教育・家庭教師費	(ア)－ニ)	家庭教師への月謝（謝礼），教材費，通信添削などの通信教育を受けるために支出した経費
学習塾費		学習塾へ通うために支出した全ての経費で，入会金，授業料（月謝），講習会費，教材費，通っている学習塾での模擬テスト代，学習塾への交通費
その他		予習・復習・補習のための図書館などへの交通費，公開模擬テスト代等
その他の学校外活動費		知識や技能を身に付け，豊かな感性を培い，心とからだの健全な発達を目的としたけいこごとや学習活動，スポーツ，文化活動などに要した経費（複数で共有するような物品等は一人当たりの経費）
体験活動・地域活動		ハイキングやキャンプなどの野外活動，ボランティア活動，ボーイスカウト・ガールスカウトなどの活動に要した経費
芸術文化活動		音楽，舞踊，絵画などを習うために支出した経費，音楽鑑賞・美術鑑賞・映画鑑賞などの芸術鑑賞，楽器演奏，演劇活動などに要した経費
スポーツ・レクリエーション活動		水泳・野球・サッカー・テニス・武道・体操などのスポーツ技術を習うために支出した経費及びスポーツイベント等への参加費，スポーツ観戦に要した経費
国際交流体験活動	(ア)－ホ)	留学・ホームステイなど海外での学習・交流活動のために要した費用，自宅外で参加する国際交流イベントの参加に要した経費
教養・その他	(ア)－ホ)	習字，そろばん，外国語会話などを習うために支出した経費及び小説などの一般図書・雑誌購入費，博物館・動物園・水族館・図書館などへの入場料・交通費，パソコン・タブレット型コンピュータ（学校と学校外の両方で使うものや家族共用のものを除く），自主的な検定試験受験料など

※列「変更」に記載する記号は前ページ「令和３年度調査における変更項目」の事項に対応したものである。

政府刊行物販売所一覧

政府刊行物のお求めは、下記の政府刊行物サービス・ステーション（官報販売所）
または、政府刊行物センターをご利用ください。

◎政府刊行物サービス・ステーション（官報販売所）

	〈名　　称〉	〈電話番号〉	〈FAX番号〉
札　幌	北海道官報販売所	011-231-0975	271-0904
	（北海道官書普及）		
青　森	青森県官報販売所	017-723-2431	723-2438
	（成田本店）		
盛　岡	岩手県官報販売所	019-622-2984	622-2990
仙　台	宮城県官報販売所	022-261-8320	261-8321
	（仙台政府刊行物センター内）		
秋　田	秋田県官報販売所	018-862-2129	862-2178
	（石川書店）		
山　形	山形県官報販売所	023-642-8887	624-2719
	（八文字屋）		
福　島	福島県官報販売所	024-522-0161	522-4139
	（西沢書店）		
水　戸	茨城県官報販売所	029-291-5676	302-3885
宇都宮	栃木県官報販売所	028-651-0050	651-0051
	（亀田書店）		
前　橋	群馬県官報販売所	027-235-8111	235-9119
	（煥乎堂）		
さいたま	埼玉県官報販売所	048-822-5321	822-5328
	（須原屋）		
千　葉	千葉県官報販売所	043-222-7635	222-6045
横　浜	神奈川県官報販売所	045-681-2661	664-6736
	（横浜日経社）		
東　京	東京都官報販売所	03-3292-3701	3292-1604
	（東京官書普及）		
新　潟	新潟県官報販売所	025-271-2188	271-1990
	（北越書館）		
富　山	富山県官報販売所	076-492-1192	492-1195
	（Booksなかだ本店）		
金　沢	石川県官報販売所	076-234-8111	234-8131
	（うつのみや）		
福　井	福井県官報販売所	0776-27-4678	27-3133
	（勝木書店）		
甲　府	山梨県官報販売所	055-268-2213	268-2214
	（柳正堂書店）		
長　野	長野県官報販売所	026-233-3187	233-3186
	（長野西沢書店）		
岐　阜	岐阜県官報販売所	058-262-9897	262-9895
	（郁文堂書店）		
静　岡	静岡県官報販売所	054-253-2661	255-6311
名古屋	愛知県第一官報販売所	052-961-9011	961-9022
豊　橋	・豊川堂内	0532-54-6688	54-6691

	〈名　　称〉	〈電話番号〉	〈FAX番号〉
名古屋駅前	愛知県第二官報販売所	052-561-3578	571-7450
	（共同新聞販売）		
津	三重県官報販売所	059-226-0200	253-4478
	（別所書店）		
大　津	滋賀県官報販売所	077-524-2683	525-3789
	（澤五車堂）		
京　都	京都府官報販売所	075-746-2211	746-2288
	（大垣書店）		
大　阪	大阪府官報販売所	06-6443-2171	6443-2175
	（かんぽう）		
神　戸	兵庫県官報販売所	078-341-0637	382-1275
奈　良	奈良県官報販売所	0742-20-8001	20-8002
	（啓林堂書店）		
和歌山	和歌山県官報販売所	073-431-1331	431-7938
	（宮井平安堂内）		
鳥　取	鳥取県官報販売所	0857-23-1213	53-4395
	（鳥取今井書店）		
松　江	島根県官報販売所	0852-24-2230	27-8191
	（今井書店）		
岡　山	岡山県官報販売所	086-222-2646	225-7704
	（有文堂）		
広　島	広島県官報販売所	082-962-3590	511-1590
山　口	山口県官報販売所	083-922-5611	922-5658
	（文栄堂）		
徳　島	徳島県官報販売所	088-654-2135	623-3744
	（小山助学館）		
高　松	香川県官報販売所	087-851-6055	851-6059
松　山	愛媛県官報販売所	089-941-7879	941-3969
高　知	高知県官報販売所	088-872-5866	872-6813
福　岡	福岡県官報販売所	092-721-4846	751-0385
	・福岡県庁内	092-641-7838	641-7838
	・福岡市役所内	092-722-4861	722-4861
佐　賀	佐賀県官報販売所	0952-23-3722	23-3733
長　崎	長崎県官報販売所	095-822-1413	822-1749
熊　本	熊本県官報販売所	096-354-5963	352-5665
	（金龍堂内）		
大　分	大分県官報販売所	097-532-4308	536-3416
宮　崎	宮崎県官報販売所	0985-24-0386	22-9056
	（田中書店）		
鹿児島	鹿児島県官報販売所	099-285-0015	285-0017
那　覇	沖縄県官報販売所	098-867-1726	869-4831
	（リウボウ）		

◎政府刊行物センター（全国官報販売協同組合）

	〈電話番号〉	〈FAX番号〉
霞が関	03-3504-3885	3504-3889
仙　台	022-261-8320	261-8321

各販売所の所在地は、コチラから→ https://www.gov-book.or.jp/portal/shop/

令和３年度
子供の学習費調査報告書

令和５年３月31日発行　　　定価は表紙に表示してあります。

著作権所有　文　部　科　学　省
〒100-8959
東京都千代田区霞が関３－２－２
電 話 (03) 5253－４１１１
(内線) 2266

発　　行　株式会社ブルーホップ
〒131-0045
東京都墨田区押上３－２５－１７
電 話 (03) 5630－２４０１

発　　売　全国官報販売協同組合
〒100-0013
東京都千代田区霞が関１－４－１
日土地ビル１階
電 話 (03) 5512－７４００

落丁，乱丁本はお取り替えします。

ISBN978-4-9911518-9-7